Das Buch

In den Niederlanden setzte im 17. Jahrhundert über Nacht ein fieberhafter Run auf eine exotische Blume ein: die Tulpe. Es entwickelte sich bald ein intensiver Handel, ihr Wert stieg schlagartig ins Unermessliche, und sie wurde zu einem begehrten Anlageobjekt. Nicht nur professionelle Händler, sondern Angehörige aller Stände und Berufe beteiligten sich an dieser profitversprechenden Spekulation. Sie verschuldeten sich mitunter haushoch für eine einzige Tulpenzwiebel. Eine Geschichte nicht nur für Blumenfreunde und kulturgeschichtlich Interessierte, sondern auch ein Buch, das sich Spieler, Banker und Börsianer unters Kopfkissen legen sollten.

Der Autor

Mike Dash ist Dozent für Geschichte an der Universität Cambridge. Er arbeitet als freier Schriftsteller und Journalist und hat sich als Sachbuchautor einen Namen gemacht. Dash lebt mit seiner Familie in London.

Mike Dash

Tulpenwahn

Die verrückteste Spekulation
der Geschichte

Aus dem Englischen von
Elfriede Peschel

Ullstein

Besuchen Sie uns im Internet:
www.ullstein.de

Neuausgabe im Ullstein Taschenbuch
1. Auflage Januar 2020
3. Auflage 2024
© für die deutsche Ausgabe Ullstein Buchverlage GmbH, Berlin 2005
© 2001 für die deutsche Ausgabe by
Econ Ullstein List Verlag GmbH & Co. KG, München
© 1999 für die deutsche Ausgabe by
Verlagshaus Goethestraße, München / Claassen Verlag
© 1999 by Mike Dash
Veröffentlichung der deutschen Ausgabe in Absprache
mit Viktor Gollancz, London
*Titel der englischen Originalausgabe: Tulipomania. The Story of
the World's Most Coveted Flower and the Extraordinary Passions
It Aroused* (Viktor Gollancz, London)
Wir behalten uns die Nutzung unserer Inhalte für Text und
Data Mining im Sinne von § 44b UrhG ausdrücklich vor.
Umschlaggestaltung: bürosüd° GmbH, München
Titelabbildung: © www.buerosued.de
Druck und Bindearbeiten: ScandBook, Litauen
ISBN 978-3-548-29168-0

Für Ffion

Inhalt

> *Sie waren so besessen von ihrer Gier, ja von einem*
> *wahrhaften Gelüst nach ihren Blumen, daß sie oft drei-*
> *tausend Kronen für eine Tulpe ausgaben, die ihren Vor-*
> *stellungen entsprach; eine Krankheit, die viele reiche*
> *Familien in den Ruin trieb.*«

MONSIEUR DE BLAINVILLE, Travels through Holland
(London 1743)

Einige Bemerkungen zu den Preisen

Die Preise des goldenen Zeitalters der Niederlande lassen sich mit heutigen Preisen nicht vergleichen. Natürlich könnte man anhand von Vergleichspreisen wie Gold
oder Grundnahrungsmitteln Zahlen angeben, doch sie
ließen grundlegende Unterschiede außer acht, wie etwa
die Frage, was zu einem minimalen Lebensstandard
gehörte (in vieler Hinsicht leben heute Menschen, die wir
als arm bezeichnen, sehr viel bequemer als die reichsten
Niederländer im 17. Jahrhundert), und könnten nicht
klären, welchen Wert Luxusgüter wie Tulpenzwiebeln
damals hatten.

Den besten Vergleich bekommen wir wahrscheinlich,
wenn wir uns verschiedene Gehälter und Verdienste anse-

hen. Die Liste zeigt einige typische Beispiele aus den Vereinigten Niederlanden in der ersten Hälfte des 17. Jahrhunderts.

Die grundlegende Währungseinheit war der Gulden, und zwanzig Stüver ergaben einen Gulden.

$^1/_2$ Stüver	Preis für einen Humpen Bier
$6^1/_2$ Stüver	Preis für zwölf Laibe Brot, 1620
8 Stüver	Tageslohn eines erfahrenen Haarlemer Bleichers, 1601 (= etwa 110 Gulden im Jahr)
18 Stüver	Tageslohn eines Amsterdamer Tuchmachers, 1633 (= etwa 250 Gulden im Jahr)
13 Gulden	Tauschwert einer niederländischen Tonne Hering, 1636
60 Gulden	Tauschwert von 40 Gallonen französischen Cognacs, 1636
250 Gulden	Jahreseinnahme eines Zimmermanns, 1630
750 Gulden	Clusius' Gehalt an der Universität Leiden, 1592
1500 Gulden	Durchschnittliches Einkommen eines mittleren Kaufmanns, 1630
1600 Gulden	Rembrandts Entgelt für sein bedeutendstes Meisterwerk, *Die Nachtwache*, 1642
3000 Gulden	Durchschnittliches Einkommen eines Großkaufmanns 1630
5200 Gulden	Höchster Preis, der zuverlässig für eine Tulpenzwiebel bezahlt wurde, 1637

Quellen: van Deursen, Hunger, Posthumus *Inquiry*, Zumthor

Einführung

Eines Tages im Frühjahr 1637 bezahlte ein niederländischer Kaufmann namens François Koster die horrende Summe von 6650 Gulden für ein paar Dutzend Tulpenzwiebeln – ein bemerkenswerter Kauf in einer Zeit, als eine ganze Familie ein Jahr lang von dreihundert Gulden leben konnte. Noch überraschender war jedoch, daß Koster gar nicht beabsichtigte, die Tulpen anzupflanzen. Er hatte sie nur erworben, um sie weiterzuverkaufen, und rechnete fest damit, daß dieser Handel Profit für ihn abwarf.

Schon damals wurden Koster und Tausende anderer Niederländer für verrückt erklärt, weil sie für gewöhnliche Blumenzwiebeln unglaubliche Summen auf den Tisch legten, doch in Wahrheit hatten die Tulpenhändler allen Grund, davon auszugehen, daß die von ihnen bezahlten Preise gerechtfertigt waren. Die wertvollsten Zwiebeln waren äußerst selten, und die Blüten, die sie hervorbrachten, höchst begehrt und außergewöhnlich schön. Seit mehr als zwei Jahren waren die Tulpenpreise rasch und beständig gestiegen. Es war nicht einzusehen, warum sich daran etwas ändern sollte.

Doch die Händler irrten sich. Kosters ausgefallener Kauf fand auf dem Höhepunkt einer der verrücktesten und denkwürdigsten Episoden der Geschichte statt, dem großen Tulpenfieber von 1633–37, und erwies sich als einer der letzten Ausbrüche des noch um sich greifenden Wahns. Fast unmittelbar darauf purzelten die Preise für die Zwiebeln plötzlich und ohne Vorwarnung in den Keller. Binnen weniger Wochen waren die Tulpen auf ein Zehntel ihres ursprünglichen Werts gefallen, wenn nicht sogar noch tiefer. Ende Februar 1637 hatten diejenigen, die noch vor wenigen Tagen – wenigstens auf dem Papier – zu den reichsten Bürgern Hollands gehörten, ihr gesamtes Hab und Gut verloren, und all jene, die gewaltig in diese Zwiebeln investiert hatten, als die Manie ihren Höhepunkt erreichte, standen vor dem Ruin.

Die Geschichte der Tulpen widerspricht all dem, was üblicherweise über die Geschichte des 17. Jahrhunderts gelehrt wird und verlangt nach Erklärungen. Wie hatten die Menschen sich in einer von Krieg und Not beherrschten Zeit von einem solch verrückten Phänomen mitreißen lassen können? Wie hatte eine Gesellschaft, für die Erfolg gleichbedeutend mit Integrität und Ehrbarkeit war und die sich öffentlich zur strengsten Form des Calvinismus bekannte – der Orgeln als überflüssigen Tand aus ihren Kirchen verbannte und für Leute, die auf Hochzeitsfesten tanzten, nur ein Stirnrunzeln übrig hatte –, die Gier und die Verschwendungssucht eines Handels tolerieren können, der vornehmlich von betrunkenen Männern in den Hinterzimmern der Schenken betrieben wurde? Und was brachte diese Männer überhaupt dazu, mit Blumenzwiebeln und nicht mit irgendwelchen anderen, gebräuchlicheren Waren zu handeln?

Selbst damals war man sich bewußt, daß etwas ganz Bemerkenswertes stattgefunden hatte. Auf dem Höhepunkt der Tulpenmanie und während des nachfolgenden Preisverfalls verfaßten die Holländer selbst eine Flut von Flugschriften, die diesen Blumenhandel zu erklären oder satirisch zu verreißen versuchten. Von jenseits der Grenzen dieses Landes (damals bekannt als die Republik der Vereinigten Niederlande) verfolgte man mit noch größerer Fassungslosigkeit, wie ein Volk, das in ganz Europa als mürrisch, moralistisch und vor allem in Geldangelegenheiten als überaus sparsam verschrien war, sich in einer unerklärlichen Leidenschaft für Tulpen offenbar völlig vergessen konnte.

Auch für Zeitgenossen blieb das Tulpenfieber ein unerklärliches Phänomen, und in vieler Hinsicht sind wir seitdem auch nicht sehr viel klüger geworden. Selbst heute noch, mehr als 360 Jahre nachdem die letzte Losnummer im Verkaufsraum von Alkmaar unter den Hammer kam, gibt es keine angemessene, auf Primärquellen beruhende Abhandlung über dieses Thema. Die einzige dünne Arbeit ist bereits 1934 erschienen und steht außerdem nur auf holländisch zur Verfügung. Seitdem haben die wenigen Autoren, welche die Tulpenmanie mehr als nur gestreift haben, ihre Informationen meist früheren Werken entlehnt, die nicht immer besonders zuverlässig sind.

1841 publizierte ein schottischer Journalist namens Charles Mackay sein Buch *Außergewöhnliche, populäre Illusionen und die Wahnsinnsspekulationen großer Menschenmassen*, das sich mit diesem bemerkenswerten Phänomen befaßt. Bester Beweis für die merkwürdige Faszination, die die Tulpenmanie auf die Vorstellungsgabe ausübt, ist wohl der Umstand, daß Mackays Buch trotz seiner 725 Seiten und seiner sechzehn Kapitel, die sich mit der Geschichte der Kreuzzüge bis hin zu kuriosen Themen wie »Der Einfluß von Politik und Religion auf Haartracht und Bart« befassen, hauptsächlich seiner spärlichen acht Seiten wegen bekannt ist, die den Tulpen gewidmet sind. Die Ansichten Mackays haben zwar große Wirkung gezeigt, beruhen aber leider auf irreführenden, wenn nicht schlicht falschen Tatsachen. Es gibt kaum einen Bericht über die Manie, auf den seine

Irrtümer nicht abgefärbt haben, meist jedoch wird die Geschichte dank Mackay im Ton amüsierter Ungläubigkeit wiedergegeben. Das Land war außer Rand und Band, die Händler spielten verrückt, darauf laufen die Geschichten hinaus. Wirklich erklären kann man sie nicht.

Volkswirtschaftler und Börsenmakler sind mit der Tulpenmanie ebenfalls oberflächlich vertraut.

»In gemütlicher Runde hören«, wie ein Professor schreibt, »noch grünschnäbelige Volkswirtschaftler schon ganz am Anfang ihrer Ausbildung die Legende von der holländischen Tulpenspekulation und werden so mit einer vorsichtigen Haltung gegenüber Spekulationsmärkten gerüstet. Daß der Preis von Blumenzwiebeln so hoch steigen und so rapide fallen konnte, scheint ein ausschlaggebender Beweis für die Instabilität und Irrationalität zu sein, wie sie in Anlagemärkten aufzutreten vermögen.« Aber Finanzfachleute und Volkswirtschaftler haben ihre Analyse der Tulpenmanie auf dasselbe zweifelhafte Fundament gestellt wie die Historiker. (Angeblich sollen Investmentbanken von der Wallstreet noch immer ihren neuen Angestellten Exemplare von Mackays Buch in die Hand drücken und sie dazu auffordern, sich seine Kapitel über die Ursachen von Finanzkatastrophen einzuverleiben, ehe sie aufs Börsenparkett losgelassen werden.) Die Tulpenmanie gilt als die erste große Sucht, der Vorbote finanzieller Krisen von wahrhaft seismischen Ausmaßen, wie etwa der Schwindel mit den Südseeaktien und der Mississippi-Crash. Man hob sie in den Rang, eine lange Reihe von Booms und Pleiten anzuführen, die mit der Einführung von Papiergeld, Aktienkapital und Aktien ihren Anfang nahmen und – bis jetzt – im großen Zusammenbruch von 1989 endeten. Wann immer Anleihen oder Wertpapiere (zum Beispiel Anteile an Gesellschaften, die mit dem Internet Geld machen wollen) höher als ihr eigentlicher Wert eingeschätzt werden, ziehen die Wirtschaftszeitungen Vergleiche zur Tulpenmanie. Und weil Volkswirtschaftler nicht auf Interpretationen und Eindrücke, sondern auf Fakten und Zahlen angewiesen sind – die in den Berichten über den Tulpenwahn meist nicht enthalten sind –, ist es für sie vermutlich noch schwerer als für Historiker, die Geschichte in dem ihr angemessenen Kontext zu sehen. Selbst heute noch gehen die Meinungen darüber auseinander, ob die Tulpenmanie als klassisches Beispiel eines Schwindels zu begreifen ist – das heißt eines durch Spekulation verursachten steilen Preisanstieg von etwas, das keinen echten Wert hat – oder ob die Tulpenzwiebeln die ungeheuren Summen schlicht dadurch erzielten, daß die Nachfrage groß und das Angebot gering war.

Die Tulpenmanie fiel mit der Hoch-Zeit des goldenen Zeitalters Hollands zusammen, jener kurzen Phase, während der die Republik der Vereinigten Niederlande nicht nur wirtschaftlich weltweit führend war, sondern auch eine erstaunliche kulturelle Blüte erlebte. Rembrandt, Vermeer und Rubens hatten alle das Tulpenfieber miterlebt, und viele der größten niederländischen Künstler malten diese exotischen Blumen. Die Tulpen jener Zeit unterschieden sich von den vergleichsweise schlichten Sorten, die wir heute kennen, und die wertvollsten Exemplare bestachen durch schillernde und in allen denkbaren Farbkombinationen geflammte Blütenblätter, die es nie zuvor gegeben hatte.

Im folgenden soll hier nun die auf ihren kulturhistorischen Kontext bezogene Geschichte der Tulpenmanie vorgestellt werden. Sie versucht zu erklären, wie es dazu kam, daß die Blume ihre ursprüngliche Heimat im Osten verließ und über Tausende von Kilometern in die Vereinigten Niederlande gelangte, wie sie dort Fuß faßte und warum der Blumenzwiebelwahn ausgerechnet dort und ausgerechnet in jener Zeit auftrat. Es ist ein Versuch, die Geschichte des Tulpenfiebers und den tatsächlichen wirtschaftlichen Sachverhalt zu verstehen, der es untermauerte.

Es ist auch die Geschichte zweier verschiedener Tulpenmanien, denn der Tulpenbegeisterung in Holland gingen bei den Türken des Osmanenreichs gleichermaßen auffällige Blumenticks voran. Dort sah man die Tulpe nicht als Spekulationsobjekt, sondern verehrte sie als heilige Blume. Sie wurde in geheimen Gärten im Allerheiligsten der Paläste gezüchtet und erfreute sich der Gunst der mächtigsten Sultane, die halb Europa mit ihren Armeen in Angst und Schrecken versetzten – Männer, die sich nichts dabei dachten, in einem Atemzug hundert Todesurteile auszusprechen und gleichzeitig Tulpenzwiebeln aus Syrien zu bestellen. Der Vergleich der osmanischen Leidenschaft für die Tulpe, die einem kulturellen und künstlerischen Hintergrund entsprang, mit der eher finanziell zu erklärenden Tulpenobsession der Holländer ist ebenso faszinierend wie aufschlußreich.

Hatte dieses Fieber denn wirklich jeden gepackt, der in der Republik der Vereinigten Niederlande gelebt hatte, vom reichsten Kaufmann bis zum ärmsten Vagabunden? Wurden tatsächlich Summen im Gegenwert von fast drei Millionen Mark für einzelne Blumenzwiebeln gezahlt? Und war der Zusammenbruch der Blumenpreise, als er dann erfolgte, wirklich so katastrophal, daß er die gesamte niederländische Wirtschaft – damals die florierendste der Welt – in die Rezession trieb? Verlor tatsächlich ein allmächtiger türkischer Sultan seinen Thron ganz einfach deshalb, weil er der Schönheit einer Tulpe verfallen war?

Die Antwort auf all diese Fragen lautet nein – aber das tut dem Interesse an der Tulpenmanie keinen Abbruch. Sie hat tatsächlich stattgefunden, viele Leute haben damit ein Vermögen gemacht, und viele andere standen wirklich vor dem Ruin. Darüber hinaus wohnt allem, was in der Lage ist, Weber wohlhabender als Gewürzhändler und arme Waisen so reich zu machen, daß sie in ihrem ganzen Leben keinen Finger mehr krumm zu machen brauchten, eine Faszination inne, die gänzlich unabhängig ist von den Mythen, die sich darum gebildet haben.

Prolog
Tulpenfieber

Sie kamen aus ganz Holland, wie Krähen von Kopf bis
Fuß schwarz gewandet folgten sie den gefrorenen Fahr-
spuren, auf denen Hufe und schmale Räder trügerische
Narben hinterlassen hatten. Gegen die beißende Kälte
hatten sie sich mit Mänteln und Decken geschützt – die
einen rumpelten in ungefederten Kutschen dahin, die von
einem Schlagloch ins nächste holperten und dabei
schwankten wie ein ungeübter Matrose im Orkan, die
anderen saßen auf dem Rücken ihrer Pferde und hielten
die Köpfe gesenkt, um sich vor der Kälte zu schützen.
Allein, zu zweit oder dritt zogen sie in Grüppchen über
das flache, unbewohnte Land nördlich von Amsterdam,
bis sie die kleine Stadt Alkmaar nahe der Küste erreichten.

Es waren Männer mittleren Alters, gewitzte und erfolgreiche Geschäftsleute, die sich ihr Geld im Handel erworben hatten und wußten, wie man Profit daraus schlug.
Die meisten trugen Gewänder aus feinstem Tuch, und die
mitgeführten Geldbörsen waren angenehm gefüllt. Nachdem sie in der Dämmerung die Stadttore passiert hatten,
zogen sie durch Alkmaars enge Gassen und bezogen in
den Gasthäusern am belebten Marktplatz Herberge. Dort
aßen sie und tranken und pafften den Rauch aus ihren
langen Tonpfeifen in die Nacht, ließen sich große Hum-

pen voll Wein und Teller mit gebratenem Fleisch kommen, lehnten sich dann in ihren Holzstühlen zurück und führten beim rauchig-gelben Licht der brennenden Torffeuer Gespräche über ihr Geschäft.

Dabei ging es nicht um Korn oder Gewürze, Holz oder Fisch. Sie handelten mit Tulpenzwiebeln – unansehnlichen, nichtssagenden braunen Bündeln, die an Eßzwiebeln erinnerten. Doch so wenig vielversprechend sie auch scheinen mochten, galten Blumen damals doch als weitaus kostbarer als die teuersten Waren, die man im Hafen von Amsterdam finden konnte. Manche Tulpen waren so selten und so begehrt, daß man sie hundertmal mit Gold aufwog. Einzelne Blumen gingen für Hunderte, ja Tausende von Gulden über den Tisch, und mancher Tulpenhändler hatte binnen eines oder zweier Jahre Vermögenswerte in Höhe von vierzig- bis sechzigtausend Gulden auf dem Papier stehen.

Die Zwiebelhändler waren nach Alkmaar gekommen, um an einer noch nie dagewesenen Auktion teilzunehmen. Die Vorsteher des kleinen Waisenhauses der Stadt waren im Besitz einer der wertvollsten Tulpensammlungen der gesamten Niederlande, und weil ihnen der Wert dieser Blumen mehr am Herzen lag als deren Schönheit, gedachten sie die Zwiebeln zugunsten der sich in ihrer Obhut befindenden Kinder zu verkaufen. Und als grau und eisig der Morgen anbrach, machten sich die Händler denn auch gleich auf den Weg zum Verkaufsraum in der Nieuwe Schutters-Doelen – dem Hauptsitz von Alkmaars Stadtwache –, einem prunkvollen Giebelbau im Zentrum der Stadt.

Der Raum war groß, aber die Menge sich drängelnder Bürger füllte ihn schnell. Als der Auktionator erschien, folgten die Gebote in rascher Folge aufeinander, und bald geriet die Versteigerung derart außer Rand und Band, daß einzelne Zwiebeln für zweihundert, dann für vierhundert, sechshundert, tausend und mehr unter den Hammer kamen. Vier der etwa hundert Losnummern wurden für wahnwitzige zweitausend Gulden das Stück versteigert. Und als die letzte Tulpe schließlich verkauft und das Geld zusammengezählt war, stellte sich heraus, daß die Auktion einen Gesamtbetrag von neunzigtausend Gulden eingebracht hatte, was damals ein Vermögen war.

Man schrieb den 5. Februar 1637, und an diesem Tag steigerte sich das Blumenfieber zu einer solchen Raserei, daß selbst einstmals wertlose Zwiebeln kostbare Metalle als Objekte der Begierde zu übertrumpfen drohten. An diesem Tag endete für die Tulpe eine Reise, die mehrere hundert Jahre zuvor und mehrere tausend Kilometer weit entfernt begonnen hatte.

1
Die Täler des Tien-shan

Ursprünglich war die Tulpe in Europa unbekannt. Sie stammt aus dem Osten, aus den weiten Steppen und Hochtälern Zentralasiens. Soweit man weiß, gelangte sie nicht vor 1570 in die Republik der Vereinigten Niederlande, und war damals schon viele hundert Jahre lang auf der Reise von ihrem ursprünglichen Heimatland, das sich nördlich des Himalajas entlang des vierzigsten Breitengrades erstreckt.

Die Taxonomen sind der Meinung, daß die ersten Tulpen auf den mit Buschwerk bewachsenen Hängen des Pamirgebirges wuchsen und in den Vorgebirgen und Tälern der Tien-shan-Berge blühten, dort, wo China und Tibet in einer der unwirtlichsten Gegenden der Erde auf Rußland und Afghanistan stoßen. Diese wilden Tulpen waren relativ schlichte und kompakte Blumen, deren schmale Blütenblätter nur wenige Zentimeter über dem Erdboden auf kurzen Stengeln saßen, und auch was ihren Farbreichtum betraf, konnten sie mit den späteren holländischen Tulpen nicht konkurrieren. Aber sie waren unempfindlich gegen Frost und sehr gut geeignet, die rauhen Winter und trockenen Sommer in Zentralasien zu überstehen. Sie blühten überwiegend in einem leuchtenden Rot, das an Blut oder die Uniformen von Soldaten erinnerte, und wurden von den kriegerischen Stämmen, die diese öden Gebiete bevölkerten, verehrt. Doch nichts glich weniger militärischer Strenge und Disziplin als die vereinzelten Kolonien der scharlachroten Tulpen, die sich an den unfruchtbaren Boden dieser Gebirgsgegenden klammerten. Sie waren keineswegs uniform, sondern unendlich vielfältig, jede Blume wich in Farbnuance oder Form der Blütenblätter ein wenig von ihrer Nachbarin ab. Obwohl wunderschön, besaßen diese wilden Tulpen weder die Gestalt noch die leichte Eleganz, die ihre Nachkommen auszeichnen sollte.

Noch fehlten ihnen die verblüffenden Muster, die kontrastierenden Farbstreifen und -flammen, die aus jeder Blüte ein lebendes Gemälde machten und die sowohl das Osmanenreich entzückten als auch viele Holländer dazu verführten, ihre Vorsicht und ihren gesunden Menschenverstand in den Wind zu schlagen.

Beinahe die Hälfte der hundertzwanzig bekannten Tulpenarten wachsen wild in dieser unwirtlichen Gegend. Das Pamir – Rußlands »Dach der Welt« – und das Tienshan – das »Himmelsgebirge«, was für die Chinesen so ziemlich das gleiche bedeutet – bilden zusammen nicht nur das Rückgrat Asiens, sondern auch eine nahezu unüberwindbare Barriere von mehreren tausend Kilometern Länge und Hunderten von Kilometern Breite. An diesem Gebirge lag es auch, daß vor Jahrtausenden die alten Hochkulturen von Rom und China nichts voneinander wußten; heute gehört es zu den am wenigsten erforschten Gebieten der Erde. Bis zum Jahr 1900, als England Indien und Rußland besetzt und sich die Weite Sibiriens untertan gemacht hatte, blieb diese innerste Zitadelle von den Europäern unerforscht. Im Osten von unpassierbaren, knochentrockenen Wüsten, im Norden von karger Taiga, im Westen von kriegerischen und feindseligen Khanaten und im Süden vom geheimnisvollen und abweisenden Tibet umgeben, war die zerklüftete Festung von

Tien-shan so unzugänglich wie sonst wohl kein anderer Ort auf der Welt. Selbst die Täler dieses unendlichen Gebietes lagen so hoch, daß die wenigen Wagemutigen, die sie besuchten, sich erst an die lungenzehrende Gebirgsluft gewöhnen mußten, und die Pässe, die in gastlichere Lande führten, blieben acht bis neun Monate im Jahr unpassierbar. Auch wenn im Hochsommer die Schneemassen einigermaßen wegschmolzen, wurde das Tien-shan nur für die unerschrockensten Reisenden passierbar, ein Meer aus Gneis und Granit, in dem es keine Ansiedlungen und keinen Boden gab, der es wert gewesen wäre, kultiviert zu werden, und der weder Pflanzen noch Tieren Lebensraum bietet.

Doch selbst das Himmelsgebirge und das Dach der Welt rühmen sich einiger Oasen und Vorberge, wo Leben zu gedeihen vermag. Im Tien-shan liegen die Täler überwiegend auf der Nordseite des Gebirgszuges, die Oasen und Ansiedlungen und damit der Handel ziehen sich an den Vorbergen im Süden entlang. Für die turkmenischen Nomaden, die seit Beginn der Geschichtsschreibung über die asiatischen Steppengebiete herfielen, stellten diese Städte eine große Verlockung dar. Wenn sie im Sommer ihre Pferde in den satten Tälern des Nordens weideten und auf wenig benutzten Pässen die Berge überschritten, stiegen sie gelegentlich hinunter zu den Ansiedlungen im Süden – manchmal, um zu plündern und zu rauben, manchmal aber auch, um mit den Bewohnern der Oasen Handel zu treiben und Erfahrung und Seide einzutauschen.

Die Nomaden hatten die wilde Tulpe in den Tälern des Tien-shan oder auf ihren Bergüberquerungen Richtung Süden in sehr viel höheren Regionen entdeckt, denn die Tulpe kann auch in Gebirgsgegenden und selbst im Winter unter einer Schneedecke gedeihen. Die trostlose Umgebung muß die schlichte Schönheit dieser einfachen

Wildblumen mit ihren gelb, orange oder zinnoberfarbenen Blütenblättern erst recht zur Geltung gebracht haben, und für die Nomaden, die einen weiteren eisigen Winter überstanden hatten, bedeuteten die ersten Tulpen im Jahr mehr als bloß schöne Farbflecken in der Wildnis. Sie repräsentierten Leben und Fruchtbarkeit und waren die ersten Vorboten des nahenden Frühlings.

So wurde die Tulpe zu einem wichtigen Symbol für die Türken. Als sie über die endlose Steppe westwärts zogen, fanden die Nomaden bald überall im zentralasiatischen Hochland wild wachsende Tulpenkolonien. Vom Tien-shan bis zum Aralsee, vom Kaspischen Meer bis in den südlichen Kaukasus hatte sich die Tulpe schon vor mehreren tausend Jahren auf natürliche Weise weiter nach Westen ausgebreitet. Aber als im 10. und 12. Jahrhundert wandernde Turkvölker zahlreich im Nahen Osten auftauchten, wuchsen bereits ein paar der Blumen, denen sie begegneten, in Gärten, wo sie das Auge am schönsten zu erfreuen vermochten.

Wann genau die Kultivierung dieser Wildblumen begann, ist immer noch ein Rätsel, aber wir wissen, daß man schon etwa um das Jahr 1050 in Persien die Tulpe verehrte. Tulpen wuchsen in den Gärten der alten persischen Hauptstadt Isfahan und auch in Bagdad. Sie tauchen in einem von Omar Chajjams bekanntesten Gedichten als ein Symbol für vollendete weibliche Schönheit auf, und auch für spätere Dichter steht die Tulpe für Anmut und Wohlgestalt. Mosharref o'd-Dîn Sa'di beschrieb um 1250 seinen idealen Garten als einen Ort, wo »sich das Murmeln eines kalten Bachs, Vogelsang, überreiche reife Frucht, leuchtend bunte Tulpen und duftende Rosen« zu einem irdischen Paradies verbanden, und Hafez verglich den Glanz der Blütenblätter mit dem Schimmer auf der Wange seiner Geliebten. Die Tulpe galt als Sinnbild der Ewigkeit, und etliche Mythen und Legenden ranken sich um sie. Eine dieser Geschichten erzählt, wie ein Prinz namens Farhad in tiefer Liebe zu einer Jungfrau entbrannte. Als er erfuhr, daß seine Geliebte getötet worden war (was, wie sich später herausstellte, gar nicht stimmte), hieb er sich, von unsäglicher Trauer ergriffen, eine Axt in den Leib. Das Blut aus seinen Wunden tropfte auf den unfruchtbaren Boden, und aus jedem Blutstropfen erblühte eine scharlachrote Blume, Sinnbild seiner aufrichtigen Liebe. Noch Jahrhunderte nachdem diese Geschichte niedergeschrieben worden war, galten rote Tulpen in Persien als Symbol für unsterbliche Liebe. »Wenn ein junger Mann seiner Geliebten eine Tulpe überreicht«, berichtete der Reisende John Chardin im 17. Jahrhundert, »gibt er ihr durch die Farbe der Blume zu verstehen, daß er in tiefer Liebe zu ihrer Schönheit entbrannt ist; und ihr schwarzes unteres Ende soll ihr zeigen, daß sein Herz zu Kohle verbrannt ist.«

Unter den weitgehend des Lesens und Schreibens unkundigen Turkvölkern der Steppe sind keine Aufzeichnungen erhalten, welche die Geschichte der Blume noch vor die Zeit Omar Chajjams zurückverfolgen lassen, und erst gegen Ende des 11. Jahrhunderts, als die Seldschuken nach Westen kamen und im Kampf gegen die Byzantiner Anatolien eroberten, tauchte die Tulpe wieder auf. Entweder brachten die Seldschuken die Blume mit, als sie das Land zu erforschen begannen, oder sie entdeckten dort, wo sie sich niederließen, Wildblumenkolonien. Die frühesten bekannten Zeichnungen von Tulpen finden sich auf Kacheln, die man bei der Ausgrabung eines Palastes gefunden hat, den der Seldschukensultan Aladin Kaikubad I. im 13. Jahrhundert am Beysehir-See in Ostanatolien hatte erbauen lassen.

Zu dieser Zeit hatten die Türken ihr Nomadentum bereits größtenteils aufgegeben. Die Seldschuken besiedelten die eroberten Städte und nannten die eingenommenen Gebiete »Rum«, weil sie sich als die Erben Roms verstanden. Auf jeden Fall lag ihnen die römische Idee der Errichtung eines Weltreichs nicht fern, und selbst nachdem das Sultanat von Rum Anfang des 14. Jahrhunderts zerschlagen worden war, bemühten sich die Seldschukenprinzen weiterhin darum, neue Domänen aus seinen Ruinen zu reißen.

Einer dieser Sultane war Osman I. Ghasi aus Sögüt, und die Dynastie, die schließlich seinen Namen tragen sollte, erwies sich als die glorreichste in der ganzen langen Geschichte der Türken. Die Osmanen brachten eine Reihe von Eroberern und Despoten hervor, die große Teile Asiens versklavten und quer durch Europa bis vor die Tore Wiens stürmten – ein Geschlecht, dessen Herrscher nicht nur die Macht über Leben und Tod ihrer Untertanen besaßen, sondern von dieser auch häufig Gebrauch machten. Doch viele der osmanischen Herrscher waren auch kultivierte Männer, deren erlesener Geschmack und Liebe zu schönen Dingen sie auch zu kenntnisreichen Gärtnern werden ließen. Auf diesem Weg erlangte die Tulpe eine Bedeutung, die sie nie zuvor genossen hatte.

Um 1354 hatten die Osmanen die Dardanellen überquert, und türkische Reiter befanden sich auf europäischem Boden. Sie kamen auf Bitte des byzantinischen Kaisers, der ihre Hilfe brauchte, um seinen Thron gegen einen Usurpator zu verteidigen. Doch statt der versprochenen Hilfeleistung nahmen die Osmanen Griechenland und Thrakien für sich selbst in Beschlag, eroberten den Großteil des Balkans und machten so den byzantinischen Kaiser zu einer hilflosen Marionette, dessen Verfügungsgewalt selten über die Mauern der großen Hauptstadt Konstantinopel hinausreichte.

Es läßt sich nicht mit Bestimmtheit sagen, wie weit verbreitet der Tulpenkult unter den Osmanen war, die in der ersten Hälfte des 15. Jahrhunderts den Balkan überrannten. Da der Islam vorschrieb, keine realistischen Abbildungen lebendiger Dinge öffentlich zur Schau zu stellen, zeigen die osmanischen Handschriften dieser Zeit keine Tulpendarstellungen, und es scheinen auch keine zeitgenössischen Gemälde, keine blumengeschmückten Vasen oder mit Tulpen bemalten Kacheln überlebt zu haben – wenn es sie denn je gegeben hat.

Eine türkische Geschichte macht deutlich, warum Gärten einen so hohen Stellenwert einnehmen. Als Hasan Efendi, ein berühmter heiliger Derwisch, eines Tages der Menge predigte, überreichte ihm einer seiner Zuhörer eine Notiz. Sie beinhaltete die Frage, ob sich irgendein Muslim sicher sein könne, ins Paradies zu kommen, wenn er starb. Nachdem Hasan seine Predigt beendet hatte, fragte er, ob unter den Anwesenden ein Gärtner sei. Als einer aus der Versammlung aufstand, deutete Hasan auf ihn und sagte: »Dieser Mann wird in den Himmel kommen.« Sofort war der Derwisch von einer Menschenmenge umgeben, die wissen wollte, was der Gärtner getan hatte, das ihm einen Platz im Paradies sicherte. Aber Hasan erklärte, daß er nur aus den *Hadith* zitiert habe – den mündlich überlieferten Aussprüchen des Propheten Mohammed –, in denen es heißt, daß die Menschen in ihrem Leben nach dem Tod das tun werden, was ihnen auf Erden am meisten Freude bereitet habe. Und weil alle Blumen dem Himmel gehören, würden Gärtner ganz gewiß ins Paradies gelangen, um dort ihre Arbeit fortzusetzen.

Der Garten steht tatsächlich im Mittelpunkt der muslimischen Vorstellung vom Paradies. Christliche Kleriker malten ihren Schäflein den Himmel als eine strahlende Stadt auf einem Hügel aus; die arabischen Gründer des Islam, einer Religion, die ihren Ursprung in einer trostlosen und wasserlosen Wüste hat, freuten sich auf einen unendlichen Garten der Glückseligkeit, voller überquellender Brunnen und Blumenteppiche, wie er auf Erden nicht seinesgleichen findet. Fromme Muslime verehrten Blumen beinahe wie heilige Reliquien und trugen Blüten an ihren Turbanen.

Die Tulpen der Perser und der Türken waren noch immer Wildpflanzen. Selbst wenn sie in Gärten angepflanzt wurden, waren sie doch nicht in dem Sinne kultiviert, daß sie von Menschenhand systematisch gezüchtet, mit anderen Sorten gekreuzt oder auf andere Weise veredelt wurden. Bis ins frühe 16. Jahrhundert, als der türkische Kriegsherr Babur – der die nordindischen Königreiche unterwarf und die Dynastie der Moguln begründete, ein Name, der bis heute gleichbedeutend mit Luxus und Verschwendung ist – auf seinem Weg nach Süden, der ihn durch Afghanistan führte, dreiunddreißig verschiedene Arten von Wildtulpen zählte, scheinen die alten Nomadenvölker nicht mit Gartenhybriden in Berührung gekommen zu sein. Als Babur in seinen unzähligen streng angelegten Gärten Tulpen pflanzte, steckte er die Zwiebeln von Wildblumen in die Erde.

Von allen Blumen eines muslimischen Gartens erachtete man die Tulpe als die heiligste, und die türkische Leidenschaft für ihre Blüte beließ es nicht bei der bloßen Wertschätzung ihrer Schönheit allein. Für die Osmanen besaß sie große symbolische Bedeutung und wurde im wörtlichen Sinne als Blume Gottes angesehen, weil in der arabischen Schrift die Buchstaben, aus denen sich *lale*, das türkische Wort für »Tulpe« zusammensetzt, dieselben sind, die auch »Allah« bilden. Die Tulpe galt auch als Sinnbild der Bescheidenheit vor Gott: Voll erblüht beugt sie ihr Haupt. Nachdem das Verbot von Abbildungen lebender Dinge schließlich gelockert wurde, fanden Tulpenbilder in die osmanischen Illustrationen des Garten Eden Eingang, wo sie neben den Obstbäumen blühten, vor denen Eva in Versuchung geführt worden war. Türken, die freiwillig ihr Leben im Kampf ließen, weil sie den Tod im Dienste des Islam für den sichersten Passierschein ins paradiesische Jenseits hielten, wo ihnen göttlich schöne Huris den auf Erden untersagten Wein kredenzten, rechneten fest damit, einen von Tulpen übersäten Garten vorzufinden. Aus diesem Grund gehörte für einen osmanischen Gärtner die Tulpe zu den kostbarsten Blumen, was sonst nur noch die Rose, die Narzisse, die Nelke und die Hyazinthe für sich in Anspruch nehmen konnten. Alle anderen Blumen, so selten und schön sie auch sein mochten, wurden als »Wildblumen« angesehen und nur gelegentlich kultiviert. Und so wird auch verständlich, daß die Tulpen die siegreichen Türken begleiteten, als sie von Asien westwärts zogen und in Europa einfielen.

2
Unter dem Dach der Glückseligkeit

Zweihundertfünfzig Jahre bevor in den Auktionsräumen der Niederlande Blumenzwiebeln ersteigert wurden, gelangte die Tulpe ins südliche Grenzland Serbiens. Dort stand auf dem Amselfeld eine christliche Armee von fünfzehntausend Mann unter ihrem Anführer Prinz Lazar der doppelten Anzahl osmanischer Türken unter dem Kommando ihres Sultans Murat I. gegenüber. Der große Kampf, der am St.-Veits-Tag des Jahres 1389 zwischen Lazar und Murat ausgetragen wurde, trug dazu bei, das Schicksal auf dem Balkan für die nächsten fünfhundert Jahre zu besiegeln.

Es war von Anfang an kein guter Tag für die Serben. Die besten und tapfersten christlichen Ritter wurden zurückgeschlagen und Lazar selbst im allgemeinen Schlachtgetümmel gefangengenommen. Auf türkischer Seite hingegen befehligte Murat seine Männer mit einer Geschicklichkeit, wie sie sich anders von einem Sultan nicht erwarten ließ, der den Großteil seiner dreißigjährigen Regierungszeit auf Kriegszug verbracht hatte. Seine Stellung inmitten der osmanischen Armee schien sicher zu sein; der Sultan wurde von drei Reihen von Kamelen abgeschirmt, die, aneinandergekettet, ein undurchdringliches Hindernis für die christliche Kavallerie darstellten und wie Hannibals Elefanten einen Feind abschrecken sollten, der solch exotischen Geschöpfen noch nie zuvor begegnet war. Und doch war es einem christlichen Soldaten gelungen, irgendwie zum Sultan vorzudringen. Der Legende nach war dieser Mann ein Serbe, der am Abend vor der Schlacht von Lazar öffentlich des Verrats beschuldigt worden war und jetzt seine Loyalität unter Beweis stellte, indem er Murat seinen Dolch mit solcher Kraft in die Brust stieß, daß dieser am Rücken wieder austrat.

Tödlich verwundet, stürzte der Sultan zu Boden, lebte jedoch noch lange genug, um den gefangenen Prinzen Lazar vorführen zu lassen und dessen unmittelbare Hinrichtung zu befehlen. Und so folgten die Herrscher der Christen und der Türken den Tausenden ihrer Männer, die bereits auf dem Amselfeld lagen, in den Tod. Ein Muslim schrieb angesichts des mit Gefallenen bedeckten und mit abgetrennten Köpfen, auf denen noch die farbenprächtigen Turbane saßen, übersäten Schlachtfelds, daß es ihn an ein riesiges Tulpenbeet erinnerte, dessen flammend rote und gelbe Blüten die leuchtenden Farben der türkischen Kopfbedeckungen wiedergaben.

Es ist durchaus möglich, daß tatsächlich Tulpen bei der Schlacht auf dem Amselfeld dabeigewesen sind – und zwar nicht nur als poetische Anspielung auf die türkischen Turbane, sondern in Form von Talismanen. Im Lauf des 14. Jahrhunderts schienen sich die Osmanen diese heiligste aller Blumen zum Schutz vor Unglück auserkoren zu haben. Und weil das religiöse Verbot der bildlichen Darstellung lebender Dinge noch immer seine Wirkung zeigte, wurde die Tulpe nicht auf Banner und Mäntel, sondern versteckt auf die Leibwäsche gestickt. Im Museum für türkische und islamische Kunst in Istanbul ist noch immer ein schlichtes Hemd aus dem Grab eines der osmanischen Feldherrn zu sehen, die auf dem Amselfeld gekämpft hatten. Es wurde unter dem Waffenrock getragen und war vorne mit Versen aus dem

Koran reich geschmückt und auf der Rückseite mit Tulpen bestickt. Dieser Feldherr war Sultan Murats zweiter Sohn gewesen, Beyazid, ein junger Prinz, der noch kaum das Mannesalter erreicht hatte, als er bereits eine Abteilung der türkischen Armee gegen Prinz Lazar anführte.

Das Tulpenhemd hatte Beyazid Glück gebracht. Die Schlacht gegen die Serben wütete noch, als der von seinen Männern zum Sultan ausgerufene jüngere Sohn Murats das Erbe seines Vaters auf dem Amselfeld antrat. Er begann seine Regentschaft so grausam, wie er sie auch weiterhin ausübte – indem er nämlich die Hinrichtung von Yakub, seinem älteren Bruder und Hauptrivalen um den Thron, befahl. Yakub wurde kurzerhand mit einer seidenen Halsschlinge erdrosselt, und Beyazids Thronfolge stand nichts mehr im Wege.

Der neue Sultan trat als überaus harter und ehrgeiziger Herrscher in Erscheinung. Er festigte die Herrschaft der Osmanen auf dem Balkan und sorgte 1396 bei Nikopolis im heutigen Bulgarien für die vollkommene Niederlage der letzten großen Kreuzzugsarmee, einem Heer von etwa sechzehntausend Mann. Nach der Schlacht überwachte der Sultan persönlich die Enthauptung von dreitausend christlichen Gefangenen. Da überrascht es wenig, daß seine Untertanen ihn bald *Yildirim*, »den Blitz«, nannten.

Ganze dreizehn Jahre lang dehnte Beyazid sein Herrschaftsgebiet weiter aus, schmetterte den Widerstand der Christen auf dem Balkan nieder und schlug die Perser im Osten. Aber dann hatte sich die Kraft seines Talismans erschöpft. 1402 stand ihm in der Nähe von Ankara ein Herrscher gegenüber, der ihn an Stärke und Grausamkeit noch übertraf: Tamerlan war ein verkrüppelter Mongole, der im Schatten des Pamir geboren worden war und versuchte, das Reich Dschingis-Khans zu erneuern. Beyazids Armee wurde aufgerieben und der Sultan selbst von mongolischen Bogenschützen auf der Flucht überwältigt und gezwungen, sich in Tamerlans Zelt zu Füßen seines Bezwingers zu werfen.

Der Tulpenherrscher fand keine Gnade. Tamerlan beanspruchte die Frauen aus dem Harem des Sultans für sich und zwang Beyazids Ehefrau Despina, ihn nackt auf seinem Tisch liegend zu empfangen. Den Sultan sperrte er in einen Eisenkäfig, den die Mongolen auf ihren Reisen immer mit sich führten, und ließ ihn bei Staatsgeschäften herbeischleppen, um ihn als Fußschemel zu benutzen.

Beyazid überlebte noch acht Monate, sein Ende bleibt ein Rätsel: Manche behaupten, er sei an einem Schlaganfall gestorben, aber der Dramatiker Christopher Marlowe ließ ihn sich in *Tamburlaine the Great* aus Verzweiflung über sein Elend den Kopf an den Stangen seines Käfigs einschlagen. Auf jeden Fall erlebte er die Tulpenblüte von 1403 nicht mehr.

Die Gefangennahme des Sultans brachte den nach Westen gerichteten Wanderzug der Tulpe für eine Weile zum Stillstand und stürzte das junge Osmanenreich in ein Chaos, aus dem die Türken sich erst nach einem halben Jahrhundert wieder erholten. Günstig wirkte sich diese Atempause vor allem auf die christlichen Staaten aus, die vor der Sultanszeit den Balkan beherrscht hatten, insbesondere auf die byzantinischen Griechen. Beyazids ganzer Ehrgeiz war auf die Einnahme Konstantinopels gerichtet gewesen, das er zum neuen Zentrum seines Reichs zu machen gedachte, und so hatte er die Stadt auch Ende des 14. Jahrhunderts fünf Jahre lang belagert, es aber nie geschafft, ihre massiven Befestigungsanlagen niederzureißen.

Die Hauptstadt von Byzanz hatte an der Wende vom 14. zum 15. Jahrhundert einiges von ihrer einstigen

Pracht verloren, und ihr Niedergang spiegelte das schwindende Glück ihrer Herrscher wider. In ihrer Glanzzeit beherbergte sie um die fünfhunderttausend Einwohner, und jetzt umschlossen ihre Seemauer und die sieben Kilometer lange Landmauer eine Stadt von gerade einmal fünfzigtausend Menschen, die verstreut in Vierteln lebten, die eher an große Dörfer erinnerten und durch Ruinen, Bauernhöfe und Obstgärten voneinander getrennt waren. Doch was ihre Größe, Lage und ihren Ruf anging, war sie noch immer die prächtigste Stadt der Welt. Sie war bereit, Hauptstadt des Osmanischen Reiches zu werden – und auch die neue Heimat der Tulpe.

Beyazids Tod brachte keine Rettung für die Byzantiner und zögerte ihren Untergang lediglich hinaus. Binnen eines halben Jahrhunderts hatten die Osmanen sich wieder gesammelt und kehrten unter Sultan Mehmet, dem Urgroßenkel des toten Sultans, zurück. Diesmal war Konstantinopel geschwächter und die türkische Armee bedeutend größer und mit den neuesten Kanonen und Belagerungsmaschinen ausgerüstet. Nach einer Belagerung, die keine zwei Monate dauerte, gelang es Mehmets Truppen, eine Bresche in die Mauern zu schlagen, und die Türken fielen in Konstantinopel ein. 1453 entledigte sich der letzte byzantinische Kaiser seiner Herrscherinsignien und suchte einen anonymen Tod im Kampfgewühl. Die glanzvolle Metropole des Byzantinischen Reiches wurde zur Hauptstadt der Osmanen, die von nun an Istanbul hieß.

Selbst gemessen an den außergewöhnlichen Maßstäben der osmanischen Sultane war Mehmet – der sich von da an »der Eroberer« nannte – ein komplizierter Charakter. Kriegerisch, aber gebildet, sinnenfreudig, aber unnachgiebig, war er ein grausamer Herrscher, aber ein bescheidener Mensch. Als er am Tag, als Konstantinopel fiel, in der Hagia Sophia, der byzantinischen Krönungskirche der oströmischen Kaiser, sein Dankgebet sprach, kniete er nieder und streute sich als Akt des Gehorsams vor Gott eine Handvoll Erde über seinen Turban. Er war auch der Autor eines düsteren türkischen Verses:

Gieß mir Wein ein, Lakai, denn eines Tages
wird der Tulpengarten zerstört sein;
Bald kommt der Herbst,
und Frühling gibt es keinen mehr.

Doch trotz seiner realistischen Einschätzung hatte der Sultan nicht vor, die neue Hauptstadt der Osmanen gleich wieder freizugeben. Im Gegenteil, die einstmals bedeutende Stadt erholte sich unter seiner Herrschaft. Neue Bauten bestimmten die Stadtsilhouette; vier schlanke Minarette erhoben sich neben der Hagia Sophia in den Himmel und machten die einstige Kirche zur Moschee; die Landmauern wurden instand gesetzt, mit dem Bau neuer Paläste begonnen. Und an Orten, die unter byzantinischer Herrschaft dem Verfall preisgegeben waren, errichteten die Osmanen unzählige Gärten.

Erbaut am äußersten Rand Europas, von drei Seiten von Wasser umgeben, bot die halbverlassene Stadt mit den sieben großen Hügeln innerhalb ihrer Landmauern auf Schritt und Tritt hinreißende Ausblicke. Die Türken machten sich diese Leere zunutze und pflanzten Bäume und Blumen, damit deren natürliche Schönheit die alten und neuen Gebäude der Stadt ergänzte und hervorhob. Innerhalb weniger Jahrzehnte nach der Eroberung konnte sich allein der osmanische Sultan an mehr als sechzig Privatgärten erfreuen, die entlang des Bosporus und des Marmarameers angelegt worden waren. In Dutzenden von Nutzgärten wurde Obst- und Gemüseanbau betrieben, die die Herrscherfamilie versorgten. Viele Würdenträger des Reiches errichteten Gärten am Wasser, die in der Sommerhitze für Schatten sorgten, Terrassenanlagen voller Weinreben, Lustgärten an öffentlichen Plätzen und private »Paradiesgärten« mit verschwenderischer Blumenpracht.

Es war diese Fülle an Grün, die Istanbul in den Augen seiner Besucher von allen anderen europäischen Städten unterschied. Und die Art und Weise, wie die Bewohner der Stadt ihre Gärten anlegten, verblüffte europäische Gartengestalter. Den Türken war die einengende Reglementierung der streng nach formalen Prinzipien entworfenen Gärten zuwider, wie sie an den Höfen von England, Frankreich und Italien Mode waren. Die osmanischen Gärten versuchten nicht durch geometrische Präzision zu beeindrucken, sondern das Auge mit Visionen von Üppigkeit und Fülle zu verführen. Sie sollten Zuflucht vor den Sorgen der Welt und Schutz vor der Tageshitze bieten, und mit ihren zahlreichen Springbrunnen und plätschernden Wasserläufen ein kleines Stück Himmel auf Erden sein.

Europäer, die während der Blütezeit des von Mehmet und seinen Nachfolgern errichteten Osmanischen Reiches nach Istanbul reisten, überraschten meist nicht nur Größe und Wohlstand der Stadt, sondern auch ihre kulturellen Errungenschaften und die Art und Weise, wie hier Toleranz gegenüber den religiösen Unterschieden ihrer Bewohner geübt wurde. Das westliche Türkenbild war widersprüchlich und durch Vorstellungen willkürlicher Grausamkeit und wollüstiger Sinnenfreuden geprägt – die Brutalität der osmanischen Armeen übte die gleiche schaurige Faszination aus wie der seltsame Reiz verborgener Freuden im Harem des Sultans –, und gewiß waren die Türken ebenso fähig zur Barbarei, wie sie für die Schönheit empfänglich waren.

Sultan Mehmet war selbst ein Mensch solcher Widersprüche. Eine seiner ersten Amtshandlungen bestand in der Erbauung eines prächtigen neuen Palastes, der den poetischen Namen »Haus der Glückseligkeit« erhalten sollte und heute als Topkapi-Serail bekannt ist. Der neue Sultanspalast sollte alles überbieten, was das byzantinische Jahrtausend hervorgebracht hatte, und – wie es ein Chronist beschrieb – »Vielfalt, Schönheit und Pracht« verbinden, indem »an jeder Seite, innen wie außen, Gold und Silber, Ornamente aus Edelsteinen und Perlen im Überfluß strahlten und glänzten«. Der leidenschaftliche Gärtner Mehmet, der seltene Pflanzen aus allen Teilen seines Landes sammelte und den man auch selbst inmitten seiner Blumen arbeiten sehen konnte, sorgte dafür, daß das Haus der Glückseligkeit von »weiten und wunderschönen Gärten« umgeben war, »in denen alle nur erdenklichen Pflanzen und Früchte wuchsen, auf allen Seiten überreich von frischem, klarem Trinkwasser umflossen, und voll zwitschernder und trällernder Schwärme von Singvögeln und eßbaren Vögeln«. Doch als dieser kultivierte Mann eines Tages entdeckte, daß eine seiner wertvollen Gurken gestohlen worden war, ließ er seine Palastgärtner vorführen und einem nach dem anderen den Bauch aufschlitzen, weil er hoffte, auf diese Weise herauszufinden, welcher von ihnen sie gegessen hatte.

Spätere Osmanenherrscher standen Mehmet dem Eroberer sowohl in Grausamkeit als auch in ihrer Leidenschaft für schöne Gärten in nichts nach. Der bedeutendste von ihnen war Mehmets Urenkel Süleyman der Prächtige, der 1522 den Thron bestieg und das türkische Reich von den Toren Wiens bis zum Persischen Golf und von der Meerenge von Gibraltar bis zum Kaspischen Meer ausdehnte. Den Europäern war er nicht nur als »der große Türke« bekannt, ein Titel, den viele seiner Nachfolger führen sollten, sondern auch als »Eigentümer der

Menschenhälse«, wie ihn jene Christen nannten, die das Pech hatten, mit einer seiner Armeen Bekanntschaft zu machen. Süleymans Untertanen gaben ihm jedoch den Beinamen »der Gesetzgeber«, denn seine Gesetze gaben der osmanischen Gesellschaft bis ins 19. Jahrhundert ihre charakteristische Prägung.

Zur Zeit Süleymans, in der ersten Hälfte des 16. Jahrhunderts, hatte die Tulpe sich als die türkische Blume schlechthin etabliert. Noch immer war sie in Europa unbekannt, doch im Osmanischen Reich genoß sie eine solche Popularität, daß sie – nachdem das alte Verbot, lebende Dinge abzubilden, seine Gültigkeit verloren hatte – zu einem der beliebtesten Motive der osmanischen Künstler und Handwerker geworden war. Inzwischen schmückten Tulpen nicht mehr nur die Leibwäsche des Sultans, wie das noch zu Zeiten Beyazids der Fall gewesen war, sondern auch seine Prunkgewänder: Süleymans cremefarbene Herrscherrobe aus Brokat, die noch immer existiert, ist mit Hunderten von Blüten bestickt. In seine Rüstung, die er auf Feldzügen in Ungarn und Persien trug, war eine einzige, neun Zentimeter lange, prachtvolle Tulpe getrieben, und den Helm des Sultans, ein Meisterwerk der Schmiedekunst, zierten goldgefaßte und mit Edelsteinen besetzte Tulpen.

Mitte des 16. Jahrhunderts wandelte sich die Tulpe allmählich von einem herrschaftlichen Prestigeobjekt zu einem beliebten Symbol, das sich auch breitere Bevölkerungsschichten aneigneten. Sie wurde auf die Gebetsteppiche gestickt, welche die Bräute für ihre Aussteuer nähten, auf Wasserflaschen gemalt oder in Samtbezüge gewebt, die kunstvolle türkische Sättel schmückten. Und so wie Gärtner die Tulpenzwiebeln in die Erde steckten, damit ihren Seelen ins Paradies verholfen wurde, stickten die Frauen des Osmanischen Reiches Tausende und Abertausende Bilder dieser Blume, um sie unter Gebeten für die sichere Heimkehr ihrer Männer aus dem Krieg als Opfergaben darzubringen.

Vermutlich wurde unter Süleyman auch erstmals versucht, die Tulpe zu kultivieren und neue Sorten zu züchten. Die seit den Tagen Mehmets in Istanbul angebauten Tulpen waren kurzstielig und mit gerundeter, fast eiförmiger Blüte und sahen vielen heute üblichen Sorten sehr ähnlich. Die neu gezogene »Istanbul-Tulpe« könnte aus Arten gezüchtet worden sein, welche die Türken an den Nordküsten des Schwarzen Meeres, im Land ihrer Verbündeten, der Krimtataren, entdeckt hatten. Istanbul-Tulpen – von denen es schließlich fünfzehnhundert Arten gab – waren zarter und sehr viel eleganter als ihre Vorläufer. Ihre langen, schmalen Blütenblätter liefen spitz nach oben zu. Die begehrtesten Arten waren wie Mandeln geformt, besaßen dolchartige Blütenblätter und glänzten in leuchtendem Rotbraun oder Schwefelgelb.

Der erste Gärtner, der sich ganz den Tulpen widmete, lebte zur Zeit Süleymans und züchtete die ersten Kulturformen der Tulpe. Er hieß Seihulislam Ebusuud Efendi und besaß eine besonders schöne Blume, bekannt als *Nur-i-Adin*, »das Licht des Paradieses«. Auch die anderen Istanbul-Tulpen erhielten klingende Namen, die ihren Wert und ihre Schönheit widerspiegelten: *Dur-i-Yekta*, »du unvergleichliche Perle«; *Halet-efza*, »Mehrerin der Freuden«, »Erweckerin der Leidenschaft«, »Neid des Diamanten« oder »Rose der Dämmerung«.

Diese Art von Tulpen waren vor allem kostbare Raritäten. Selbst Seihulislam – der 1574 im hohen Alter von vierundachtzig Jahren starb – besaß nur eine Handvoll Zwiebeln der *Nur-i-Adin*. Und in einer Zeit, in der man die Kunst, den alten Sorten neue zu entlocken, noch kaum beherrschte, und Züchter versuchten, purpurrote Blumen hervorzubringen, indem sie Rotwein über ihre Tulpenbeete gossen, war die Kultivierung ein langsames und auch willkürliches Unterfangen, für das sich nur wenige der türkischen Gärtner begeistern konnten. Der Großteil der neuen osmanischen Kulturformen scheint eher durch Zufall, denn geplant hervorgebracht worden zu sein.

Dennoch vermehrten die osmanischen Sultane nach und nach ihren Zwiebelbestand und schmückten mit Tulpen und anderen Blumen ihre Paläste und Gärten. Manche dieser Blüten kamen direkt aus Istanbul, wo es um 1630 über achtzig Blumenhändler und dreihundert »professionelle« Floristen gab. Andere Blumen wurden importiert, manchmal in großen Mengen. Neue Tulpensorten kamen von der Schwarzmeerküste und aus Kreta oder wurden auf den endlosen Kriegszügen geraubt, welche die Osmanen gegen Persien führten. 1574 gab Süleymans Sohn, Selim II. – ein begeisterter Gärtner, dessen zweite Leidenschaft, der Alkohol, dazu führte, daß er als »Selim der Säufer« in die Geschichte einging –, dem Wesir von Aziz, einer türkischen Provinz in Syrien, den Befehl, ihm fünfzigtausend Tulpenzwiebeln für die Palastgärten zu schicken. »Dieser Befehl duldet keinen Aufschub«, fügte der Sultan hinzu. »Alles sollte so gut und schnell erledigt werden, daß auch nicht die geringste Enttäuschung aufzukommen vermag.« Und obwohl Selim klarstellte, daß das für den Einkauf benötigte Geld im nahe gelegenen Aleppo vom Schatzmeister zu bekommen war, müssen derartige Befehle ihren Empfängern Grund zur Besorgnis gegeben haben, was vermutlich auch beabsichtigt war.

Der schönste aller Gärten der großen Sultane verbarg sich hinter den Mauern seines Wohnsitzes, des Topkapi-Palastes.

Um ins innere Heiligtum zu gelangen, wo die Tulpen des Sultans blühten, hätte sich der Besucher dem »Haus der Glückseligkeit« über eine Durchgangsstraße nähern müssen, die an der Hagia Sophia vorbeiführte und in einen Platz einmündete. Einmal dort, hätte er vor sich die Außenmauern des Palastes gesehen, die von Wehrtürmen und Wachen nur so strotzten und in die sich ein riesiges Außentor bohrte, über dem der langatmige offizielle Titel des Sultans in goldenem Schriftzug prangte. Dieses Tor führte in den ersten der vier großen Höfe des Palastes. Der äußere Hof stand allen Untertanen des Sultans offen, und da jeder Türke das Recht hatte, die Behebung von Mißständen zu erbitten, umrundete für gewöhnlich eine aufgeregte Menschenmasse die Kioske, in denen geplagte Schreiber ihre Beschwerden entgegennahmen. In anderen Teilen desselben Hofes fanden Waffenlager und Magazine, Verwaltungsräume, die Gebäude der kaiserlichen Münze und Ställe für dreitausend Pferde Platz. Nicht zu übersehen das Paar marmorner Säulen, auf denen die abgetrennten Köpfe von Honoratioren des Reiches ausgestellt wurden, die den Sultan in irgendeiner Weise gekränkt haben mochten. Als zusätzliche Warnung stapelten sich neben den Toren gelegentlich Erinnerungsstücke an die sporadisch vom Sultan befohlenen Massenhinrichtungen: abgetrennte Nasen, Ohren und Zungen.

Von diesem Kreis der Hölle führte ein Doppeltor in einen zweiten, ruhigeren Hof, der nur noch hohen Staatsbeamten, Soldaten und wichtigen Besuchern zugänglich war. Hier stand die Halle des Diwan – Sitz der obersten Regierungsbehörde –, wo der Sultan, vom Blick der gewöhnlichen Sterblichen durch einen grünen Seidenvorhang getrennt, seinen Staatsgeschäften nachging, die Berichte seiner Hofbeamten hörte oder ausländische Botschafter empfing. Durch das »Tor der Glückseligkeit« gelangte man in den dritten Hof, hinter dem sich die Privatgemächer des Sultans und die der kaiserlichen Haremsdamen erstreckten. In diesen abgeschlossenen, geheiligten Bereich war in den hundert Jahren seit seiner Erbauung noch kein Osmane, geschweige denn ein westlicher Besucher vorgedrungen. Vom Serail schließlich führte ein weiteres Doppeltor in die ausgedehnten Gärten des Palastes, die, für Fremde unzugänglich, am äußersten Ende des gesamten Gebäudekomplexes lagen. Diese Lage im Zentrum der absoluten Macht unterstrich die Wertschätzung, welche die Türken ihren Pflanzen und Blumen zuteil werden ließen.

Blumenbeete waren vornehmlich im vierten Hof angelegt, wo der Sultan sie einsam genoß. Die einzigen Fenster, die einen Blick darauf erlaubten, gehörten zur Schatzkammer und einem Vorratshaus, die sich verbarrikadieren ließen, wenn der Große Türke das befahl. Im Frühjahr und im Sommer waren die Gärten des vierten Hofes ein einziges Blumenfeld aus Rosen, Nelken, Hyazinthen, Narzissen und selbstverständlich Tulpen, das sich die Hänge hinauf bis zum höchsten Punkt des Topkapi-Komplexes zog, der einen unvergleichlichen Ausblick über den Bosporus und das Marmarameer bot. Hier oben standen Kioske, prachtvolle hölzerne Pavillons, die als Versammlungsort bei Festivitäten oder ganz einfach als Zufluchtsstätten der Ruhe und des Friedens dienten.

Eine solch weitläufige Palastanlage ließ sich nur mit einem Heer von Dienern unterhalten, und so gehörte zu den fünftausend Bediensteten, zu denen auch so ausgefallene Spezialisten wie der Oberste Turbanwickler zählten, ein großer Stamm an Gärtnern. Fast tausend *bostancis* hatten verschiedene Aufgaben im Palast zu verrichten, die weit über das Jäten im Tulpenbeet des Sultans hinausgingen – wenngleich sie selbstverständlich auch diese Funktion erfüllten. *Bostancis* arbeiteten als Wächter, Träger und Abfallbeseitiger. Die fünftausend zusätzlichen Mitglieder dieser Heerschar fungierten außerhalb des Topkapi als eine Art kaiserliche Leibwache, die zeitweilig auch als Polizei- und Zollbeamte rund um die Hauptstadt im Einsatz war.

Die ungewöhnlichste Aufgabe bestand wohl darin, dem Herrscher auch als Scharfrichter zu dienen. Es waren die Gärtner des Sultans, die verurteilte Frauen in mit Steinen beschwerte Säcke nähten und in den Bosporus warfen; und der Gleichschritt einer sich nähernden Gruppe von *bostancis* mit ihren hohen zylindrischen Hüten aus rotem Filz kündigte im Lauf der Jahre Tausenden osmanischer Untertanen den Tod durch den Strang an.

Zum Tode verurteilte hochrangige Beamte hatten es mit dem Obersten Gärtner des Sultans persönlich zu tun, dem *bostanci-basha*. Dieser fungierte zugleich als Oberster Scharfrichter und spielte auch eine wichtige Rolle bei einem der sicherlich seltsamsten Bräuche der Geschichte. Dies war der Wettlauf zwischen einer verurteilten Person von Rang – einem in Ungnade gefallenen Wesir oder Obereunuchen – und dem Mann, der den Befehl hatte, ihn zu töten. Sobald das Todesurteil verkündet war, war es dem Verurteilten gestattet, so schnell er konnte, die Strecke von einem knappen Kilometer durch die Gärten bis hinunter zum Fischhaus-Tor zu rennen, das am äußersten Südende des Topkapi lag und als Hinrichtungsplatz diente. Kam er vor dem Obersten Gärtner am Fischhaus an, wurde sein Urteil in eine bloße Verbannung umgewandelt. Wenn hingegen der Verurteilte den *bostanci-basha* schon am Tor auf ihn warten sah, wurde er unverzüglich hingerichtet und sein Leichnam ins Meer geschleudert.[*]

Eine weniger grausige Aufgabe der *bostancis* lag in der Versorgung der Wohnräume des Palastes mit Schnittblumen. Auf Gemälden, die die Lieblingsräume des Sultans

---

[*] Der letzte Mann, der seinen Hals retten konnte, indem er den Wettlauf um Leben oder Tod gewann, war der Großwesir Haji Salih Pasha 1822/23.

zeigen, kann man, auf kleinen Tischchen verteilt, eine Fülle von Blumenarrangements bewundern, in denen Tulpen einen besonderen Stellenwert einnehmen. Tulpen wurden zumeist einzeln in zarte Glasvasen gestellt, die oftmals mit einer filigranen Technik verziert waren, die als *Cesmi Bülbül*, »Auge der Nachtigall«, bekannt ist.

Aller Wahrscheinlichkeit nach haben westliche Besucher die kultivierten Tulpen Istanbuls erstmals auf diese Weise kennengelernt. Anfangs kamen sie als Botschafter und Gesandte, die auf die niederschmetternden Erfolge reagierten, die Süleymans Armeen verzeichnen konnten, als sie 1522 Rhodos einnahmen, dann 1526 den König von Ungarn niederwarfen und schließlich drei Jahre später Wien belagerten. Diese ruhmreiche Folge von Siegen erhob die Osmanen in den Rang der größten Macht im Mittelmeerraum und zwang die christlichen Herrscher, mit ihnen zu verhandeln. Später fanden auch Söldner und Händler ihren Weg nach Istanbul, um in die Dienste der Türken zu treten oder um die Erlaubnis zu ersuchen, mit ihnen Handel zu treiben.

Den Besuchern aus dem Westen fiel viel Bemerkenswertes ins Auge. Alles im Osmanenreich wirkte exotisch, vom lauten Trubel im Basar bis zur sinnenfrohen Anmut der Moscheen. Die Leidenschaft der Türken für Blumen und ihre besondere Gabe, mit ihnen umzugehen, gehörten ebenfalls zu den Neuigkeiten, die sich in der Heimat schnell verbreiteten, und selbst die Kultivierung der Pflanzen um ihrer bloßen Schönheit willen wirkte seltsam auf die Fremden, die im 16. Jahrhundert hierherkamen und nichts anderes darin zu sehen gewohnt waren als ein Nahrungsmittel oder Heilkraut.

Die schlanken, farbenprächtigen Tulpen, auf die man allenthalben stieß, mußten einfach die Aufmerksamkeit auf sich ziehen. Ob hoher Gesandter oder Soldat, ob Blumenliebhaber oder nicht – eines wurde jedem Besucher der Stadt klar: Die Tulpe war die Königin der Blumen, der man vor allen anderen den Vorzug gab.

Spätestens Mitte des 16. Jahrhunderts war die Tulpe endlich in den Gesichtskreis Europas getreten. Sie war bereit, ihre Reise nach Westen fortzusetzen.

3

Die Fremde aus dem Osten

Die Segelschiffe, die Ende Oktober des Jahres 1529 mit Müh und Not die Küste Portugiesisch-Indiens mit seiner Hauptstadt Goa erreichten, machten einen äußerst beklagenswerten Eindruck. Sie waren nur noch mit dem buchstäblichen Skelett der Besatzung bemannt, weil sie auf ihrer langen Reise von Lissabon durch Fieber und Hunger über zweitausend Mann verloren hatten. Der Kommandant dieser Flotte, ein Adeliger namens Nunho da Cunha hatte jedoch überlebt – und seine Ankunft bedeutete für Lopo Vaz de Sampayo, den Gouverneur des portugiesischen Handelsreiches Indien, nichts Gutes.

Da Cunha brachte Weisungen des Königs von Portugal mit, die ihn anstelle von Lopo Vaz zum Gouverneur bestimmten. Und, schlimmer noch, sie beorderten Vaz nach Hause, weil er in Ungnade gefallen war. Der Rückruf war angeordnet worden, weil schließlich auch bis nach Lissabon vorgedrungen war, daß Vaz sich den Platz des eigentlich zum Gouverneur bestellten königlichen Favoriten widerrechtlich angeeignet und an seiner Stelle zwei Jahre lang die portugiesischen Enklaven der indischen Westküste regiert hatte. Lopo Vaz kehrte als Gefangener heim und schmachtete im Kerker, bis er 1532 nach Afrika verbannt wurde, um dort auf eine eventuelle Begnadigung zu warten.

All dies ist deshalb von Bedeutung, weil Lopo Vaz de Sampayo als der Mann gilt, der die Tulpe nach Westeuropa gebracht haben soll. In seiner 1654 veröffentlichten Schrift *Le Floriste François* schrieb der Gärtner Charles de la Chesnée Monstereul, daß Vaz die Tulpe aus Ceylon mit nach Hause gebracht habe.

Wobei allerdings fraglich bleibt, wie Lopo Vaz dies unter den widrigen Umständen seiner Rückkehr bewerkstelligt haben soll. Abgesehen davon, daß auf Ceylon gar keine Tulpen wachsen, liegt die Insel Hunderte von Seemeilen abseits der Route, welche die portugiesischen Seefahrer für ihre Heimfahrt wählten. Und obwohl es durchaus denkbar wäre, daß die Portugiesen die Blume in Goa erworben hatten – entweder von den Persern, mit denen sie im Persischen Golf Handel trieben, oder von den Indern, die sie aus einem von Baburs Gärten im Norden des Subkontinents bekamen –, war die Reise nach Lissabon sehr beschwerlich und dauerte schon unter günstigsten Bedingungen sechs Monate, unter widrigen gar bis zu zweieinhalb Jahre.

Sollte die Geschichte über Lopo Vaz stimmen, dann muß er schon ein Tulpenbesessener von Rang gewesen sein, wenn er diejenigen, die ihn gefangengenommen hatten, dazu überreden konnte, seine Blumenzwiebeln mit an Bord zu nehmen und vielleicht sogar auf den überfüllten und schmutzigen Schiffen in Töpfen zu kultivieren. Die Möglichkeit ist nicht ganz von der Hand zu weisen; hochrangige Gefangene wurden damals anständig behandelt, egal, welchen Verbrechens sie sich schuldig gemacht hatten, und Vaz wird keinesfalls in Ketten nach Lissabon zurückgebracht worden sein.

In Wahrheit weiß keiner ganz genau, wie oder wo oder wann die Blume erstmals Asien verließ. Türken und Perser bauten die Tulpen in so großen Mengen an, und die Zwiebeln ließen sich so einfach transportieren, daß möglicherweise doch einmal im Lauf des Mittelalters eine Handvoll davon den Weg nach Westen gefunden hat. Aber auch wenn dies tatsächlich der Fall gewesen ist, findet sich in den zeitgenössischen Illustrationen und Chroniken kein Hinweis darauf, so daß Tulpen wohl kaum in großer Menge gepflanzt worden oder weit verbreitet gewesen sind. Dasselbe gilt auch für sämtliche Exemplare, die von Indien nach Portugal gekommen sein könnten, denn als europäische Botaniker 1560 auf die Tulpe stießen, hielten sie diese exotische Blume für eine absolute Novität.

Gelegentlich wird ein neuer Beweis dafür angetreten, daß die Tulpe schon vor der Mitte des 16. Jahrhunderts in Europa anzutreffen war, der jedoch stets sofort wieder dementiert wird. So geben zum Beispiel die wildwachsenden roten und gelben *Tulipa silvestris* und *Tulipa australis*, die in Savoyen noch immer wild wachsen Probleme auf. Man hat in ihnen die überlebenden Exemplare einer einheimischen europäischen Wildtulpe sehen wollen, die früher einmal durch sich über den Balkan ausbreitende Kolonien mit den asiatischen Spezies verwandt waren. Die Savoyer Tulpen wollen jedoch aufgrund ihrer Verteilung und der Tatsache, daß sie überwiegend in Kulturland auftauchen, nicht in dieses Schema passen, was nahelegt, daß ihre Vorfahren von Menschenhand gepflanzt worden sind. Dann gibt es da ein Gemälde der Jungfrau mit dem Kind, auf dem Maria ihr Gesicht Blumen zuwendet, unter denen sich auch Tulpen befinden, und das man früher für ein Werk Leonardo da Vincis gehalten hatte, jetzt jedoch seinem Schüler Melzi zuschreibt, der erst 1572 gestorben ist. Als bemerkenswertestes Beweisstück gilt jedoch ein römisches Mosaik in den Vatikanischen Museen, das auf 430 v. Chr. datiert und das unzweifelhaft einen Korb roter Tulpen mit breiten Blütenblättern darstellt. Da die Anordnung der Blumen jedoch sehr dem Geschmack des 18. Jahrhunderts entspricht, kann man wohl annehmen, daß das Mosaik einer umfassenden Restaurierung unterzogen wurde, ehe es zu Beginn des 18. Jahrhunderts aus einer Vorstadtvilla Roms entfernt worden war.

Vielleicht war der erste Europäer, der die Schönheit der Blume zu schätzen gewußt hatte, Ogier Ghislain de Busbecq. Dem unehelichen Sproß eines flämischen Adeligen, der jahrelang eine einflußreiche Stellung am Hof der Habsburger innehatte, wird übereinstimmend das Verdienst zugesprochen, die Tulpe im Westen heimisch gemacht zu haben. Im November 1554 ging Busbecq als kaiserlicher Gesandter nach Istanbul und blieb fast acht Jahre lang, von gelegentlichen Heimreisen unterbrochen, im Osmanenreich. Als er schließlich sonnenverbrannt, aber noch immer in der modischen Barttracht seiner Zeit zurückkehrte, veröffentlichte er ein Buch mit seinen Erinnerungen, die er in Form von Briefen niederschrieb und die seine Erfahrungen unter den Türken zum Inhalt haben. Die Briefe sind mit intimen und detaillierten Einzelheiten befrachtet und machten ihn berühmt – sowohl bei seinen Zeitgenossen als auch unter Historikern, die sich noch immer auf Busbecq verlassen, wenn es gilt, Darstellungen des Alltagslebens osmanischer Herrscher Farbe zu verleihen. Die Briefe enthalten auch seinen Bericht, wie er erstmals mit der Tulpe in Berührung kam.

Busbecq reiste auf dem Landweg von Wien nach Istanbul, und gleich nachdem er die thrakische Stadt Adrianopel hinter sich gelassen hatte, stieß er auf die wildwachsende Tulpe. »Wir brachen zur letzten Etappe unserer Reise nach Konstantinopel auf, das jetzt schon greifbar nahe war«, schrieb der Gesandte in einem Brief. »Als wir durch dieses Gebiet kamen, begegneten wir überall Unmengen von Blumen – Narzissen, Hyazinthen und Tulipams, wie die Türken sie nennen. Es überraschte uns, sie mitten im Winter blühen zu sehen, was keineswegs eine günstige Jahreszeit ist.

Narzissen und Hyazinthen gibt es in Griechenland im Überfluß, und sie duften so wunderbar, daß sie starke Kopfschmerzen verursachen, wenn man nicht an diesen Geruch gewöhnt ist. Die Tulpe hat wenig oder keinen Duft, aber sie wird ihrer Schönheit und ihrer Farbenpracht wegen bewundert. Die Türken lieben Blumen, und auch wenn sie sonst alles andere als verschwenderisch sind, geben sie ohne zu zögern viele *aspres* [türkische Münze] für eine schöne Blüte aus.« Busbecq beklagte sich dann auch, als er die Hauptstadt erreichte und von seinen Gastgebern einige Tulpen überreicht bekam, daß »diese Blumen, obgleich sie ein Geschenk waren, mich sehr viel kosteten, denn ich mußte als Gegenleistung einige *aspres* zahlen«. (Ein anderer Reisender, George Sandys – Sohn des Erzbischofs von York – erlebte die Türken in etwa zur selben Zeit ebenfalls als überaus bemüht, Fremden ihre kostbaren Blumen aufzudrängen, und bei ihm stieß dieses Geschenk auf noch weniger Begeisterung als bei Busbecq. »Man kann da drüben keinen Schritt tun, ohne daß einem die Derwische und Janitscharen mit Tulpen und Süßigkeiten aufwarten«, schimpfte der Engländer.)

Viele Jahre lang hatte man geglaubt, daß dieser Bericht Busbecqs sich auf seine erste Reise nach Istanbul bezog, die er im Winter 1554 unternommen hatte, und daß er auch zur gleichen Zeit entstanden war. Vor kurzem jedoch hat man erkannt, daß all die Briefe, aus denen sich dieses Buch zusammensetzt, erst lange nach den tatsächlichen Ereignissen geschrieben wurden – wahrscheinlich nicht vor Anfang der achtziger Jahre des 16. Jahrhunderts, als die Tulpe in Europa schon recht gut bekannt war –, und daß die von ihm beschriebene Reise nicht seine erste gewesen sein konnte, die er im tiefen

Winter unternommen hatte. In dieser Jahreszeit blühen die Tulpen nicht, auch nicht im Osmanenreich; deshalb müssen Busbecq bei der Erinnerung an die Einzelheiten einer zweiten Reise nach Istanbul Fehler unterlaufen sein, denn er unternahm diese, als die Blumen tatsächlich blühten – nämlich im März 1558.

Anhand dieser Berichtigung wird deutlich, daß man, wenn der Bericht des Gesandten auch in allen anderen Details stimmen mag, unmöglich Busbecq das Verdienst zuschreiben kann, die Tulpe in Europa eingeführt zu haben; denn die Blume blühte erwiesenermaßen wenigstens in einem deutschen Garten im April 1559. Sollte dies Busbecqs Werk gewesen sein, hätte er die Tulpenzwiebeln innerhalb weniger Monate nach seiner Ankunft nach Hause schicken müssen, damit sie noch im Herbst desselben Jahres in die Erde kamen – was möglich gewesen wäre, aber nicht sehr wahrscheinlich. Als erwiesen gilt jedoch, daß Busbecq wertvolle Zwiebeln und Samen von Istanbul nach Europa geschickt hat, aber da man dies erst für das Jahr 1573 sicher nachweisen kann, ist es gewagt, die Existenz einer einzelnen Tulpe seinen Bemühungen zuzuschreiben.

Für ähnliche Verwirrung sorgt leider die Frage, welche Rolle Busbecq bei der Namensgebung der Blume gespielt hat. Er soll sie als »Tulipam« beschrieben haben, weil ihre Blütenblätter an einen gewickelten Turban erinnerten – *dulbend* bei den Türken, *tulband* für die Menschen in den Niederlanden. Ein Vergleich dieser Art veranschaulicht, wie das Wort »Tulpe« in die deutsche Sprache Eingang fand, allerdings war dies keine Folge von Busbecqs Reisen. Man hat den Begriff bis 1578 zurückverfolgt, wo er in der Übersetzung eines botanischen Werks auftaucht, das ursprünglich auf lateinisch erschienen und wahrscheinlich schon im Umlauf war, ehe der Gesandte seine berühmten Briefe veröffentlichte. Es dauerte jedenfalls einige Zeit, bis das Wort »Tulpe« allgemein akzeptiert war; im späten 16. Jahrhundert bezeichneten die europäischen Botaniker die Blume gerne als »Liliennarzisse« und betonten damit die Verwandtschaft zu den bekannteren Zwiebelgewächsen.

Für das Jahr 1559 jedoch läßt sich mit Bestimmtheit sagen, daß die erste Tulpe in Europa geblüht hat. Sie wuchs im Garten eines gewissen Johann Heinrich Herwarth, eines Ratsmitglieds der Stadt Augsburg in Bayern. Die Stadt gehörte zum Heiligen Römischen Reich – jenem bemerkenswerten Konglomerat deutscher Städte und Staaten, das vom Mittelalter bis zu seiner Auflösung durch die Hand Napoleons Bestand hatte, von dem jedoch nach Voltaires berühmtem Ausspruch einzig erinnernswert sei, daß »es weder heilig, noch römisch, noch ein Reich« war –, und Herwarths Garten scheint eines seiner besonderen Schmuckstücke gewesen zu sein. Jedenfalls war dieser so bekannt, daß er auch Besucher aus einiger Entfernung anzog.

Einer, der die neue Blume sah, die Herwarth gepflanzt hatte, war ein Naturwissenschaftler namens Conrad Gesner, der in Zürich lebte. Wie viele Universalgelehrte seiner Zeit war Gesner Naturhistoriker, hatte Zoologie wie auch Botanik studiert, war Doktor der Medizin, wobei zu einem seiner außergewöhnlichsten Fälle angeblich eine mysteriöse Epidemie gehörte, bei der man aus den Mägen der gerade erst Verstorbenen Schlangen und Wassermolche kriechen sah. Bereits Ende der fünfziger Jahre des 16. Jahrhunderts trug er die wichtigsten Werke der Naturgeschichte zusammen, derentwegen er besonders bekannt wurde, darunter eine vergleichende Botanik mit dem Titel *Catalogus plantarum*. Er war, kurz gesagt, sehr gut in der Lage, die Bedeutung des hervorragenden Imports, den er in Herwarths Blumenbeeten entdeckte, richtig einzuschätzen.

Er habe die Tulpe im April des Jahres 1559 gesehen, schrieb Gesner. Er erinnerte sich ihrer als eine Pflanze, die aus einem Saatgut hervorgegangen war, das aus Byzanz oder, wie andere sagten, aus Kappadokien stammte. Laut seiner Beschreibung blühte sie mit einer einzigen wunderbar roten Blüte von der Größe einer roten Lilie. Sie war aus acht Blütenblättern gebildet, von denen sich vier außen und der Rest innen befanden, und verströmte einen süßen Duft, der zart und unaufdringlich war und rasch verflog. Die Aquarellskizze, die Gesner von dieser kurzstieligen scharlachroten Blume anfertigte, existiert immer noch, eng beschrieben mit Randnotizen und Fragen, die Zeugnis von seinem forschenden Geist ablegen. Sie zeigt eine rundliche Blüte mit einander dicht überlappenden Blütenblättern, die sich an den Spitzen sanft nach außen rollen. Allerdings besitzt diese Tulpe die üblichen sechs Blütenblätter, die normale Anzahl, und nicht acht, wie Gesner in seiner Beschreibung festgehalten hat, weshalb die interessante Frage offenbleibt, ob diese bahnbrechende Tulpe nun eine »Spielart« oder eine Mutation war. Ihrer Herkunft aus dem Reich der Osmanen zu Ehren nannte Gesner sie *Tulipa turcarum*.

Als der Schweizer Wissenschaftler jedoch im Frühjahr 1559 seine Skizze vervollständigte, dürfte die Tulpe sich sehr wahrscheinlich auch schon anderswo in Europa etabliert haben. Gesner selbst hatte bereits eine Skizze einer anderen gelben Tulpenart gesehen, die vermutlich aus Norditalien stammte; sie war ihm von dem Künstler Johann Kentmann, mit dem er in Briefwechsel stand, geschickt worden, der zwischen 1549 und 1551 in Padua, Venedig und Bologna lebte. Dank ihrer Exotik und fragilen Schönheit wurde die gärtnerische Novität überall mit offenen Armen aufgenommen, und der Umstand, daß ihre Zwiebeln sich so leicht transportieren ließen, war ihrer raschen, landesübergreifenden Verbreitung sehr förderlich.

Für die Tulpe war die große Zeit gekommen. Die Entdeckung von Silberminen in Nord- und Südamerika und neue Handelsrouten zu den Westindischen Inseln belebten den europäischen Handel, und die Reichen hielten Ausschau nach vielversprechenden Wegen, ihr Geld auszugeben. Die Renaissance hatte das Interesse an der Wissenschaft wiedererweckt, und dank des Buchdrucks fanden sowohl Neuentdeckungen als auch der gehortete Schatz tradierten Wissens weitere Verbreitung. Als eine Folge dieser Entwicklung kamen bei der gebildeten Oberschicht die Beschäftigung mit Botanik und Gärtnerei groß in Mode. Viele der einflußreichsten und wohlhabendsten Bürger Europas legten sich eigene Gärten an, die sie mit seltenen Pflanzen bestückten. In Augsburg hatten die Fugger keine große Mühe, mit ihren Gärten den des Ratsherrn Herwarth in den Schatten zu stellen; Anfang des Jahres 1570 pflanzten auch sie in Augsburg Tulpen.

In Wien tauchte die Blume 1572 auf. 1593 sah man sie in Frankfurt, und spätestens 1598 erreichte sie den Süden Frankreichs. Bereits 1582 schickte man auch Tulpenzwiebeln nach England, wo sie bald in großen Mengen angepflanzt wurden. Bevor das 16. Jahrhundert zu Ende ging, waren bereits zahlreiche Hybriden aufgetaucht, jede farbenprächtiger als die vorangehende: James Garret, einer der bekanntesten Botaniker Englands, beschäftigte sich zwei Jahrzehnte lang mit der Hervorbringung neuer Sorten und war dabei so erfolgreich, daß selbst sein Freund John Gerard, der Kurator des Heilkräutergartens am London College of Physicians – der sie in einem 1597 erschienenen Kräuterbuch erwähnt –, gestand, »jede einzelne zu beschreiben, wäre Sisyphusarbeit oder käme dem Zählen von Sandkörnern gleich«.

Garret war ein flämischer Einwanderer, der als Pharmazeut arbeitete und in London Wall einen Garten unterhielt. Seine Tulpen – Gerard beschreibt sie als gelbe, weiße, rote und lila Sorten – wurden nicht so sehr aufgrund ihrer Schönheit als vielmehr ihrer vermuteten medizinischen Heilkräfte wegen geschätzt. John Parkinson, ein englischer Botaniker, dessen bedeutende Abhandlung über Blumen gute drei Jahrzehnte später erschien, weist darauf hin, daß sie, mit Rotwein vermischt, als Heilmittel gegen »ein steifes Genicke« wirken. Sie bildeten den Stamm, aus dem viele weitere Sorten gezüchtet wurden; mit Hilfe von Importen aus dem Osten wurden während der Regentschaft von Charles I (1625–1649) mehr als fünfzig verschiedene Tulpen in den königlichen Gärten kultiviert.

Zu der Fülle neuer Sorten gehörten auch Tulpen, die sich nicht nur in ihrer Farbe voneinander unterschieden, sondern auch in Höhe, der Form der Blütenblätter und darin, ob sie Früh- oder Spätblüher waren. Mochte John Gerard auch vor der Mühe, all diese Blumen zu katalogisieren, zurückgeschreckt sein, war jetzt jemand gefragt, der Ordnung in das drohende Chaos brachte. Ohne ein ordentliches Klassifizierungssystem bestand die Gefahr, daß die ganze Gattung in einem botanischen Durcheinander unterging, und ohne ein Bewertungssystem – eines das verdeutlichte, welche Blume selten und begehrt, welche weit verbreitet und welche wertlos war – hätte ein Tulpenhandel sich nicht entwickeln können.

Glücklicherweise gab es diesen Mann. Er war der unbestritten größte Botaniker des 16. Jahrhunderts und sollte in wichtiger Hinsicht zum Vater der Tulpe werden. Der Mann war Carolus Clusius.

4
Clusius

An einem Herbsttag des Jahres 1562 ging ein Schiff mit
einer Ladung Stoffe aus Istanbul im Hafen von Antwerpen vor Anker. Irgendwo unter den Ballen östlichen
Tuchs, das für einen der Großhändler der Stadt bestimmt
war, lagen Tulpenzwiebeln, vielleicht die ersten, die man
in diesem Teil Nordeuropas je gesehen hat.

Der flämische Händler, der die Stoffe geordert hatte,
stellte überrascht fest, daß zu seiner Ware ein Päckchen
Zwiebeln gehörte. Vielleicht hatte sie ein Osmane als
Dankgeschenk beigelegt, weil er ordentlichen Profit aus
diesem Geschäft geschlagen hatte; wie auch immer, der
Händler hatte nicht damit gerechnet und wußte mit den
Zwiebeln auch nichts anzufangen. In der Meinung, daß
es sich dabei um eine seltsame türkische Sorte handelte,
ließ er die meisten davon braten und verzehrte sie, mit
Essig und Öl gewürzt, zum Abendessen. Den Rest pflanzte er in seinem Gemüsegarten neben dem Kohlbeet an.

Und so kam es, daß im Frühling 1563 ein paar seltsame Blumen ihre Köpfe durch den Mist eines Antwerpe-
ner Küchengartens steckten – nicht gerade zur Begeisterung des Gartenbesitzers, der sich schon auf eine weitere
türkische Zwiebelmahlzeit gefreut hatte. Die Blütenblätter leuchteten gelb und rot und hoben sich in all ihrer
Zartheit und Eleganz deutlich von den grauen Blättern

der sie umgebenden Wurzelgemüse ab. Diese wenigen Exemplare, die das Glück hatten, nicht im Kochtopf eines Tuchhändlers zu landen, könnten durchaus die ersten Tulpen gewesen sein, die in den Niederlanden geblüht haben, und selbst der flämische Händler ahnte, daß das neueste Erzeugnis seines Kohlackers doch irgendwie ungewöhnlich war. Sein Interesse war geweckt, und so führte er ein, zwei Tage später einen Besucher hinaus in seinen Garten, um ihm die seltsamen Pflanzen zu zeigen.

Der Besucher war Joris Rye, ein Geschäftsmann aus der Nachbarstadt Mechelen, der ein begeisterter Gärtner war. Sehr wahrscheinlich kannte auch Rye die Blume nicht; zu der Zeit war die Tulpe in Nordeuropa noch gänzlich unbekannt und Gesners Beschreibung noch nicht erschienen. Dennoch erkannte Rye, daß diese ungewöhnlichen neuen roten und gelben Blumen unbedingt geschützt werden mußten. Als begeisterter Botaniker bestückte er seinen Garten mit seltenen Pflanzenzüchtungen und unterhielt mit vielen der prominentesten Gartenkundigen dieser Zeit einen regen Briefwechsel. Als er deshalb mit Erlaubnis seines Freundes die noch vorhandenen Tulpenzwiebeln aus dem Kohlacker buddelte und in seinem Garten in Mechelen wieder vergrub, beschränkte er sich nicht nur aufs Einpflanzen und Kultivieren; er beschrieb den befreundeten Wissenschaftlern seinen Fund und bat sie um Beistand und Rat.

Einer von Joris Ryes eifrigsten Briefpartnern war Carolus Clusius, ein wahrhaft begnadeter Botaniker, der auf der Suche nach seltenen und wertvollen Pflanzen Europa jahrelang bereist hatte. Wenn Rye jemandem von seiner neuen Entdeckung erzählt haben wird, dann höchstwahrscheinlich ihm, und so ist es gut möglich, daß Clusius 1563 erstmals von der Tulpe erfuhr.

Clusius war nicht sein richtiger Name. Er war im Februar 1526 in der französischen Stadt Arras als Charles de L'Escluse geboren worden. Seine Mutter war die Tochter eines Goldschmieds, und sein Vater, der auf der untersten Stufe der Adelshierarchie stand, war so verarmt, daß er gezwungen war, einen Verwaltungsposten im Kloster von St. Vaast anzunehmen, um seine Familie daheim in Waténes zu unterstützen. Dies sollte sich in Hinblick auf den jungen Charles als Glück herausstellen, denn in einer Zeit, in der viele junge Aristokraten ihre Unterrichtsstunden lieber auf der Jagd als im Studierzimmer absolvierten, bedeutete dies, daß er die Klosterschule besuchte und eine gründliche Ausbildung genoß.

De L'Escluse erwies sich als begabter Schüler. Von St. Vaast wechselte er auf die renommierte Lateinschule in Gent und dann nach Löwen, wo sich die damals einzige Universität der Niederlande befand. Er lernte Flämisch, Griechisch und Latein und studierte – gemäß dem Wunsch seines Vaters – die Rechte, worin er 1548 seinen Abschluß machte. Doch in Löwen lernte L'Escluse mehr als nur juristische Präzedenzfälle kennen. Ziemlich sicher kam er dort mit der protestantischen Lehre in Berührung, die Martin Luther und seine Nachfolger in Nordeuropa verbreitet hatten. Trotz oder vielleicht auch gerade wegen seiner Klostererziehung wirkten Luthers Argumente überzeugend auf de L'Escluse, und er sagte sich vom Katholizismus los. Aus diesem Grund konnte er sich in Löwen nicht mehr sicher fühlen, und so kam es zum zweiten großen Wendepunkt in seinem Leben.

Heute unterschätzt man leicht die Bedeutung seiner Konversion, doch man darf nicht vergessen, daß die Religion Mitte des 16. Jahrhunderts eine feste Größe sowohl des Gesellschafts- als auch des Privatlebens darstellte. Mit der Abkehr von Rom zog man sich nicht nur den Zorn der Kirche zu, die den Häretikern mit der ewigen Verdammnis drohte, sondern auch den der katholischen Herrscher Europas, die mit Hilfe der Inquisition oft genug darauf hinarbeiteten, daß die Protestanten sehr viel früher als erwartet die Schwelle zum ewigen Leben überschritten. Löwen gehörte zum Herrschaftsgebiet Karls V., Kaiser des Heiligen Römischen Reiches, der am Ende seines Lebens zum Mönchstum übertrat. L'Escluse war also in ernsthafter Gefahr. Während einer Verfolgungswelle wurde sein Onkel auf dem Scheiterhaufen verbrannt, weil er denselben ketzerischen Glauben angenommen hatte, dem er selbst jetzt anhing. De L'Escluse beschloß, sich lieber in protestantische Lande abzusetzen.

Er reiste nach Marburg, wo der dortige deutsche Prinz, Philipp der Großmütige, vor kurzem eine eigens für die heranwachsende lutherische Elite gedachte Universität gegründet hatte, besaß jedoch nicht den Mut, seinen streng katholischen Vater davon zu unterrichten. De L'Escluse schrieb sich in Marburg in der Absicht ein, die Rechte zu studieren, aber schließlich fühlte er sich immer stärker vom Studium der Botanik angezogen, und so unternahm er auf der Suche nach seltenen und ungewöhnlichen Pflanzen lange Wanderungen in der Umgebung.

Botanik konnte nicht als eine eigenständige Einzeldisziplin an der Universität studiert werden. Sie galt lediglich als Teilbereich der Medizin und wurde auch da eher als ein Hilfsinstrument zur Identifikation von Heilpflanzen und Kräutern verstanden. Um sein botanisches Interesse weiter vertiefen zu können, mußte de L'Escluse sich als Student der Medizin einschreiben. Und genau das tat er im Sommer 1549. Um diese Zeit latinisierte er auch seinen Namen zu Carolus Clusius, ein Entschluß, der deutlich macht, daß sein Übertritt zum lutherischen Glauben mehr seiner ablehnenden Haltung gegenüber der katholischen Religion entsprang als einem besonderen Zutrauen in neue Ideen. Latinisierte Namen waren unter den Humanisten in Mode, die überkommene und engstirnige religiöse Autoritäten zugunsten einer Wiederentdeckung weltlicher Ideale des klassischen Zeitalters ablehnten. Clusius' Leidenschaft für die Botanik und seine Bereitschaft, auf der Jagd nach seinen geliebten Pflanzen von katholischen in protestantische Lande und wieder zurück zu wechseln, weist ihn in erster Linie als Humanisten aus.

Den Rest seines Lebens verbrachte Clusius fast unentwegt auf Reisen. Er studierte in Montpellier, Antwerpen und Paris und zog auf der Suche nach unbekannten Pflanzen monatelang durch die Provence, Spanien und Portugal. Er fuhr nach England, wo er Sir Francis Drake kennenlernte. Mit der Veröffentlichung zahlreicher Werke über Medizin und Pharmazie sowie durch seine schriftliche Korrespondenz mit zahllosen Botanikern in ganz Europa erwarb er sich gleichzeitig einen Ruf als Wissenschaftler. Man schätzt, daß Clusius im Lauf seines Lebens etwa viertausend Briefe geschrieben hat, eine ungeheuerliche Menge in einer Zeit, in der der·Transport nicht nur langsam, sondern auch unzuverlässig vonstatten ging. Für einen Brief von Joris Rye kam er natürlich als erster in Frage.

Als Ryes erste Tulpen 1564 in Blüte standen, befand sich Clusius auf einer seiner langwierigen botanischen Forschungsreisen in Spanien. Aber zwölf Monate später war er zurück in den Niederlanden, und in diesem Jahr könnte er die Blume selbst zum ersten Mal gesehen haben, auch wenn er sie in seinen Schriften nicht vor 1570 erwähnt. Wahrscheinlicher bekam er 1568 von der Tulpe Kenntnis, als er nämlich in Ryes Heimatstadt zog, um dort mit seinem Freund Jean de Brancion zusammenzuleben. Clusius erfaßte rasch die Bedeutung von Ryes Entdeckung und gab zu, daß diese herrlichen neuen Blumen »durch ihre liebreizende Vielfalt unser Auge erfreuen«. In erster Linie blieb er jedoch Wissenschaftler, und als er von Rye erfuhr, daß ihr ursprünglicher Besitzer sie mit Genuß verzehrt hatte, beschloß er, sie auf ihre Eignung als Nahrungsmittel hin zu untersuchen. Er ließ einen Frankfurter Apotheker namens Müller einige Zwiebeln in Zucker konservieren und aß sie dann als Leckerei. Seinem geschätzten Urteil zufolge übertrafen sie noch Orchideen im Geschmack.

Selbst in einem unter Kriegen und Hunger leidenden Europa schlugen die Tulpenzwiebeln wohl wegen ihres strengen, bitteren Geschmacks nie wirklich als Delikatesse ein (auch wenn die Holländer sie während des »Hungerwinters« Ende des Zweiten Weltkriegs in großer Zahl konsumierten). Die zentrale Rolle, die Clusius in der Geschichte der Tulpe zukommt, beruht – unabhängig von den Experimenten, die er gemeinsam mit Müller anstellte – einzig und allein auf seiner Gewohnheit, Exemplare der Pflanzen, auf die er stieß, seinen Brieffreunden in ganz Europa zuzuschicken. Tulpenzwiebeln nahmen auch auf langen Reisen keinen Schaden, und daß die Blume in den Gärten von Jena bis Wien, von Ungarn bis Hessen heimisch wurde, verdankt sie zum großen Teil Clusius und seinem Kreis.

Inzwischen hatte der Botaniker den Höhepunkt seines Schaffens erreicht. Ein zeitgenössisches Porträt zeigt einen vornehm wirkenden Mann mit ovalem, intelligentem Gesicht und ruhigem Blick. Die Stirn ist hoch und die Barttracht der Mode entsprechend sorgfältig gestutzt. Clusius hatte nie geheiratet und pflegte jahrelang so gut wie keinen Kontakt zu seiner Familie. Vom Wesen eher ernst, neigte er zur Melancholie, doch offenbar verfügte er über eine unwiderstehliche Ausstrahlung, denn er unterhielt lebenslange Freundschaften mit Dutzenden von Männern und Frauen unterschiedlicher Herkunft. Seine Sprachbegabung wird ihm dies erleichtert haben – er sprach mindestens neun Sprachen, darunter Französisch, Flämisch, Italienisch, Englisch, Spanisch, Deutsch und Latein –, aber zweifellos waren es seine Pflanzenbegeisterung und sein außergewöhnliches Wissen auf botanischem Gebiet, was ihn so beliebt machte. Seine Brieffreundin Marie de Brimeu, deren eigentlicher Titel Prinzessin de Chimey lautete und die in Den Haag lebte, scheint für den alten Gelehrten mütterliche Gefühle entwickelt zu haben, denn sie überhäufte ihn mit Geschenken und Eßpaketen. Und Marie ließ ihm auch das Kompliment zuteil werden, daß Clusius vielleicht am meisten schätzte – er sei, schrieb sie, »der Vater eines jeden schönen Gartens in diesem Land«.

Clusius war nicht der einzige Botaniker, der auf diese Weise Zwiebeln und Samen über den Kontinent verbreitete – einige der Tulpen, die er selbst in Mechelen anbaute, hatte ihm sein Freund Thomas Rehdiger aus Padua geschickt –, aber er dürfte der emsigste gewesen sein, nicht zuletzt deshalb, weil er wegen seiner häufigen und langen Reisen kaum Zeit für einen eigenen Garten fand. Statt dessen bestückte er die Gärten seiner Freunde, die ihm als Gegenleistung ihre Beete zur Verfügung stellten, um die neu entdeckten Pflanzenschätze zu erforschen.

Clusius benutzte die Gärten seiner Freunde zur Vorbereitung einiger seiner botanischen Studien, denen er den letzten Teil seines Lebens widmete. Diese Werke, die detaillierte Untersuchungen zur Flora Spaniens, Österreichs und der Provence enthalten, gehören zu den ersten, die sich mit Pflanzen um ihrer selbst willen befassen und sie nicht nur als potentielle Ingredienzen zweifelhafter Arzneien begreifen. Außerdem entwickelte Clusius ein Klassifizierungssystem, das Pflanzen gemäß ihrer Charakteristika einzelnen Gruppen zuordnete – eine Idee, die später von Carl von Linné aufgegriffen wurde und zu einer der Grundlagen moderner biologischer Wissenschaft wurde.

Im Mai 1573 – Clusius lebte noch immer in Mechelen und verteilte weiterhin Tulpenzwiebeln und andere Pflanzen über ganz Europa – berief ihn Kaiser Maximilian II. an seinen Hof nach Wien, um dort einen botanischen Garten anzulegen, der alles Bisherige in den Schatten stellen sollte. Dieses Angebot war verlockend. Gerade war Clusius' Vater, den er versorgt hatte, in hohem Alter verstorben, was den Sohn von der Last der Fürsorge befreite. Die vorgeschlagene Entlohnung von fünfhundert Rheinischen Gulden im Jahr versprach Clusius ein angenehmes Auskommen, nachdem er lange Jahre von der Wohltätigkeit seiner Freunde abhängig gewesen war. Clusius fühlte sich geschmeichelt, zumal ihm der Kaiser die offizielle Anerkennung seines Adelsstatus anbot. Darüber hinaus war ihm sein zukünftiger Brotherr nicht ganz unbekannt, da er mit seinem Freund Johannes Crato von Krafftheim, dem Leibarzt des Kaisers, regen Briefkontakt unterhielt. Maximilian stand in dem Ruf, dem protestantischen Glauben eine gewisse Sympathie zu bekunden, die Aufgabe reizte ihn, und so nahm Clusius den Vorschlag an.

Obwohl Wien eine der wichtigsten Städte des Heiligen Römischen Reiches und Kaisersitz war, trennten es nur achtzig Kilometer von der türkischen Grenze, die nicht nur im Kaiserreich als »Grenzlinie der Christenheit« bekannt war. 1529 hatten die Türken unter Süleyman Wien mit einem Heer von 250000 Mann belagert, 1683 sollten sie wieder zurückkehren. Und so hatte trotz all der Eleganz der kaiserlichen Residenz, der Schönheit der breit dahinrauschenden Donau und dem Gewimmel in den schmalen Straßen der Altstadt der Zustand der Tore und Mauern mehr Gewicht als ein paar neu angelegte Blumenbeete. Gärten gehörten zum Luxus.

Clusius entdeckte schon bei seiner Ankunft, daß seine neue Aufgabe nicht nur mit Reputation, sondern auch mit vielen Enttäuschungen verbunden war. Maximilian war sehr beschäftigt, und Clusius mußte zwei Monate lang auf eine Audienz warten und dann noch über ein weiteres Jahr, ehe an der für den Garten ausgewählten Stelle auch nur ein Stein ins Rollen kam. Zudem war der für die Finanzierung des *hortus* und die Bezahlung von Clusius gleichermaßen zuständige kaiserliche Schatzmeister erklärter und strenger Katholik und machte dem protestantischen Botaniker das Leben so schwer wie möglich. Andererseits erhielt Clusius nun vom kaiserlichen Gesandten in Istanbul regelmäßig Pakete mit Zwiebeln und Samen vieler Pflanzen und schloß mit Ogier Ghislain de Busbecq, der jetzt am Hof weilte, eine Interessensfreundschaft. Die beiden Männer tauschten Pflanzenproben aus, und als Busbecq 1573 nach Frankreich ging, beschenkte er seinen Freund mit einem Samenpäckchen.

Weitere zwei oder drei Jahre verstrichen, ohne daß Clusius die Möglichkeit hatte, diese Samen in die Erde zu bringen. Busbecqs Geschenk war inzwischen schon so verschrumpelt, daß das Schlimmste zu befürchten stand, keimte schließlich aber doch und verwandelte sich in ein wogendes Tulpenmeer – ein wahrhaft angemessenes Zeichen der Freundschaft zweier Meister dieser Blume.

Dennoch zog sich das Gartenprojekt in die Länge, und im Sommer 1576 war Clusius' Entlohnung elf Monate im Rückstand. Dann starb Maximilian völlig unerwartet, und die Dinge wendeten sich zum Schlechteren. Rudolf II., der neue Kaiser, war ein katholischer Eiferer, der jeden im Dienste des Hofes stehenden Protestanten entließ. Noch schlimmer war, daß er an Blumen keinerlei Interesse zeigte, und so wurde der langsam Gestalt annehmende Garten umgegraben, um eine Reitschule auf dem Gelände zu errichten. Clusius war entsetzt. Obwohl seine Dienste immer gefragt waren, arbeitete er nie mehr für einen Monarchen.

Enttäuscht blieb er noch eine Weile in Wien, wo ihm aber wiederholt seltene Pflanzen aus seinem Privatgarten gestohlen wurden. In einer Zeit, in der höchst rare Exemplare in vielleicht einem oder zwei Gärten in Europa zu finden waren, florierte der organisierte Diebstahl. Heutigen Antiquitätendieben vergleichbar, waren die Männer, die diese Verbrechen begingen, meist ausgewiesene Kenner und wußten genau, wonach sie suchten. Und die, die es nicht wußten, bestachen einfach die schlechtbezahlten Diener, die als Gärtner eingesetzt waren, um die notwendige Information zu bekommen. Die Pflanzendiebe stahlen meist im Auftrag von Adeligen und Kaufleuten, die mit geringem Aufwand prestigeträchtige Gärten anzulegen versuchten. Und da es sich niemand mit den honorigen Kreisen verscherzen wollte, blieben die Diebstähle ungesühnt. Mehr als einmal mußte Clusius zähneknirschend mit ansehen, wie ihn Angehörige der Wiener Aristokratie stolz um ihre Blumenbeete führten, in denen seine Pflanzen sprossen.

Inzwischen war er über Sechzig und durch einen schlimmen Sturz in seinem Badezimmer ein halber Krüppel. Er litt an unerklärlichen Magenbeschwerden und hatte sämtliche Zähne verloren; und jetzt, wo ihm sein kaiserlicher Lohn gestrichen worden war, suchte er nach einem Zubrot zu seinen dürftigen Adelspfründen und den gelegentlichen Eßpaketen, die ihm seine Freunde schickten. Außerdem sehnte er sich nach akademischer Anerkennung seines Lebenswerks. Und die sollte er schließlich bekommen.

5
Leiden

An einem Januartag des Jahres 1592 traf ein versiegeltes Päckchen in der Pension ein, in der Clusius wohnte. Es war ein Brief von Marie de Brimeu mit der Nachricht, daß man ihn für eine Stelle an der medizinischen Fakultät der Universität Leiden ausersehen habe.

In Leiden waren viele Manufakturen der Vereinigten Niederlande angesiedelt – kein Ort, den Clusius sich normalerweise zum Leben ausgesucht hätte. Aber de Brimeus Brief traf in einem besonders günstigen Moment ein. Nachdem der alte Botaniker Wien verlassen hatte, war er nach Frankfurt gezogen, um seinem Freund und Gönner, dem Landgrafen von Hessen, nahe zu sein. Aber der Landgraf war gerade verstorben, und sein Erbe hatte die kleine Jahrespension gestrichen, auf die Clusius sich verließ. Da er somit seiner Haupteinnahmequelle beraubt war, brauchte er dringend Arbeit. Die Stelle in Leiden versprach nicht nur die wissenschaftliche Anerkennung seines Lebenswerks, sondern auch ein Salär von siebenhundertfünfzig Gulden zuzüglich seiner Reisespesen; darüber hinaus arbeiteten bereits einige Wissenschaftler, mit denen er im Briefwechsel stand, an der Universität, und der Mann, der ihn für diese Professur vorgeschlagen hatte, war Johan van Hoghelande, ein Freund, mit dem er schon jahrelang Blumenzwiebeln getauscht hatte. Nach reiflicher Überlegung beschloß Clusius, van Hoghelandes Angebot anzunehmen.

Und so kam es, daß der Mann, der wie kaum ein anderer dazu beigetragen hatte, die Tulpe populär zu machen, seinen Weg nach Holland antrat, wo die Blume wirkliche Berühmtheit erlangen sollte. Clusius traf am 19. Oktober in Leiden ein, im Gepäck viele seiner kostbaren Pflanzen, zu denen auch seine umfangreiche – und inzwischen ziemlich wertvolle – Tulpenzwiebelsammlung gehörte.

Das neue Zuhause des Botanikers war eine bedeutende Stadt von etwa zwanzigtausend Einwohnern, die um die Ruinen einer mittelalterlichen Burg errichtet worden und als umtriebiges Zentrum des Textilhandels bekannt war. Für holländische Maßstäbe galt Leiden bereits als Großstadt, und die Universität war ihr ganzer Stolz, aber die Stadt begann sich gerade erst von einem Jahrhundert der Stagnation zu erholen und steuerte nur langsam auf eine Periode der Expansion zu, die schließlich darin gipfeln sollte, daß sie zu einer der beiden größten Textilstädte der Christenheit wurde. Als Clusius dort ankam, war von dieser Entwicklung noch nicht allzuviel zu spüren, aber vielleicht hatte er bereits geahnt, daß Leiden bald tatsächlich zu den bedeutendsten Plätzen Europas zählen sollte.

Ihren Ruhm verdankte die Stadt ihrer heroischen Rolle bei einem der entscheidendsten Ereignisse des Jahrhunderts: dem Aufstand der Niederlande. Die längste Zeit des 16. Jahrhunderts hatten alle siebzehn Provinzen, aus denen sich die Niederlande zusammensetzten – sowohl die Südlichen, das heutige Belgien und Luxemburg, als auch die Nördlichen Provinzen, die zur Republik der Vereinigten Niederlande, den heutigen Niederlanden wurden –, zum Erbland des spanischen Königs gehört. Philipp II. war der mächtigste Mann in Europa und kontrollierte ein Weltreich, dem bereits große Teile Süd- und Mittelamerikas angehörten. Er kämpfte im Mittelmeer gegen die Türken, in der Karibik gegen die Engländer, und in Europa zog er gegen die Franzosen zu Felde. Die Südlichen Provinzen der Niederlande waren Handelszentren und bei jeder Auseinandersetzung mit Frankreich von strategischem Interesse, aber die Provinzen des Nordens rangierten in der Bedeutung, die sie für Spanien hatten, ganz unten. Und so hatte der König gewiß kein Ohr für die Proteste der Niederlande wegen zu hoher Steuern, die er ihnen auferlegte, damit er seine Kriege führen konnte, oder wegen des großen Truppenaufgebots der Spanier, das zu Lasten der Holländer verköstigt werden mußte. Als glühender Katholik ließ er auch religiöse Repressionen folgen, und bald nachdem die Reformation in den Niederlanden Einzug gehalten hatte, wurden ihre Anhänger in allen siebzehn Provinzen aufs schärfste verfolgt.

In den siebziger Jahren dann begehrte die Volksseele in vielen Teilen der Niederlande gegen die spanische Willkürherrschaft auf; vor allem in den sieben vorwiegend protestantischen Provinzen, die nördlich von Waal und Maas lagen, regte sich der Unmut. Diese Provinzen – Holland, Seeland, Gelderland, Utrecht, Groningen, Overijssel und Friesland – waren ärmer als ihre zehn Schwestern im Süden, aber sie lagen in einer Gegend, die nur schwer anzugreifen war. Und als 1572 der Aufstand offen ausbrach, erwiesen sich selbst die mächtigen Armeen der Spanier als unfähig, sie zu erobern.

Für den zündenden Funken des Aufstands sorgte Königin Elisabeth von England. Einige Jahre lang hatte sie einer Gruppe holländischer Piraten protestantischen Glaubens, die sich Wassergeusen nannten, Unterschlupf in ihren Häfen entlang des Ärmelkanals gewährt. Unter dem Druck Spaniens wies sie diese schließlich im April

1572 aus, und da sie nirgendwohin konnten, zogen sie plündernd an der holländischen Küste entlang, bis sie zu dem kleinen Hafen Den Briel kamen. Als sie die spanische Garnison unbesetzt antrafen, nahmen sie die Stadt unter dem allgemeinen Beifall ihrer Bewohner in Besitz. Fünf Tage später segelten die Wassergeusen an der seeländischen Küste entlang und nahmen Vlissingen ein, einen strategisch wichtigen Hafen, der unter anderem Antwerpens Zugang zum Meer kontrollierte.

Von dort breitete sich der Aufstand rasch über die Niederlande aus. Im Juli befand sich fast die ganze Provinz Holland, mit Ausnahme von Amsterdam, in den Händen der Rebellen. In Leiden stand das Volk geschlossen auf seiten der Wassergeusen und schloß sich spontan dem Aufstand an. Die Bürger der Stadt verjagten die wenigen Königstreuen, die es dort gab, und plünderten anschließend die katholischen Kirchen, womit sie sich die ewige Feindschaft der Spanier zuzogen.

Einer, der am raschesten auf die Nachricht vom Aufstand reagierte, war Wilhelm der Schweiger, der calvinistische Prinz von Oranien, der bald zur Leitfigur der Erhebung wurde. Er hatte sich selbst zum *stadhouder* (Statthalter) von Holland ausgerufen – ein Titel, der in etwa dem eines Gouverneurs entspricht – und sich bald darauf zum »Beschützer« der gesamten Niederlande ernannt. Binnen kurzem hatte Wilhelm sich an die Spitze einer starken Armee gestellt, um sich auf den unvermeidbaren Gegenschlag der Spanier vorzubereiten, der noch vor Jahresende erfolgte. Die Spanier fielen in mehrere kleinere Städte ein, schlachteten die Bürger ab und versuchten, mit Terror die Unterwerfung der Holländer zu erzwingen. Eingeschüchtert sagten sich viele Städte vom Prinzen wieder los, und bald hielten nur noch die Provinzen Holland und Seeland am Aufstand fest. Eine gewaltige spanische Armee wurde zusammengezogen,

um in die letzten renitenten Gebiete nach Norden vor-
zustoßen und die Rebellion zu ersticken. Dabei stand
ihnen die Stadt Leiden im Weg.

Die Belagerung Leidens war die erbittertste und kost-
spieligste Einzelaktion des Aufstandes, aber sie gab auch
den entscheidenden Ausschlag. Wäre diese Bastion gefallen, hätten die Spanier vermutlich den letzten Rest des
noch verbliebenen holländischen Widerstands niederge-
schlagen und ihre Herrschaft über die Nördlichen Provinzen wiederhergestellt. Die Republik der Vereinigten
Niederlande wäre eine Totgeburt gewesen, Handel und
Wirtschaft hätten sich weiterhin auf den Süden konzen-
triert, der aus dem Überseehandel resultierende Reichtum wäre nie nach Holland geflossen, und es hätte nie
ein Tulpenfieber gegeben.

So aber siegte Leiden, wenn auch erst nach einer vier
Monate dauernden Belagerung. Gegen deren Ende gingen
die Nahrungsvorräte aus, und in einem letzten Aufgebot
zur Rettung der Stadt befahl der *stadholder*, die Deiche
entlang der Maas zu durchstechen, damit das Wasser des
Flusses das Umland überflutete und die Besatzer vertrieb.
Das Wasser stieg, aber nicht stark genug, um die Belagerung zu beenden. Dann aber änderte der Wind seine Richtung, was die Frömmsten unter den Holländern als eine
direkte Intervention des Allmächtigen ansahen, ein gewal-
tiger Sturm hob an, heftiger Regen setzte ein, und der Fluß
schwoll derartig an, daß die spanischen Soldaten zur
Flucht gezwungen waren und die Männer von der Was-
sergeusenflotte über das ehemalige Weideland mit ihren
Segelschiffen zur Hilfe eilen konnten.

Der lange und abenteuerliche Widerstand von Leiden
rettete den Aufstand der Niederlande, aber auch nach
diesem ersten Stadium der Rebellion, die zu einem erfolgreichen Ende kam, indem die sieben aufständischen Provinzen sich unter dem Prinzen von Oranien in der wich-

tigen Rolle des *stadholders* und Oberbefehlshabers zur Republik zusammenschlossen – der Republik der Vereinigten Niederlande –, blieb die Bedrohung durch die Spanier noch über Jahrzehnte hinweg sehr real. Es gab einige weitere spanische Vorstöße auf holländisches Gebiet, den letzten 1628, und obwohl der fast unaufhörliche Konflikt von einem langen Waffenstillstand unterbrochen war, der von 1609 bis 1621 dauerte, waren die Holländer gezwungen, ein kostspieliges Heer zu unterhalten, und bis 1630 der ständigen Bedrohung ausgesetzt, erneut angegriffen zu werden. Von diesem Zeitpunkt an bis 1648, als Spanien endlich gezwungen war, die Republik der Vereinigten Niederlande im Westfälischen Frieden anzuerkennen, hatte die Bedrohung schließlich ein Ende, und die Kosten für die gewaltige Armee und die Kriegsmarine konnten gestrichen werden. Das so gesparte Geld floß der holländischen Wirtschaft zu, die nach 1630 eine nie gekannte Blütezeit erlebte.

Als Clusius zwei Jahrzehnte nach der dramatischen Belagerung in Leiden eintraf, war die 1575 gegründete Universität die einzige der Vereinigten Niederlande. Für den neuen Staat bedeutete die Errichtung eines solchen Zentrums der Gelehrsamkeit einen notwendigen Schritt; man verband damit nicht nur die eindeutige Absicht, die kulturelle Unabhängigkeit von Spanien zu erklären, eine Universität wurde auch gebraucht, um Männer auszubilden, die in der Lage waren, die junge Republik zu regieren. Zu dieser Zeit unterstand der größte Teil der Universitäten der direkten Kontrolle der Kirche, und in den meisten anderen Kollegien Europas hatte die religiöse Ausbildung Priorität. Die holländische Regierung war entschlossen, daß dies in Leiden anders sein sollte. Es wurden die Rechte, Medizin, Mathematik, humanistische Fächer wie auch Theologie gelehrt, und die Kontrolle der Universität oblag sieben Kuratoren, die nicht von der Kirche, sondern vom Provinzparlament und den Bürgermeistern von Leiden ernannt wurden.

All dies war zweifellos ganz in Clusius' Sinne, aber die humanistisch ausgerichtete Universitätspolitik hatte unerwartete Probleme aufgeworfen. Von 1575 bis in die neunziger Jahre hinein sorgte Leidens gefährlich liberaler Ruf dafür, daß die Spitze der reformierten Kirche den Akademikern ihrer theologischen Fakultät mit Argwohn begegnete und die holländischen Studenten, die eine kirchliche Laufbahn ins Auge faßten, sich lieber an einer der eher strengen protestantischen Universitäten in Norddeutschland einschrieben. Die immer gegenwärtige Gefahr, daß die Republik der Vereinigten Niederlande von einem erneuten spanischen Angriff zu Fall gebracht werden konnte, hielt die Studenten auch davon ab, sich in anderen Fächern einzuschreiben, und in den ersten zwölf Jahren konnte Leiden insgesamt nicht mehr als hundertdreißig Theologiestudenten und noch weniger Humanisten an sich binden. Einige dramatische Siege der Holländer und ein Nachlassen des militärischen Drucks Anfang der neunziger Jahre waren nötig, um den Ort für zukünftige Studenten attraktiver zu gestalten. Obwohl die Universität, an die Clusius sich berufen ließ, nominell bereits seit zwei Jahrzehnten existierte, schlug ihre tatsächliche Geburtsstunde erst, als der alte Botaniker schließlich in Holland eintraf.

Es war eine gute Zeit für einen Einstieg in Leiden. Plötzlich stand Geld zur Verfügung, die Bibliothek beherbergte eine umfangreiche Sammlung, Studenten erhielten Stipendien, und während des folgenden halben Jahrhunderts verfünffachte sich die Zahl der eingeschriebenen Studenten von hundert auf fünfhundert. Besonderen Ruhm erlangte die Universität wegen ihrer Anatomieschule, in der menschliche Leichen seziert wurden. Man fing gerade erst an, die Geheimnisse des Körpers zu erforschen, und die Anatomie gehörte nicht nur zu den beliebtesten Studienfächern, sondern lenkte auch das Interesse der Öffentlichkeit auf sich. Sektionen wurden häufig vor Zuschauern vorgenommen, und das anatomische Museum der Universität zog mit kuriosen Ausstellungsobjekten wie einer ägyptischen Mumie, ausgestopften Tigern, einem Riesenkrokodil und dem gigantischen Penis eines Wals Schaulustige in seinen Bann. In den folgenden fünfzig Jahren seit Clusius' Ankunft entwickelte sich Leiden zur vermutlich besten – und gewiß zur populärsten – Universität von ganz Europa. Leiden verzeichnete mehr immatrikulierte Studenten als Cambridge oder Leipzig, die beiden nächstgrößten Universitäten im protestantischen Norden, und die Studentenschaft in Leiden gab sich auch bei weitem kosmopolitischer und weltoffener als irgendeine der konkurrierenden Universitäten.

Clusius profitierte wie alle anderen auch von diesem plötzlichen Zuwachs an Zuversicht und Mitteln. Seine vornehmliche Aufgabe bestand darin, in Anlehnung an den 1543 an der Universität von Pisa angelegten ersten botanischen Garten Europas auch in Leiden einen *hortus academicus* in Angriff zu nehmen. Vergleichbare Gärten waren inzwischen schon an den Universitäten von Padua, Bologna, Florenz und Leipzig entstanden, aber die Vereinigten Niederlande besaßen noch keinen. Leidens *hortus* war somit ein wichtiges Symbol nicht nur für die Universität, sondern für die gesamte holländische Republik, und so gab es dafür großzügige Zuschüsse und den Auftrag, ihn weitläufig anzulegen. Als er fertig war, erstreckte er sich über fast dreizehn Ar und war in vier Hauptbereiche unterteilt, von denen jeder an die dreihundertfünfzig Einzelbeete umfaßte.

Die Erinnerung an die enttäuschenden Jahre in Wien war noch frisch, und so freute Clusius sich ganz besonders, daß sein *hortus* so rasch angelegt und bepflanzt wurde. Er selbst war inzwischen so geschwächt, daß er keine körperliche Arbeit übernehmen konnte, aber die Universität verhalf ihm zu einem äußerst fähigen Assistenten in Gestalt eines Apothekers aus Delft namens Dirck Cluyt, unter dessen Leitung die Arbeit am Garten im September 1594 abgeschlossen wurde, kaum ein Jahr nach Clusius' Ankunft in Leiden.

Die Geschwindigkeit, mit der sein *hortus* Gestalt annahm, half Clusius, leichter mit den Unannehmlichkeiten zurechtzukommen, die das Leben in Holland mit sich brachte. Im harten Winter von 1593/94 machten die Mäuse Leidens hundertfünfzig seiner kostbaren Tulpenzwiebeln den Garaus, dazu kam das miserable Wetter, das die Niederlande 1594 heimsuchte – ein Jahr, in dem es anscheinend nur Wind und Regen gab, was die Pflanzen im botanischen Garten schädigte und auch der Gesundheit des inzwischen achtundsechzig Jahre alten Mannes nicht sonderlich zuträglich war.

Auch wenn er vertraglich dazu verpflichtet war, sich um den Garten zu kümmern und ihn im Sommer jeden Nachmittag aufzusuchen, um die Fragen der Studenten und Besucher zu beantworten, weigerte sich der betagte Clusius doch hartnäckig, auch noch Vorlesungen in Botanik zu halten, worum sein neuer Arbeitgeber ihn gebeten hatte. Statt dessen widmete er einen Großteil seiner Zeit der Imkerei und der Werkelei in seinem Privatgarten, den die Kuratoren ihm zubilligen mußten. War der *hortus* vor allem den Kräutern, Arzneipflanzen und exotischen Neuheiten wie der Kartoffel vorbehalten – die erst vor kurzem aus der Neuen Welt eingeführt worden war und noch immer für möglicherweise giftig gehalten wurde –, pflanzte Clusius in seinen Garten die Sammlung von Tulpenzwiebeln, die er aus Frankfurt mitgebracht hatte, kultivierte die Blume und vertiefte sich bis

zu seinem Tod 1609, als er im hohen Alter von dreiund-
achtzig Jahren verstarb, in ihre Geheimnisse.

Zweifelsohne war Carolus Clusius der wichtigste Botaniker seiner Zeit: ein Wissenschaftler, dessen größte
Arbeiten, wie etwa die Untersuchung der Pflanzen von
Österreich und Spanien, mehr als ein Jahrhundert lang
Standardwerke auf ihrem Gebiet blieben, und ein echter
Pionier – die kurze Geschichte der Pilze, die er 1601 veröffentlichte, war mehr oder weniger die erste Abhandlung, die je zu diesem Thema verfaßt wurde. In den letzten fünfundzwanzig Jahren seines Lebens galt er für die
Botaniker und Blumenfreunde Europas als eine Art
lebendes Vademecum; er behielt seine umfangreiche Korrespondenz bei, was dazu beitrug, daß die Tulpe sich
weitaus schneller in Europa verbreitete, als dies sonst der
Fall gewesen wäre, und ihm das Kompliment aus der
Feder des Prinzen Emanuel von Portugal eintrug, der
»wahre Herr der Blumen« zu sein.

Doch Clusius' Bedeutung während seiner letzten Jahre in Leiden gründete sich weniger auf die Zwiebeln, die
er mit in die Universität brachte, sondern darauf, wie er
sie erforschte, wenn sie erst einmal eingepflanzt waren.
Der alte Botaniker war nicht der erste, der in den Vereinigten Niederlanden Tulpen anbaute; einem zuverlässi-
gen Chronisten zufolge gebührt diese Ehre einem Amsterdamer Apotheker namens Walich Ziwertsz.*, einem
protestantischen Fanatiker, der sich vor allem damit
einen Namen machte, daß er den beliebten Brauch, am

---

* Im 16. und frühen 17. Jahrhundert waren Vornamen in den Niederlanden relativ ungebräuchlich. Die meisten Menschen identifizierten sich mit
dem Patronymikon – Walich Ziwertsz. wäre demnach der Sohn eines
Ziwert oder Sievert. Weil das Aussprechen des ganzen Patronymikons
schwerfällig klang – in diesem Fall Ziwertszoon (Ziwerts Sohn) –, war es
durchaus üblich, den geschriebenen Namen abzukürzen, indem man nach
dem »z« für »Sohn« einen Punkt setzte. Ausgesprochen wurde der Namen
hingegen vollständig.

5. Dezember das Fest des heiligen Nikolaus zu feiern, anprangerte. Man weiß, daß Ziwertsz. schon vor 1573, als Clusius noch in Wien war, Tulpen in seinem Garten kultiviert hat. Auch in Leiden war der Meister des *hortus* nicht der erste, der diese Blume zog; von seinem Freund Johan van Hoghelande, der von Joris Rye einen kleinen Vorrat an Tulpenzwiebeln bekommen hatte, waren an der Universität schon vor seiner dortigen Ankunft Tulpen eingesetzt worden. Clusius war jedoch der einzige, der in den Vereinigten Niederlanden – und vielleicht sogar in ganz Europa – ausreichend qualifiziert war, diese Blume zu beschreiben, zu katalogisieren und zu verstehen.

Clusius' erste Besprechung der Tulpen erschien in seiner Darstellung der spanischen Pflanzenwelt, in seiner *Historia* von 1576. Im Lauf der Jahre verbesserte er diese frühe Arbeit und veröffentlichte 1583 erweiterte Abhandlungen über diese Blume sowie schließlich sein Meisterwerk, die *Rariorum Plantarum Historia*, die 1601 erschien. Diesen Arbeiten haben wir es vor allem zu verdanken, daß wir so viel über die frühe Geschichte der Tulpe in Europa wissen. Clusius geht darin auch sehr detailliert auf die Beschreibung der Blumen ein, die er persönlich gesehen oder von denen er durch seine Briefpartner gehört hatte. Wie alle zeitgenössischen Botaniker, die sich für diese Gattung interessierten, war auch er davon beeindruckt, wie mühelos neue Tulpensorten gezüchtet werden konnten. Keine andere Blume, stellte er fest – abgesehen vielleicht vom Mohn –, trat auch nur im entferntesten in solcher Vielfalt auf.

Es war vor allem den Anstrengungen der Gärtner in Istanbul zu verdanken, daß man bereits zur Zeit von Clusius in Europa so viele Tulpensorten kannte. Er selbst konnte allein schon vierunddreißig eigene Gruppen katalogisieren, die er anhand ihrer einzigartigen Farbkombination oder der Form und Anordnung ihrer Blätter und Blütenblätter klassifizierte. Er war auch der erste, der zwischen früh-, mittel- und spätblühenden Tulpen unterschied, von denen die ersten im März und die letzten nicht vor Mai in Blüte stehen.

Auf der soliden Grundlage von Clusius' Werk haben spätere Botaniker noch sehr viel zu unserer Kenntnis der Tulpe beigetragen. Jetzt faßte man die Blume mit anderen Zwiebelpflanzen zusammen, wie etwa Iris, Krokus und Hyazinthe, und ordnete sie den Liliengewächsen zu. Bis heute wurden insgesamt um die hundertzwanzig verschiedene Tulpenarten – und zahllose einzelne Sorten – katalogisiert.

In wissenschaftlichen Arbeiten wird eine wichtige Trennung zwischen den als »botanischen Tulpen« bekannten ursprünglichen Wildtulpen und den Kulturformen vorgenommen, den im Garten gezogenen Hybriden. Zu Clusius' Lebzeiten waren die in den Vereinigten Niederlanden angebauten Tulpen eine Mischung aus Wildblumen und einem zunehmend größer werdenden Anteil an Kulturformen, deren früheste entstanden, indem man zwei botanische Tulpen miteinander kreuzte. Die Botaniker konnten vierzehn verschiedene Wildtulpenarten als Grundlage der beliebten holländischen Kulturformen ausmachen, die im 17. Jahrhundert das Land überschwemmten. Dabei hatten nicht alle Arten den gleichen Anteil an dieser Vielfalt. Von einigen botanischen Tulpen lassen sich leichter Hybridformen bekommen als von anderen, und zu den formbarsten Arten, die ihren Weg in die Niederlande gefunden haben, gehört die persische Tulpe – die zu Ehren von Clusius heute den Namen *Tulipa clusiana* trägt –, die spitz zulaufende Tulpe, *Tulipa schrenkii*, und die geflammte Tulpe, *Tulipa praecox*. Gene dieser Arten waren in sehr vielen der Kulturformen vertreten, die in den Niederlanden so große Bewunderung auf sich zogen, doch in Wahrheit sind die holländischen Tulpen aus den gekreuzten Pflanzen hervorgegangen, die aus dem ganzen Osten – von Kreta bis Kurdistan – herübergekommen waren. Hierin lag das Geheimnis der ungeheuren Vielfalt, die sie zur Schau trugen.

Ob botanische oder kultivierte Arten, Tulpen können sowohl aus Samen als auch aus Zwiebeln gezogen werden, wobei die Samenzucht ein riskantes Unterfangen darstellt. Pflanzen aus einem einzigen Samenkorn einer einzigen Blume können eine ziemliche Bandbreite an Variationsmöglichkeiten entfalten, so daß sich unmöglich sagen läßt, welche Sorte nun genau am Ende dabei herauskommt. Wichtige Details wie Farbe und Muster können nur geraten werden, was jeden enttäuschen muß, der Beständigkeit sucht. Außerdem dauert es sechs oder sieben Jahre, um aus einem Samen eine blühende Zwiebel zu bekommen, ein sehr zeitaufwendiges Unterfangen, um so mehr in einem Zeitalter, in dem die durchschnittliche Lebenserwartung bei etwa vierzig Jahren lag.

Hat jedoch eine aus Samen gezogene Tulpe einmal geblüht, kann sie sich auch durch die Bildung von Auswüchsen ihrer Zwiebel, den Brutzwiebeln, vermehren. Diese Miniaturzwiebeln sind Klone der Mutterzwiebel und bringen deshalb auch die gleichen Blüten hervor. Brutzwiebeln lassen sich von der Mutterzwiebel per Hand abtrennen und brauchen dann ein, zwei Jahre bis zur Blüte. Aus der Sicht des kommerziellen Züchters, der Beständigkeit sucht, und der des Gärtners, der nicht sieben Jahre lang warten möchte, bis er eine Blüte sieht, ist die Vermehrung durch Brutzwiebeln der Samenzucht auf jeden Fall vorzuziehen. Verläßt man sich jedoch auf Brutzwiebeln allein, hat dies einen bedeutsamen Nachteil: Die meisten Tulpenzwiebeln bringen im Jahr nur zwei bis drei Brutzwiebeln hervor, und dies auch nur ein paar Jahre lang, bis die Mutterzwiebel sich erschöpft hat und abstirbt.

Aus diesem Grund lassen sich neue Tulpensorten anfangs nur sehr langsam vermehren. Hat ein Züchter in einer einzelnen Blume einer neuen Sorte hervorstechende Merkmale entdeckt, die er glaubt verkaufen zu können, wird er – selbst wenn alles gutgeht – sehr wahrscheinlich im nächsten Jahr nur zwei Zwiebeln, vier im Jahr darauf, acht im dritten und sechzehn im vierten Jahr der Kultivierung bekommen. Teilt er diese Zwiebeln noch mit jemand anderem, schränkt er seine Möglichkeiten, große Mengen dieser neuen Sorte zu produzieren drastisch ein. Und so kann es durchaus ein Jahrzehnt dauern, bis eine neue Tulpensorte erhältlich wird – und im Holland des goldenen Zeitalters, wo die Vermehrung anfangs noch ein Geheimnis war, erreichte die Anzahl der tatsächlich gezogenen Zwiebeln keinesfalls das theoretisch mögliche Maximum. Daher war es unvermeidlich, daß der Nachschub jeder seltenen und gesuchten Sorte zunächst einige Jahre lang gering blieb, und auch die hervorragendsten Zwiebelzüchter konnten nichts tun, um die Produktion der Nachfrage angemessen zu steigern.

Die Chance, Hybriden zu erzeugen, ist ungleich größer, wenn man verschiedene Tulpenarten im Garten nebeneinander anbaut, wo die Insekten den Pollen von einer Blüte zur anderen tragen können. Und da die auf diese Weise geschaffenen neuen Sorten selbst auch wieder mit anderen Blumen gekreuzt sind, tauchen immer kunstvollere Kulturformen auf, welche die verschiedenen Merkmale ihrer vielen Vorfahren tragen. Tulpen unterschiedlicher Arten kommen in der Natur nicht sehr oft nebeneinander vor, so daß man dort auch kaum mehrfache Hybriden vorfinden wird. Sie sind im Grunde Mißbildungen im wahrsten Sinne des Wortes, doch eben auch weniger schlicht als Wildblumen und deshalb von Kennern sehr gesucht.

Der besondere Vorzug galt jenen Tulpen, welche die am gleichmäßigsten geformten Blütenblätter und die augenfälligste Zeichnung vorzuweisen hatten. Mitte der dreißiger Jahre des 17. Jahrhunderts hatte man bereits dreizehn Tulpengruppen geschaffen, von denen jede ihr bestimmtes Farbmuster hatte. Diese reichten von den *Couleren*, schlichten, einfarbigen Tulpen in Rot oder Gelb oder Weiß, zu den seltenen *Marquetrinen* – spätblühenden Sorten, die mindestens vier Farben aufwiesen. Die *Couleren* dürften botanische Tulpen oder wenigstens nah verwandte Zuchtformen gewesen sein, während die *Marquetrinen*-Tulpen sicherlich mehrfache Hybridformen waren. Letztere wurden vor allem in Flandern und Frankreich angebaut und tauchen in den Berichten über die Tulpenmanie nicht auf.

In Holland gehörten die *Rosen*, *Violetten* und *Bizarden* zu den beliebtesten der dreizehn Tulpengruppen. Die *Rosen*-Sorten waren am stärksten vertreten; im ersten Drittel des 17. Jahrhunderts wurden fast vierhundert *Rosen*-Tulpen gezüchtet und mit Namen versehen. Sie trugen rote oder rosa Zeichnungen auf weißem Grund, einige wiesen so breite und lebhafte Farbflammen auf, daß die weißen Blütenblätter kaum mehr zu sehen waren, andere hingegen zeigten nur einen Hauch des roten Farbpigments. Tulpenliebhaber gaben immer den Blumen den Vorzug, die auch nur die leiseste Spur von Farbe kennzeichnete. Dieselben Kriterien wurden auch auf die anderen Klassen angewandt. Die etwa siebzig *Violetten* waren, wie ihr Name bereits sagt, violett oder lila auf weißem Grund, und von den *Bizarden*, die sich von allen drei Gruppen der geringsten Beliebtheit erfreuten, gab es nur zwei Dutzend Sorten, die rot, violett oder braun auf gelbem Grund blühten. Es gab auch Sorten mit umgekehrtem Farbschema, die aber im allgemeinen genauso klassifiziert wurden; so gehörten beispielsweise »Lacken«-Tulpen mit violetten Blüten und einem breiten weißen Rand zu den *Violetten*, während man die wenigen roten, gelbgeränderten »Ducken«–Zuchtformen zu den *Bizarden* zählte.

Es waren diese kontrastierenden Farbmuster, die die Gärtner in Begeisterung versetzten, und was später passierte, läßt sich nur begreifen, wenn man weiß, wie sehr sich die Tulpenzüchtungen von allen anderen Blumen unterschieden, die im 17. Jahrhundert bekannt waren. Sie entfalteten eine nie gesehene Farbenpracht; bloßes Rot wurde zu hellem Scharlachrot, stumpfes Violett bezauberte mit einer Schattierung von beinahe Schwarz. Die Farbmuster waren außerdem ganz klar umrissen, ganz anders als bei den anderen mehrfarbigen Blumen, bei denen die Farbe der Blütenblätter erst nach und nach in eine andere überging.

Die charakteristischen Farben der holländischen Zuchttulpen – die Rottöne der *Rosen* oder die Lilatöne der *Violetten* – zeigten sich normalerweise als Federn oder Flammen, die sich vom Zentrum jedes Blütenblattes ausbreiteten, kamen manchmal aber auch als Randbegrenzung vor. Auch der Stiel der Pflanzen war oftmals in der jeweiligen Farbe gesprenkelt, wenngleich die Reinheit des Blütenbodens nie davon befleckt wurde, dieser war immer entweder weiß (manchmal mit einem Blaustich) oder gelb, je nach Sorte. Jede Blume wies ihr ureigenes Muster auf, und selbst wenn sich zwei Pflanzen derselben Sorte sehr ähnlich sahen, waren sie niemals absolut gleich.

Seit die Tulpen in Mode gekommen waren, klassifizierten die holländischen Tulpenfans anhand der feinen Unterschiede dieser Flammen und Farberuptionen ihre Blumen nach einem strengen Katalog von Kriterien. Mit dem Prädikat »hervorragend« versehen, wurden die Sorten, deren Grundfarben Weiß oder Gelb durch violette, rote oder braune Flammen »aufgebrochen« waren, die sich aber nur in der Mitte und an den Rändern der Blütenblätter in dünnen Streifen zeigten. Blüten, die ihre leuchtenden Farben allzu üppig zur Schau stellten, wurden als »primitiv« eingestuft und auch weniger geschätzt.

Botanische Tulpen sind bekannt für ihre kräftigen und einfachen Farben, wie also kamen die berühmten Züchtungen des goldenen Zeitalters der Niederlande zu einer so kunstvollen Farbgebung? Die Lösung dieses Problems ist einfach, aber verwirrend: Die Tulpen waren krank. Es ist die Ironie der Tulpenmanie, daß die beliebtesten Sorten, die für Hunderte, wenn nicht Tausende von Gulden ihren Besitzer wechselten, eigentlich mit einem Virus infiziert waren, das offenbar nur bei Tulpen vorkommt, und das für die auffällige Intensität und Vielfalt der Farbgebung ihrer Blütenblätter verantwortlich war.

Schon zu Clusius' Zeit wurde deutlich, daß mit den in Leiden und anderswo angebauten Tulpen etwas nicht stimmte. Aus einer Zwiebel, die in einem Jahr eine einfarbige Tulpe hervorgebracht hatte, erwuchs im nächsten eine *Rosen-* oder eine *Bizarden*-Tulpe. Dieser Prozeß wurde damals als »Brechen« bezeichnet, und die Tulpenzwiebel, die diesen Prozeß hinter sich hatte, nannte man »gebrochen«, während jene, die einfarbig blieben, »Züchter« genannt wurden. Der ganze Prozeß war keinesfalls vorhersagbar. Es war nicht abzusehen, ob und wann eine Pflanze »brechen« würde; blühte eine Pflanze im Frühling in einem verwirrend neuen Farbenschmuck, blieb eine andere, von derselben Sorte und direkt neben der ersten ins selbe Beet gepflanzt, gänzlich unbeeinflußt. In einigen Jahren war »Brechen« üblich, in anderen weniger. Ebenso konnte eine »gebrochene« Zwiebel – was zwar selten vorkam – eine Brutzwiebel hervorbringen, die sich als Züchterzwiebel herausstellte, aber kein Tulpenzüchter konnte sicher sein, ob eine Züchtertulpe nicht doch »brach«. Die einzige Gewißheit schien die zu sein, daß Tulpen, die aus Samen gezogen worden waren, unveränderliche Züchter waren, eine Mutterzwiebel jedoch, wenn sie einmal »gebrochen« war, nie wieder eine einfarbige Blüte hervorbrachte.

Man hatte auch Anhaltspunkte über das Wesen dieser Krankheit, und als genauem Beobachter fiel Clusius natürlich auf, daß die »gebrochenen« Tulpen ein wenig kleiner und bedeutend schwächer ausfielen als diejenigen aus Zuchtzwiebeln. Aber in einer Zeit, als man die Mechanismen, wie Krankheiten sich verbreiteten, noch nicht hinterfragte, schien dieses Phänomen des »Brechens« für die meisten seiner Zeitgenossen einem Wunder gleichzukommen. Sosehr sie sich auch bemühen mochten, gelang es den Züchtern doch nicht, eine Zuchtzwiebel dann zum »Brechen« zu bringen, wenn sie es wollten. Manche versuchten es mit einem alchemistischen Gebräu aus Taubenkot, andere halfen nach, indem sie die halbierten Zwiebeln zweier verschiedenfarbiger Tulpen zusammenbanden, in der Hoffnung, eine Blume hervorzubringen, die beide Farben trug, doch all diese Kunstgriffe führten selten zu dem gewünschten Ergebnis.

Wann genau die Tulpe mit dem Virus infiziert wurde, ist ungewiß. Die frühesten Beobachtungen dieses Phänomens gehen auf das Jahr 1580 zurück, aber die Krankheit gab es vermutlich schon länger. Eigentlich war die Pflanze bereits anfällig, sobald sie in den Garten gepflanzt wurde; jede Blume, die vom Menschen in einer künstlichen Umgebung angebaut wird, ist Gefährdungen ausgesetzt, die ihr so in der Natur nie begegnen. Kulturformen werden vernachlässigt oder zugunsten einer neuen Favoritin ausrangiert, vor allem jedoch laufen sie Gefahr, sich eine Krankheit einzufangen, gegen die die robusteren botanischen Spezies Immunität entwickelt haben, oder die sich in der Natur zumindest sehr viel langsamer ausbreitet.

Das Rätsel des »Brechens« blieb bis ins 20. Jahrhundert hinein ungelöst, als der Krankheitserreger, der manchmal Mosaikvirus genannt wird, endlich von den Wissenschaftlern an der John Innes Horticultural Institution in London entdeckt wurde. Indem man Blattläuse erst auf »gebrochene« Zwiebeln und dann auf Zuchtzwiebeln setzte, konnte nachgewiesen werden, daß die von den Blattläusen besuchten Zuchtzwiebeln zweimal so oft »brachen« wie das Kontrollexemplar – was einerseits bewies, daß die Krankheit von einem Virus verursacht wurde, und zugleich den Mechanismus aufzeigte, wie dieses von einer Tulpe zur anderen übertragen wurde. Weitere Experimente machten deutlich, daß das Mosaikvirus sowohl eine im Garten blühende Blume wie auch eine zum Einpflanzen gelagerte Zwiebel befallen konnte. In Anbetracht der Bemühungen der alten holländischen Züchter, ein »Brechen« durch das Zusammenbinden zweier Halbzwiebeln hervorzurufen, mutet es fast ironisch an, daß die vom John-Innes-Institut angewandte Methode, Blattläuse abwechselnd auf eine infizierte und eine gesunde Tulpe zu setzen, letztlich auch nichts anderes war, als Teile der »gebrochenen« Zwiebeln auf Zuchtzwiebeln zu pfropfen.

Noch zu Clusius' Lebzeiten zogen seine »gebrochenen« Tulpen die Aufmerksamkeit von Tulpenliebhabern an, die ganz versessen darauf waren, sich Exemplare dieser Neuigkeiten zu sichern. Der alte Botaniker konnte binnen kurzem die Nachfrage nach Tulpenzwiebeln kaum mehr bewältigen. Er wußte, daß viele dieser Interessenten Laien waren, die einfach nur die sich abzeichnende Mode mitmachen wollten, einige hatte er aber auch im

Verdacht, diese Zwiebeln für den höchstmöglichen Preis verkaufen zu wollen. Auf jeden Fall reichte sein Vorrat nicht aus, die Nachfrage zu befriedigen. »So viele fragen danach«, schrieb er an seinen Freund Justus Lipsius, einen humanistischen Gelehrten, der in den Gründungsjahren der Leidener Universität eine ihrer Säulen gewesen war, »daß ich, wollte ich jeder Forderung nachkommen, vollkommen meiner Schätze beraubt wäre, und andere reich wären.«

Einige, die Clusius um Zwiebeln anflehten, gaben sich jedoch mit einem abschlägigen Bescheid nicht zufrieden. Wie damals in Wien wurde sein Garten auch hier wiederholt von Diebstählen heimgesucht, und aus seinen noch vorhandenen Briefen wissen wir, daß bei einer dieser Plünderungen mehr als hundert Zwiebeln entwendet wurden. Der alte Mann war über den Verlust und auch über das ihm schon bekannte Desinteresse, das die zuständigen Behörden auch in Leiden bei der Verfolgung der Diebstähle an den Tag legten, so erzürnt, daß er gelobte, die Gärtnerei ganz an den Nagel zu hängen und den Rest seiner Sammlung unter seinen Freunden zu verteilen.

Im Lauf der Jahre hatte Clusius' Ruf gelitten, weil ihm ein zeitgenössischer Chronist unterstellte, daß es zu diesen Diebstählen nur deshalb kam, weil er für seine Blumen so überzogene Preise verlangte. Nichts lag der Wahrheit ferner. Während seiner ganzen langen Laufbahn hatte sich der Botaniker stets überaus großzügig gezeigt, wenn es darum ging, Exemplare seiner Funde an Freunde zu verschicken – umsonst und »con amore«, wie er dies manchmal in seinen Briefen formulierte –, und die einzigen Menschen, denen zu helfen er sich weigerte, waren alle diejenigen, bei denen er argwöhnte, sie würden seine Geschenke nicht zu schätzen wissen. Zu letzterer Kategorie zählten auch die Drahtzieher der Diebstähle in Leiden, und Clusius hatte zweifellos recht, ihnen von Anfang an zu mißtrauen.

Nichtsdestoweniger hatten die Diebstähle auch ihr Gutes. Clusius war zwar lange nicht der einzige, der im ausgehenden 16. Jahrhundert in der Republik der Vereinigten Niederlande Tulpen besaß, aber seine Sammlung war zweifellos die artenreichste und die beste. Die Diebstähle führten dazu, daß die kostbaren Zwiebeln in den gesamten Niederlanden verbreitet wurden und sowohl im Norden als auch im Süden blühten. Dabei werden die einen oder anderen in ihrer neuen Heimat neue Hybriden hervorgebracht haben, Sorten, die sich wiederum vermehrten und Teil des wichtigen Zwiebelvorrats wurden, der im nächsten Jahrhundert in den Handel kam. Die Leidener Zwiebeln wurden somit die Vorfahren der Blumen, die später hoch gehandelt wurden, und auch ihnen verdanken wir es, daß, wie der Chronist meint, »die siebzehn Provinzen über ausreichende Vorräte verfügten«.

6
Schmuck fürs Dekolleté

Die spektakulären Farben und endlosen Variationen zeichneten die Tulpe von Anfang an als außergewöhnliche Blume aus. Darüber waren sich nicht nur Türken und Niederländer einig, und um 1600 fand sie in ganz Europa Anerkennung. Wie der Mensch der Herr der Tiere war, der Diamant alle anderen Edelsteine in den Schatten stellte und die Sonne die Sterne regierte, so nahm die Tulpe, wie der französische Gärtner Monstereul ein wenig später schrieb, unter den Blumen eine überragende Stellung ein.

Bald schon setzten Gartenliebhaber alles daran, sich im Hervorbringen immer erstaunlicherer und farbenprächtigerer Sorten zu übertrumpfen. Es war nicht zuletzt Clusius und dem Kreis seiner Brieffreunde zu verdanken, daß jetzt eine große Zahl verschiedener Hybriden zur Verfügung stand; zu den Tulpen der Niederlande und den zwölf verschiedenen Sorten, die James Garret in England gezüchtet hatte, kamen noch die einundvierzig französischen Kulturformen, die der Botaniker Lobelius katalogisiert hatte, und zahllose weitere. Um 1600 registrierte man schon weit über hundert Spielarten, um 1630 an die tausend, von denen mindestens fünfhundert holländischen Ursprungs waren. Im Vergleich zu den etwa 2500 Arten, die man bis Mitte des 18. Jahrhunderts gezüchtet hatte, und den heute bekannten fünftausend Kulturformen ist das schon eine bemerkenswerte Vielfalt.

Dennoch blieb um die Jahrhundertwende die Zahl der zur Verfügung stehenden Zwiebeln begrenzt. Die meisten der neuen Arten hatten erst eine Handvoll Tulpen hervorgebracht, so daß schon allein aus diesem Grund die Blume eine Leidenschaft weniger Privilegierter blieb.

Ende des 16. Jahrhunderts gab es in ganz Europa kleine Grüppchen von Tulpenliebhabern; doch dank der schon sehr früh in den Südlichen Niederlanden eingeführten Tulpe fand sich die größte Konzentration an Enthusiasten in den Niederlanden, und zwar unter den Mitgliedern des flämischen Adels und der Oberschicht. Viele hatten hier ihre erste Zwiebel von Carolus Clusius und seinen Gefährten erhalten. Mathias Lobelius, ein Kollege von Clusius, veröffentlichte 1581 eine Liste ihrer Namen, unter denen sich Marie de Brimeu, die in Den Haag einen wunderbaren Garten besaß, Joris Rye aus Mechelen und Clusius' langjähriger Freund Jean de Brancion befanden.

Von den Niederlanden aus verbreitete sich die Tulpe bald auch in Frankreich, wo der Boden der Picardie für die Kultivierung von Zwiebeln sehr geeignet war. Um 1610 war auch Paris vom Blumenfieber erfaßt, und modebewußte Adelige wetteiferten darum, den Damen des französischen Hofs mit den seltensten und auffälligsten Exemplaren aufzuwarten, die sie finden konnten. Über viele Jahrhunderte hinweg war die Rose die bei weitem beliebteste Gartenblume gewesen, jetzt aber begann die exotische Unbekannte der Königin der Blumen den Rang abzulaufen. Die subtile Eleganz der Tulpe – ganz abgesehen von ihrer Neuheit und Seltenheit – führte sie rasch als neue Favoritin bei Hofe ein. Die Tulpenmode scheint mindestens bis zur Hochzeit des jungen Königs Ludwig XIII. im Jahre 1615 gewütet zu haben. Zu diesem Anlaß nämlich hefteten sich die aristokratischen Damen die abgeschnittenen Blüten als Schmuck an ihr Dekolleté, wobei die schönsten Sorten genauso hoch geschätzt gewesen sein sollen wie Diamanten. Der holländische Gärtner Abraham Munting wußte zu berichten, daß zur Blütezeit des französischen Tulpenfiebers eine einzige Tulpe von besonderer Schönheit – und zwar eine Schnittblume, keine Zwiebel – den Besitzer für den Gegenwert von tausend holländischen Gulden wechselte.

Natürlich suchten die Höflinge bald nach neuen Zerstreuungen. Aber ihre Begeisterung für die Tulpe hatte weitreichende Folgen, denn die Pariser Gesellschaft war bereits im 17. Jahrhundert in ganz Europa für ihre Eleganz und ihren Stil berühmt; die Moden des französischen Hofes wurden aufgegriffen und anderswo nachgeahmt. In der europäischen Provinz blühten sie oft noch lange weiter, während man sich in Frankreich schon längst wieder anderen Extravaganzen hingab. Die Leidenschaft für die Tulpen, die den Hof Ludwigs XIII. ein paar kurze Jahre lang in Atem hielt, trug deshalb nicht unerheblich dazu bei, daß die Blume sich in den kommenden Jahrzehnten in ganz Europa großer Wertschätzung erfreute.

Die ersten, die der Mode des französischen Hofs folgten, waren die Franzosen selbst. Kurz nachdem die Tulpe in Paris populär wurde, fand in Nordfrankreich eine Art Tulpenmanie en miniature statt. Leider gibt es über diese kurze Episode, die schon erahnen ließ, was sich später in der Republik der Vereinigten Niederlande zutragen sollte, keine zeitgenössischen Informationsquellen. Glaubt man jedoch späteren Berichten, war die Begeisterung für die Tulpen bereits 1608 so groß, daß ein Müller seine Mühle für ein einziges Exemplar einer Sorte namens »Mère Brune« hergab und ein anderer Enthusiast eine auf dreißigtausend Francs geschätzte Brauerei gegen eine einzige Zwiebel der »Tulipe Brasserie« eintauschte. Ein dritter erzählt von einer Braut, deren Mitgift aus einer einzigen Zwiebel einer neuen Rosen-Tulpe bestand, die ihr Vater gezüchtet und dem Anlaß gemäß »Marriage de Ma Fille« genannt hatte. (Der Bräutigam in dieser Geschichte soll über das prachtvolle Geschenk entzückt gewesen sein.) Wahr oder nicht, sicher ist, daß sich die Tulpenmode bald auch im übrigen Europa ausbreitete. Um 1620 erfreute die Blume sich nirgendwo größerer Beliebtheit als in den Vereinigten Niederlanden, wo sie Rivalinnen wie die Lilie und die Nelke rasch aus dem Rennen warf.

Den Anstoß für die lang anhaltende Begeisterung der Holländer für die Tulpen gab anfangs die Flut von Flüchtlingen und Immigranten, die während des ganzen niederländischen Aufstands aus den Südlichen Niederlanden über die Grenze der Republik strömten. Zehntausende der in den spanischen Ländern lebenden Protestanten flohen in den Norden, um ihre Religion behalten zu können und den periodisch auftretenden Verfolgungen zu entkommen. So verdoppelte sich manchmal die Größe holländischer Städte durch den Immigrantenzustrom; zwischen 1581 und 1621 kamen 28 000 Flüchtlinge nach Leiden, die Gesamtbevölkerung vervierfachte sich von 12 000 auf 45 000 Einwohner, und die Mehrheit derer, die sich im Amsterdam des 17. Jahrhunderts das Jawort gaben, war nicht von dort gebürtig. Die Einwanderer scheuten sich nicht vor harter Arbeit und hatten oftmals auch Kapital zu investieren, was im wesentlichen den Gesamtwohlstand Hollands erhöhte; so läßt sich etwa der berühmte Amsterdamer Diamantenhandel direkt auf die Zuwanderer aus Antwerpen zurückführen. Unter diesen Leuten waren auch einige frühe Tulpenbegeisterte, die ihre Zwiebeln mitbrachten und die Republik der Vereinigten Niederlande um zahlreiche neue Sorten bereicherten. Im Unterschied zum übrigen Europa entstammten die niederländischen Tulpenliebhaber nicht der Aristokratie, sondern waren eher Angehörige der neuen herrschenden Schicht der Republik: der Gruppe reicher und einflußreicher Privatleute, die in Holland »Regenten« genannt wurden.

Zu den Regenten einer holländischen Stadt gehörten vor allem wohlhabende Geschäftsleute der zweiten oder dritten Generation, ein paar Anwälte und vielleicht noch ein, zwei Ärzte. In der Regel waren sie reich genug, um von dem Geld leben zu können, das sie in Pfandbriefen, im Außenhandel oder, sehr viel naheliegender, in einem der vielen profitablen Projekte anlegten, bei denen dem Meer Land abgewonnen wurde oder Seen und Sümpfe trockengelegt wurden, um neues Ackerland zu schaffen. Sie brauchten sich nicht um ihren täglichen Lebensunterhalt zu kümmern und bildeten eine sich selbst erhaltende Herrschaftsschicht, deren Mitglieder die wichtigsten Posten in den Parlamenten der Provinzen und in den Stadträten innehatten.

Tulpenliebhaber fanden sich auch unter wohlhabenden Kaufleuten, von denen einige mindestens so reich waren wie die Regenten, sich aber dennoch ihren Lebensunterhalt durch aktive Teilnahme am Wirtschaftsleben verdienten und ihre Profite vor allem in die eigenen Geschäfte investierten. Den Männern dieser Gesellschaftsschicht wurde für gewöhnlich ein Ehrentitel verliehen, der ihrer besonderen Berufung Rechnung trug – so daß ein Mann, der beispielsweise de Jonge hieß und mit dem Fischhandel zu tun hatte, »Seigneur de Jonge in Herring« genannt wurde. Viele der vermögendsten Kaufleute sollten sich zu erklärten Tulpenfanatikern entwickeln.

Die Blume paßte in der Tat ganz hervorragend in die

Vereinigten Niederlande. Dank ihrer Robustheit ließ sie sich sowohl von erfahrenen als auch von weniger erfahrenen Gärtnern erfolgreich anpflanzen. Die Zwiebeln gediehen am besten im reinen Sandboden, wie er in verschiedenen Teilen der Republik vorhanden war, insbesondere in der Provinz Holland, wo ein Gürtel trockener, weißer Erde von Leiden parallel der Küste bis hinauf nach Haarlem verlief und sich weiter bis nach Amsterdam und Alkmaar an der Nordspitze der Provinz ausdehnte.

Abgesehen von ihrer Schönheit und Widerstandsfähigkeit schätzte man die Tulpe als Symbol für Reichtum und guten Geschmack. Gänzlich unerwartet entwickelten sich die Vereinigten Niederlande ab etwa 1590 zum reichsten Land Europas. Die aufstrebende Kaufmannsschicht gewann an Einfluß und Bedeutung und schätzte die Tulpe als Prestigeobjekt.

Zu den holländischen Connaisseurs, die sich in den ersten Jahrzehnten des 17. Jahrhunderts dem Tulpensammeln verschrieben, zählten tonangebende Männer wie Paulus van Beresteyn aus Haarlem, der ehemalige Regent des dortigen Leprahauses, der innerhalb der Stadtmauern Tulpen anpflanzte, und Jacques de Gheyn, ein Maler aus Den Haag. De Gheyn war ein sehr bekannter Patrizier und Freund von Clusius, dessen Leidenschaft für die Gärtnerei soweit ging, daß er einen Band mit zweiundzwanzig Blumenbildern anfertigte, den er dann Kaiser Rudolf II. verkaufte. Er war einer der wenigen wohlhabenden Tulpenkenner, von dem genau bekannt ist, wieviel er tatsächlich besaß. 1627, zwei Jahre vor seinem Tod, hatte er sein Kapital offiziell schätzen lassen, wobei sich herausstellte, daß sich sein Vermögen auf mindestens vierzigtausend Gulden belief.

Ein weiterer Tulpophiler, dessen Name in alten Aufzeichnungen auftaucht, war Guillelmo Bartolotti van de Heuvel, ein waschechter Holländer, der seinen kuriosen

Namen dem Umstand verdankte, daß ihn ein kinderloser Onkel aus Bologna adoptiert hatte. Bartolotti van de Heuvel gehörte zu den reichsten Männern Amsterdams, und mit einem Vermögen von insgesamt vierhunderttausend Gulden war er sehr wahrscheinlich der reichste Privatmann, der sich je am Tulpenhandel beteiligt hat. Bartolotti hatte als Kaufmann sein Glück gemacht und konnte es sich leisten, seine Freizeit der Pflege seines berühmten Gartens direkt im Zentrum der Stadt zu widmen. Den spärlichen zeitgenössischen Beschreibungen nach zu schließen, scheint er symmetrisch und streng formal angelegt und der Garten eines wirklichen Connaisseurs gewesen zu sein, in dem jedes Beet einer einzigen Blume vorbehalten war, damit sie in ihrer isolierten Schönheit bewundert werden konnte.

Daß Bartolotti so schnell zu Reichtum gekommen war, lag in erster Linie am niederländischen Aufstand. Im Jahrhundert davor war die größte Stadt der Republik, Amsterdam, nur von geringer Bedeutung gewesen, während Antwerpen im südlichen Teil der Niederlande nicht nur den größten Hafen besaß, sondern auch Europas reichste Stadt war. Ungeheure Warenmengen aus dem Baltikum, Spanien und aus Nord- und Südamerika wurden auf ihrem Weg ins römisch-deutsche Kaiserreich und die anderen Staaten Nordeuropas durch diese Stadt geschleust. Aber nachdem die Wassergeusen in den ersten Tagen der Rebellion Vlissingen eingenommen hatten, konnten die Holländer die Stadt von ihren Handelswegen abschneiden, indem sie die Mündung der Schelde blockierten, über die Antwerpen Zugang zum Meer hatte. Die Blockade bedeutete eine Katastrophe für die flämische Stadt, denn jetzt verteilte sich ein Großteil des beachtlichen Handels auf den Norden Hollands mit Amsterdam als Hauptnutznießerin.

Etwa gleichzeitig durchbrachen die Holländer das

ursprünglich spanische Monopol, indem sie Handelsbeziehungen zu Ostindien aufnahmen. Für die Europäer des 17. Jahrhunderts war Indien eine Quelle nahezu unvorstellbaren Reichtums, wo es Gewürze und chinesisches Porzellan im Überfluß gab und Luxusgüter, die sonst nirgendwo zu bekommen waren, billig eingekauft und leicht nach Hause verschifft werden konnten. Mit Waren aus Indien ließ sich ein Vermögen verdienen: Eine einzige Gewürzladung war ein Vielfaches der gleichen Ladung Holz, Korn oder Salz wert – Güter, von denen die Niederlande lange Zeit abhängig gewesen waren – und konnte spektakuläre Profite bis zu 400 Prozent erzielen.

Die Holländer erkannten sehr schnell die Möglichkeiten, die dem Indienhandel innewohnten. Um 1610 hatten sie auf zahlreichen indonesischen Inseln Vorposten errichtet, und trotz der ständigen Gefahr, von den Spaniern angegriffen zu werden, segelten regelmäßig Flotten, mit Pfeffer, Muskat, Zimt, Nelken, Zucker, Seide und Färbemitteln beladen, in die Republik der Vereinigten Niederlande.

Um 1631 mischten fünf Sechstel der dreihundert reichsten Bürger Amsterdams im Ostindienhandel mit, und so standen sowohl die holländischen Kaufleute als auch die Regenten, die sie darin unterstützten und eifrig in ihre Geschäfte investierten, im Durchschnitt wesentlich besser da als ihre Zeitgenossen im übrigen Europa.

Am Standard ihrer Zeit gemessen, waren die erfolgreichsten holländischen Kaufleute mit großem Reichtum gesegnet. In der ersten Hälfte des 17. Jahrhunderts konnte ein mittelständischer Händler von sich behaupten, sein Auskommen zu haben, wenn er 1500 Gulden im Jahr einnahm, erzielte er mehr als 3000, ging es ihm gut, während diejenigen, die in der sozialen Stufenleiter unter ihm rangierten – Angestellte, Geschäftsleute und andere, die Anspruch auf den Titel »Herr« erheben konnten –, im Durchschnitt etwa ein Drittel oder ein Fünftel davon verdienten, an die 500 bis 1000 Gulden im Jahr. Aber für Männer wie Bartolotti, die wesentliche Anteile am Ostindienhandel besaßen, konnten auch Einnahmen von 10000, 20000 oder sogar 30000 Gulden im Jahr drin sein. Am unbestritten reichsten war Jacob Poppen, Sohn eines deutschen Immigranten, der sein Vermögen dem Indien- und Rußlandhandel verdankte und, als er 1624 starb, die unvorstellbare Summe von 500000 Gulden besaß. Adriaen Pauw, ein Regent, der zum Ratspensionär* und schließlich zu einem der prominentesten Politiker der Republik der Vereinigten Niederlande avancierte, häufte dank seiner erfolgreichen Investitionen ein Vermögen von 350000 Gulden an, und um 1630 konnten weitere zehn Amsterdamer Bürger stattliche 300000 Gulden und mehr ihr eigen nennen.

Wer heutzutage über das nötige Kleingeld verfügt, leistet sich edle Kleider, reist im Privatjet oder einer Limousine. Aber selbst auf dem Höhepunkt des goldenen Zeitalters der Niederlande fiel es schwer, die wohlhabendsten Vertreter der Regenten und Kaufleute von ihren Mitbürgern zu unterscheiden. Selbst die Reichen kleideten sich in strenge und schmucklose Gewänder, trugen die landesüblichen großen, breitkrempigen Hüte, enganliegende Hosen und schwere Jacken. Darunter trug man zumeist ein schwarzes Wams, mit ausladenden weißen Spitzenrüschen um Hals und Handgelenken, sowie Kniestrümpfe und schwarze Schuhe, während ihre Frauen und Töchter sich in düstere Mieder und bodenlange Kleider hüllten, über denen häufig eine Spitzenschürze getragen wurde. Elegante pelzverbrämte Übermäntel schützten im Winter vor Kälte, ansonsten aber stellte man seinen

---

* Ein Regierungsposten, dessen Funktion sich mit der eines heutigen Staatssekretärs vergleichen läßt.

Reichtum nicht zur Schau. Die Frauen versteckten ihr Haar unter einer enganliegenden weißen Haube, und obwohl die männliche Haartracht langes, auf Schulterhöhe in Locken gelegtes Haar vorsah, war die Einstellung der Holländer gegenüber Kleidung von Grund auf puritanisch.

Doch trotz aller Bescheidenheit und rigider Strenge konnte nicht jeder der Versuchung, seinen Wohlstand zu zeigen, widerstehen. Die Schätze, die mit den Gezeiten an Land kamen und in die Truhen und Säckel der Händler und ihrer Geldgeber flossen, mußten irgendein Ventil finden. Ein Teil des für Essen und Wein oder für den städtischen Import von Agrarprodukten aufgebrachten Geldes sickerte hinab in die tieferen Gesellschaftsschichten und hob den Lebensstandard in allen Teilen der Republik. Vieles wurde gespart oder wieder investiert. Doch ohne Frage heizten die Profite aus dem Ostindienhandel den Konsum von Luxusgütern aller Art an – ob in Form großer Häuser, von Gemälden oder Tulpen – und ermöglichten die unglaubliche Vielfalt und Fülle des goldenen Zeitalters, dessen sich die Republik der Vereinigten Niederlande zwischen 1600 und 1670 erfreute.

Es war eine Zeit enormer kultureller Entwicklung. Die Künste blühten wie nie zuvor, nicht nur, weil sie von der Institution in Leiden oder anderen Universitäten und Schulen Auftrieb bekamen, sondern auch weil viele Maler und Schriftsteller aus dem Süden ins Land drängten. Es waren tatsächlich so viele Künstler auf der Suche nach Aufträgen, daß man ein Gemälde oder ein Theaterstück für einen Bruchteil des üblichen Preises in Auftrag geben konnte. Viele Städte und Privatleute zogen ihren Vorteil daraus, und so stand der Besucher der Niederlande allenthalben beeindruckt vor der Pracht der Leinwände, Wandteppiche und Statuen, die an den überraschendsten Stellen auftauchten. Besonders die Porträtmalerei erlebte eine Glanzzeit – ein Genre, in dem es Maler vom Format eines Rembrandt (ein Müllersohn aus Leiden) oder Frans Hals (ein Flüchtling aus Antwerpen) zur Perfektion brachten. Der Buchdruck florierte und auch die Architektur erlebte eine Renaissance, denn die neue Republik gab viele repräsentative öffentliche Gebäude in Auftrag.

Bei der Kaufmannsschicht und dem holländischen Adel kamen zunehmend Landhäuser in Mode, in denen man seinen wachsenden Wohlstand genießen konnte. Vor den reichen Städten Hollands schossen reihenweise stattliche Häuser aus dem Boden: in Leiderdorp, einem Dorf im Umfeld von Leiden, zwischen den wogenden Sanddünen an der Küste westlich Haarlems und an der Vecht auf ihrem Weg von Utrecht nach Amsterdam. Es waren typische Gebäude im klassizistischen Stil, mit weitläufigem Areal, zu dem normalerweise streng angelegte Gärten wie auch ein Park gehörten.

Sozialhistoriker haben in dieser Passion für den Hausbau einen Indikator für den Gesinnungswandel unter der herrschenden Schicht in der Republik der Vereinigten Niederlande ausgemacht. Während ihres goldenen Zeitalters entwickelte der einst nüchterne, gottesfürchtige Niederländer – der so durch und durch calvinistisch war, daß die Gesellschaft Prunk in jeder Form mit Naserümpfen bedachte und Pastoren mit Geldstrafen belegt wurden, wenn in der Kirche auch nur der Anklang eines Scherzes zu hören war – nach und nach Gefallen an der Prachtentfaltung. Aus dieser Sicht war das wohl interessanteste Produkt des Baufiebers »Zorghvliet« (Sorgenflucht), das Landhaus eines bedeutenden Regenten namens Jacob Cats.

Cats war ein gütiger und überaus religiöser Mann, der sowohl die Laufbahn eines Politikers als auch die eines Schriftstellers einschlug und sich zu seiner Zeit allgemeiner Achtung und Wertschätzung erfreute. Sein Vermögen verdankte er seinem überwältigenden Erfolg als Autor beliebter Moralgedichte, die sich in immer höheren Auflagen in der ganzen Republik verkauften. Ein typisches Cats-Gedicht, bei dem der Dichter die Gelegenheit auskostete, ein hübsches junges Mädchen davor zu warnen, sich auf ihre Schönheit zu verlassen, ist dieses:

> *So werden blonde Flechten grau,*
> *So werden heitere Gesichter düster,*
> *So werden rote Lippen blaß,*
> *So werden pralle Wangen schlaff,*
> *So werden hurtige Beine lahm,*
> *So werden flinke Füße zahm,*
> *So werden stramme Glieder dürr,*
> *Da kommen die Runzeln ins Gesicht …*

Vater Cats, wie er allgemein genannt wurde, brachte mehr als ein Dutzend Bücher mit Versen dieser Art heraus, und an die fünfzigtausend Exemplare seiner gesammelten Gedichte fanden ihren Weg in die holländischen Haushalte; oftmals war ein Band Cats neben der Bibel das einzige Buch im Haus. In vielen Familien sah man in ihm einen aufrichtigen Quell der Weisheit und verstand seine Verse als moralische Stütze in den Situationen des Alltags. Wenn also Jacob der Dichter fand, daß gegen einen Rückzug aufs Land nichts einzuwenden war, ließen sich schwerlich Gegenargumente vorbringen.

Die Errichtung luxuriöser Landhäuser führte natürlich auch zur Anlage weitläufiger Gärten. Zum Gelände von Lord Offerbeakes Villa in Alphen nahe Leiden (welche der englische Abgeordnete Sir William Brereton 1634 besuchte) gehörten »weiträumige Gärten und riesige Obstgärten und eine ganze Reihe von Fischteichen«, die Hecken setzten sich aus zwölf verschiedenen Arten zusammen, es gab ein Labyrinth, Spazierwege durch den Wald und natürlich jede Menge Blumenbeete, wobei man sagen muß, daß Offerbeakes Anwesen eins der größeren in den Vereinigten Provinzen war. Derartige Gärten waren weniger als Orte der Entspannung gedacht, sondern als Mittel, die Pflanzensammlung ihres Besitzers zur Schau zu stellen trotz der Zensur, der die Tulpe gelegentlich durch die strengeren Vertreter des Calvinismus in der niederländischen Gesellschaft unterlag.

Die schweigende Zustimmung von Moralisten wie Vater Cats gab der Begeisterung für die Tulpe Auftrieb, deren Schönheit schließlich eines jener kleineren, von Gott herbeigeführten Wunder war, und deren Anbau ehrliche Plackerei im Freien erforderte – eine Aktivität, die Cats aus vollem Herzen befürwortete. Und so hielt die Tulpe rasch Einzug in fast alle großartigen neuen Wohnhäuser. Einer dieser Tulpengärten hat dank eines epischen Gedichts Unsterblichkeit erlangt. Er gehörte zu einem Landhaus namens »Moufe-schans«, und dessen Gärtner, der entschieden gegen die Spanier eingenommene Pfarrer Petrus Hondius, pries diesen in etwa 16 000 Versen, die 1621 veröffentlicht wurden. Das Moufe-schans, das man dort errichtet hatte, wo während des Aufstands der Niederlande Schützengräben ausgehoben worden waren, und dessen Name soviel wie »Gräben der Mof (abwertend für die Deutschen)« bedeutet, gehörte Johan Serlippens, dem Bürgermeister von Terneuzen. Serlippens lud seinen Freund Hondius ein, bei ihm zu wohnen, und nach und nach legte der Geistliche einen Kräutergarten an, zu dem auch sechs ganz den Tulpen vorbehaltene Beete gehörten, eine für die damalige Zeit beeindruckende Anzahl. Hondius hatte wahrscheinlich einige seiner Zwiebeln von Clusius und andere von seinem Freund, dem Apotheker Christiaan Porret aus Leiden bekommen.

Hondius war kein Tulpenfanatiker. Er pflanzte alle

möglichen Pflanzen in Serlippens Garten, von Nelken
über Hyazinthen zu Narzissen, und er sah verächtlich auf
jene herab, die sich allzu tief in den schlimme Blüten trei-
benden Wahn verstrickten, was er auch mit spitzer Feder
in seinen Versen kritisierte:

Doch diese Narren kennen nur noch Tulpenzwiebeln
Herz und Verstand sind nur von einem Wunsch beseelt
So laßt sie uns denn essen und darüber lachen
welch bittere Speise uns'ren Gaumen quält.

Aber auch der Dichter konnte sich dem Reiz der neuen
Blume nicht entziehen. In seinem Gedicht *Of de Moufe-*
schans stellte er Maler vor die herausfordernde Aufgabe, die Schönheit der Tulpe auf der Leinwand einzufangen – doch nur um eine Zeile oder zwei später
einzugestehen, daß dies so gut wie unmöglich war. Allein
in seinem Garten, schrieb Hondius, stellten die dort
gezeigten Tulpen mehr Farben zur Schau als ein Künstler überhaupt auf der Palette hatte. Der Erfolg seines
Epos – ein wahres Schatzkästlein für Sozialhistoriker, da
es nicht nur zahlreiche Informationen über das Gärtnern,
sondern auch über das Leben und die Gewohnheiten der
Leute auf dem Land enthält – führte einige der damals
wichtigsten Männer in Serlippens Haus, darunter auch
Maurits von Nassau, den neuen Prinzen von Oranien und
Oberbefehlshaber der gegen die Spanier kämpfenden niederländischen Armeen. Was Prinz Maurits im Garten von
Hondius sah, wird ihm gefallen haben, denn von da an
hielt die Tulpe auch in den Anlagen seines Schlosses in
Den Haag Einzug, und zwar in solchen Mengen, daß sie
schließlich öffentlich zum Verkauf angeboten wurden.
(Sir William Brereton, der etwa ein Jahrzehnt später das
Schloß besuchte, konnte hundert Zwiebeln für den be-
scheidenen Preis von fünf Gulden erwerben.)

Um 1620 war die Tulpe dann bei einem Großteil der holländischen Elite eine eingeführte Favoritin und für die meisten einflußreichen Männer der Republik eine private Leidenschaft. Doch wie das Beispiel von Prinz Maurits zeigt, war sie noch nicht so weit verbreitet, daß sie für jeden Bürger der Republik eine Selbstverständlichkeit dargestellt hätte. Selbst jetzt noch war die Blume vergleichsweise rar, und einige der gesuchtesten Sorten waren, egal zu welchem Preis, nur schwer zu bekommen. Erst im kommenden Jahrzehnt reagierte man angemessen auf diese Knappheit.

7
Die Tulpe im Spiegel

Andere Regenten hatten ihr Landhaus, Adriaen Pauw, der reiche Ratspensionär von Holland, besaß ein Schloß.

Es war nur eine Ruine, aber es stand inmitten weitläufiger Ländereien, die Pauw um 1620 erwarb und die sich über den einzigen hochgelegenen Grund zwischen der Nordseeküste und Amsterdam erstreckten. Wenn Pauw oben auf den bröckelnden Mauern stand, genoß er den Blick auf das Herzland der Vereinigten Niederlande. An klaren Tagen konnte er die Dächer von Amsterdam erkennen, und selbst bei bedecktem Himmel bot ihm Heemstede, wie sein Landsitz hieß, einen fesselnden Ausblick auf die Gehenkten, die im Norden vor den Stadtmauern Haarlems an den Galgen baumelten.

Heemstede galt Pauws ganze Hingabe. Er ließ das alte Schloß niederreißen und ersetzte es durch ein modernes Herrenhaus, wo er nicht nur die wichtigsten Männer der Republik, sondern gelegentlich auch die Königinnen von England und Frankreich empfing. Pauw stattete sein neues Heim mit erlesenem Mobiliar, fein gewebten Wandteppichen und den besten Gemälden aus, die Bibliothek faßte 16 000 kostbare Bücher, und in der Waffenkammer prangten polierte Rüstungen.

Während sich das Herrenhaus in Bau befand, machte Pauw sich daran, das Gelände zu verbessern. Er hatte schon immer begeistert in Landgewinnungsprojekte investiert, und ließ Tonnen schlechten Oberbodens abkratzen, um an die fruchtbarere Erde darunter zu gelangen. Er setzte sich aktiv für die landwirtschaftliche Nutzung und sogar für den Ausbau kleiner Manufakturen in den entfernter liegenden Teilen des Gutes ein, wodurch die Zahl der Bewohner von Heemstede im Lauf der Zeit auf über eintausend Menschen anwuchs.

Aber Adriaen Pauws größte Freude war nicht das Herrenhaus, sondern sein Garten. Er lag direkt vor dem Haus, war der damaligen Mode gemäß sehr streng angelegt, mit langen, von Bäumen beschatteten Spazierwegen, die geometrische Rasenflächen und Blumenbeete durchschnitten, auf welchen die Farbtupfer aus Rosen, Lilien und Nelken die geordnete Perfektion von Pauws Buchsbaumhecken und Wandelpfaden unterstrichen. Und im Mittelpunkt dieses Gartens legte der neue Herr von Heemstede ein Tulpenbeet an.

Doch Pauws Garten barg noch eine Besonderheit – nichts, was sofort ins Auge fiel; und obwohl der Ratspensionär großzügig Gäste einlud und Besuchern erlaubte, auch an Wochentagen, während er in Amsterdam beschäftigt war, durch sein Gut zu spazieren, gingen die meisten wieder, ohne sie tatsächlich bemerkt zu haben.

Das Geheimnis der Gartenanlage von Heemstede war eine seltsame Vorrichtung aus Holz und in raffinierten Winkeln zueinander eingesetzten Spiegeln, die mitten im Tulpenbeet stand. Es war ein Spiegelkabinett, dazu entworfen, jedes Bild tausendfach zurückzuwerfen und die Illusion einer Fülle zu erzeugen, die gar nicht vorhanden war.

Aus der Entfernung und mit Hilfe dieser merkwürdigen Erfindung wirkte Pauws einzelnes Tulpenbeet wie dicht bepflanzt mit einem Meer aus herrlichen Blüten. Erst wenn sich ein neugieriger Besucher näher heranwagte, erkannte er, daß er Opfer einer optischen Täuschung geworden war. Die Spiegel des hölzernen Kabinetts hatte die paar Dutzend Tulpen aus Pauws Sammlung in verschwenderische Fülle verwandelt.

Für den Herrn von Heemstede war das Spiegelkabinett ein Eingeständnis dessen, daß es selbst für ihn Dinge gab, die er nicht kaufen konnte. Es gab einfach nicht genügend Tulpen, um seinen Garten zu verschönern, und alle Bemühungen der besten Gärtner des Landes vermochten nicht, die Zwiebeln, die er bereits besaß, dazu zu bringen, sich so rasch zu vermehren, wie er das wünschte.

Pauws Problem war einfach. Die kostbaren Arten, die er sammelte, waren äußerst selten, weil sie das Ergebnis eines langen Auswahlzuchtverfahrens waren. Seit die ersten holländischen Tulpen in Walich Ziwertsz.' Amsterdamer Garten geblüht hatten, hatten Kenner die erlesensten Exemplare ausgewählt, mit besonderer Sorgfalt kultiviert und sie dann mit anderen ausgesuchten Zwiebeln gekreuzt, um noch schönere Sorten zu schaffen. Während die frühesten, einfachsten Tulpen jahrzehntelang Zeit gehabt hatten, sich zu vermehren, waren die wertvollsten Blumen mit ihren exquisiten Farbmustern erst neuere Schöpfungen.

Von allen Sorten, die für sich in Anspruch nehmen konnten, höchst erlesen zu sein, läßt sich als die begehrteste Tulpe die »Semper Augustus« ausmachen, die berühmteste, seltenste und nach allgemeiner Auffassung auch schönste Tulpe, die während des 17. Jahrhunderts in der Republik der Vereinigten Niederlande wuchs – und somit natürlich auch die bei weitem teuerste. Die »Semper Augustus« gehörte zu den Rosen-Tulpen, sie aber einfach als rot-weiße Blume zu beschreiben, käme der Bezeichnung von Rubinen und Smaragden als roten und grünen Steinen gleich. Jeder, der sie sah, pflichtete bei, daß es eine Pflanze von außergewöhnlicher Schönheit war. Sie hatte einen schlanken Stil, der ihre Blüte hoch über ihren Blättern trug und ihre lebhaften Farben bestens zur Geltung brachte. Beginnend mit einem kräftigen Blau, wo der Stil auf den Blütenboden traf, ging die Blumenkrone unmittelbar in reinstes Weiß über. Schlanke blutfarbene Flammen schossen im Zentrum der sechs Blütenblätter nach oben, und Flocken und Punkte in derselben kräftigen Farbe schmückten die Blütenränder. Wer sich zu den Glücklichen zählen durfte, die tatsächlich ein Exemplar der »Semper Augustus« in Blüte schauen durften, hielt sie für ein lebendes Wunder, verführerisch wie Aphrodite.

Doch dieses Privileg wurde in Wirklichkeit nur sehr wenigen Menschen zuteil. Auch wenn das Loblied auf diese Königin der Tulpen kein Ende zu nehmen schien, keine andere Tulpensorte häufiger abgebildet wurde und sie in Verbindung mit dem Phänomen der Tulpenmanie so oft erwähnt wurde, daß man sie damit in eins setzte, kam die »Semper Augustus« im Grunde nie in den Handel. Sie war so rar, daß einfach keine Zwiebeln von ihr zu bekommen waren.

Und so tauchen am Beispiel der »Semper Augustus« die ersten Symptome dessen auf, was als »Tulpomania« in die Geschichte eingehen sollte. Keiner weiß genau, wie die Blume in die Republik der Vereinigten Niederlande kam. Bei dem holländischen Chronisten Nicolaes van Wassenaer heißt es, sie sei ursprünglich aus Samen gezogen worden, die einem Floristen in Nordfrankreich gehört hatten. Dieser habe ihren wahren Wert nicht erkannt und die Samen für eine lächerlich geringe Summe veräußert. Dies muß etwa um 1614 gewesen sein. Als diese Sorte dann zehn oder zwölf Jahre später sämtliche anderen in den Schatten gestellt hatte, eilten die Tulpenkenner aus Holland nach Süden, um die Baumschulen und Gärten Flanderns, Brabants und Nordfrankreichs nach weiteren Exemplaren der »Semper Augustus« abzugrasen – ein Unterfangen, das der Suche nach der Nadel im Heuhaufen gleichkam und dem kein Erfolg beschieden war. Man entdeckte ein paar ähnlich gemusterte Blumen – eine davon erhielt sogar zu Ehren ihrer offensichtlichen Verwandtschaft den Namen »Parem Augusto« –, aber was die Lebhaftigkeit der Farben und die Reinheit der Form betraf, kam dennoch keine der Königin der Tulpen gleich.

Dieser Fehlschlag zwang die holländischen Tulpenkenner dazu, es anders zu versuchen, und eine Zeitlang setzten sie alles daran, für die prächtigsten Exemplare ihrer eigenen Sammlungen zu werben, die der »Semper Augustus« den Rang ablaufen sollten. Van Wassenaer erwähnt in diesem Zusammenhang die Sorten »Testament Clusii«, »Testament Coornhert«, »Motarum van Chasteleyn« und »Jufferkens van Marten de Fort«, aber so beeindruckend diese auch sein mochten, keine dieser Tulpen erweckte die Bewunderung, die der rotgeflammten Königin vorbehalten war. Auch das hartnäckige Gerücht, daß man in einem Kölner Garten eine Tulpe ausfindig gemacht habe, welche die »Semper Augustus« an Schönheit noch überträfe, erwies sich als falsch.

Die frühesten Zeugnisse dieser Blume tauchen erstmals in den zwanziger Jahren des 17. Jahrhunderts auf. Von van Wassenaer, der zu diesem Thema mehr oder weniger die einzig zuverlässige Quelle ist, wissen wir, daß um 1624 nicht mehr als ein Dutzend Exemplare existierten, die sich alle in den Händen eines einzigen Mannes befanden, der angeblich in Amsterdam lebte. Wer dieser unbekannte Tulpenfreund tatsächlich war, ist eines der großen Rätsel im Zusammenhang mit der Tulpomania. Van Wassenaer vermeidet es, seinen Namen zu erwähnen, und da jeder andere Nachweis fehlt, scheint es unwahrscheinlich, daß das Geheimnis je gelüftet werden kann. Genau das dürfte der zurückgezogen lebende Kenner auch beabsichtigt haben, denn der Chronist macht deutlich, daß er um keinen Preis bereit war, seine Blumen mit anderen zu teilen.

Und dabei hätte er seine Zwiebeln leicht an den Mann gebracht. Zu einer Zeit, als die Tulpen zunehmend Verbreitung fanden, machte der Umstand, daß von einer äußerst erlesenen Sorte nicht mehr als ein Dutzend Exemplare existierte, diese zu einer außergewöhnlichen Rarität, und man kann davon ausgehen, daß der Besitzer für eine einzige Zwiebel der »Semper Augustus« beinahe jeden Preis hätte verlangen können. Die gesamten zwanziger Jahre hindurch bombardierten die wohlhabendsten Tulpenliebhaber der Republik den unbekannten Mann mit immer abenteuerlicheren Angeboten für eine einzige Zwiebel. Van Wassenaer berichtet, daß 1623 die bereits sensationelle Summe von zwölftausend Gulden nicht ausreichte, um sich zehn Zwiebeln zu beschaffen, und behauptet, daß der geheimnisvolle Blumenzüchter sich lieber im Privaten ganz der Betrachtung der Schönheit seiner »Semper Augustus« hingab, als sich Gedanken über den möglichen Profit an ihr zu machen. Doch seine Weigerung, auf die Angebote einzugehen, trieb die Preise nur noch mehr in die Höhe. Im nächsten Sommer lagen Angebote von zwei- bis dreitausend Gulden für eine Zwiebel auf dem Tisch – und wurden ebenso konsequent abgelehnt.

Doch am Ende erwiesen sich alle Bemühungen des geheimnisvollen Besitzers, die Verbreitung der »Semper Augustus« zu kontrollieren, als vergeblich. Van Wassenaer berichtet, daß der unbekannte Tulpenfreund, der diese Sorte entdeckt hatte, sich einmal, und zwar schon recht früh, bereit erklärt hatte, eine einzige der kostbaren Zwiebeln zu verkaufen, zu dem nicht geringen Preis von tausend Gulden. Als die Blume aus ihrem Beet gegraben wurde, entdeckte er, daß sie am Zwiebelboden zwei Ableger angesetzt hatte, was ihn über die Maßen ärgerte, da er das Dreifache für die Tulpe hätte verlangen können. Der Käufer hatte Glück gehabt: Zum einen konnte er einen der Ableger verkaufen, um wieder herauszuholen, was er in die Blume investiert hatte, und zum anderen hielt er die Voraussetzung für eine wertvolle Sammlung in der Hand.

Von diesem ungewissen Start an wurde die »Semper Augustus« auch jenen zugänglich, die sie sich leisten konnten. Zwiebeln dieser Sorte scheinen brauchbare Ableger nur selten hervorgebracht zu haben – dies traf auf die meisten Edeltulpen zu, weil sie womöglich mit dem Mosaikvirus stärker infiziert waren als die robusteren Sorten –, und selbst ein Jahrzehnt später existierte nicht mehr als eine Handvoll. Die »Semper Augustus« blieb weiterhin gefragt; je rarer eine Blume war, desto begieriger war man hinter ihr her.

Die Knappheit der Tulpen im Holland des 17. Jahrhunderts war der Dreh- und Angelpunkt des Tulpenwahns. Für einen Holländer des goldenen Zeitalters war die Tulpe noch immer von der reizvollen Aura östlicher Exotik umgeben, eine sensationelle Novität, die nur in streng limitierten Mengen zur Verfügung stand. Die besonders erlesenen Sorten waren knapp und daher begehrt. Und weil sie begehrt waren, wurden sie teuer gehandelt. Und weil sie teuer waren, wurde es immer lukrativer, sie anzubauen.

Einige Tulpenliebhaber hatten als eifrige und fähige Gärtner schon immer selbst für ihren Zwiebelvorrat gesorgt. So züchteten beispielsweise die Brüder Balthasar und Daniël de Neufville – reiche Leinenhändler aus Haarlem – zwei neue Sorten, eine *Rosen* und eine *Vio-*

letten, die sie im Garten ihres Stadthauses mit dem Namen »Land der Verheißung« angebaut hatten. Die meisten ihrer Zeitgenossen erwiesen sich jedoch als weniger geschickt, und Ende der zwanziger Jahre wurde immer offensichtlicher, daß der Bedarf an Tulpen nicht mehr gedeckt werden konnte, indem kleine Mengen unter Liebhabern den Besitzer wechselten. Neue Tulpenbegeisterte, die weder die Kenntnis besaßen, die man brauchte, um eigene Sorten zu züchten, noch über die Verbindungen verfügten, die nötig waren, um auf dem üblichen Weg an Zwiebeln zu kommen, drängten nun nach und nach auf den Markt. Sie waren gezwungen, sich anderswo umzusehen, um ihren Bedarf zu decken, und wandten sich an die wenigen berufsmäßigen Gärtner, die damit begonnen hatten, diese modischen neuen Blumen zu züchten. Dies war der Schlüssel zu der nachfolgenden Entwicklung in der Geschichte der Tulpe, denn es besteht kein Zweifel, daß ohne die Anstrengungen der Berufsgärtner nur sehr viel weniger neue Sorten hervorgebracht worden wären. Auch die Anzahl der sich in Umlauf befindenden Tulpenzwiebeln wäre geringer gewesen, und die Ausbreitung der Tulpe in den Niederlanden längst nicht so rasch vonstatten gegangen.

Um 1630 gab es in fast jeder holländischen Stadt berufsmäßige Blumenzüchter, von denen aber wenige Zwiebeln im großen Stil produzierten. Die meisten verfügten nur über kleine Gärten und waren gezwungen, auf Pachtland von den ortsansässigen Wirten oder in einigen Fällen sogar von Klöstern auszuweichen, um die steigende Nachfrage befriedigen zu können. Die meisten züchteten Blumen aller Art, doch ein paar, wie etwa Henrik Pottebacker aus Gouda – Schöpfer der *Rosen*-Sorte »Pottebacker gevlamt« und der rostfarben-gelben *Bizarden* »Admirael Pottebacker« –, hatten sich auch schon auf Tulpen spezialisiert. Sie waren erfahrene Gärtner, und sie hatten – ebenso wichtig – ein scharfes Auge für das, was wertvoll war und sich verkaufen ließ.

Ganz oben rangierte als stärkste Rivalin der »Semper Augustus« die »Viceroy« – eine große, stattliche, violett geflammte Blume, die man allgemein als Königin der *Violetten* ansah. Und an der Spitze der *Bizarden* stand eine Tulpe namens »Root en geel van Leyde« (Rot und Gelb aus Leiden). Ganz unten standen die billigsten und kaum gefragten einfarbigen Tulpen mit schlichten gelben, roten oder weißen Blütenblättern, die es – weil sie die ersten aller holländischen Tulpen waren – auch besonders häufig gab.

Gärtner wie Pottebacker kamen nicht aus dem Nichts. Sie hatten ihr Handwerk von den ersten und noch nicht so geschäftstüchtigen Züchtern gelernt, die es seit Ende des 16. Jahrhunderts in geringer Zahl gegeben hatte und die sich auf dem damals recht beschränkten Markt nur mit Mühe über Wasser halten konnten. Clusius und sein aristokratischer Freundeskreis hatten keine hohe Meinung von diesen ersten professionellen Gärtnern, kritisierten sie wegen ihrer oft himmelschreienden Unkenntnis auf dem Gebiet der Botanik und verachteten sie, weil sie die gelegentlich in ihren Gärten sprießenden neuen Sorten – die sie zumeist eher dem Zufall als ihrer Fähigkeit verdankten – bereitwilligst mit neuen, populistischen Namen versahen. Nichtsdestotrotz, sie züchteten Tulpen, und sie lernten dazu.

Zu Anfang des 17. Jahrhunderts mußten die wenigen Zwiebelzüchter der ersten Stunde (die damals auf dem Land vor den Toren Brüssels ihren Sitz hatten) mit einer Gruppe von umherziehenden Blumensammlern konkurrieren, die noch weniger angesehen waren. Diese ruhelosen Individuen durchkämmten die Lande – vorwiegend in Frankreich – nach ungewöhnlichen Arten und verkauften diese dann hauptsächlich an Sammler aus den

Niederlanden. Sie nannten sich »Rhizotomi« (das griechische Wort für »Wurzelschneider«), und sogar Clusius sah in seinen letzten Jahren, als er nicht mehr mobil genug war, selbst auf die Suche zu gehen, nützliche Blumenlieferanten in ihnen.

Wenigstens ein paar der Rhizotomi waren ehrenwerte Männer – Clusius nennt Nicolas le Quilt aus Paris und Guilielmus Boëlius als zuverlässig –, aber insgesamt genossen die Sammler einen etwas fragwürdigen Ruf. Es kam nicht selten vor, daß sie gewöhnliche Samen und Zwiebeln als Rarität verkauften und völlig überzogene Preise verlangten, in dem sicheren Bewußtsein, längst wieder über die Grenze und in Frankreich zu sein, ehe die Blumen blühten und der Schwindel aufflog. Da es selbst für einen kundigen Botaniker wie Clusius gänzlich unmöglich war zu sagen, welche Tulpensorte aus einer beliebigen braunen Zwiebel austrieb, stellten die »Wurzelschneider« ein echtes Problem dar.

Die Rhizotomi waren nicht die einzigen, die in den ersten Jahren des neuen Jahrhunderts die Gegend nach seltenen Pflanzen abgrasten; auch von Apothekern konnte man zunehmend wilde Tulpen bekommen, die sie von ihren Streifzügen mitbrachten, auf denen sie Kräuter und Heilpflanzen sammelten. Unter ihnen sind drei Holländer zu nennen, von denen man weiß, daß sie den Zwiebelbestand aufgestockt haben: Willem van de Kemp aus Utrecht, Petrus Garret aus Amsterdam und Christiaan Porret aus Leiden.

Die Apotheker des 17. Jahrhunderts hatten eine ähnliche Funktion wie heute, nur daß damals sie es waren, die volkstümliche Heilmittel all jenen verschrieben, die sich nicht die Dienste der wenigen qualifizierten Ärzte leisten konnten. Sie trugen die gleichen Gewänder wie die Ärzte – schwarze Robe und Mantel, Kragenbinde und einen spitzen Hut –, aber ihre Ladenräume ließen sich leicht an ihrem traditionellen Symbol erkennen: einem ausgestopften Krokodil, das für gewöhnlich über der Theke von der Decke hing.

Einige waren gewiß integre Persönlichkeiten, aber in den ersten Jahren des 17. Jahrhunderts standen sie doch, wie die Rhizotomi auch, in dem Ruf, unehrenhafte Opportunisten zu sein. Sie waren erst vor kurzem aus der Kaufmannsgilde ausgetreten, der sie jahrhundertelang angehört hatten, und der Ärztezunft beigetreten – und dieser Wechsel war noch so neu, daß es für einige Zeit einzig und allein in ihren Läden Obstkuchen zu kaufen gab. Aber viele Apotheker hatten sich bessere Möglichkeiten des Gelderwerbs einfallen lassen. Ihre Ladenräume fungierten oft als heimliche Trinkstuben, und mancher bot insgeheim medizinische Konsultationen an, die eigentlich das Monopol der Ärzte waren. Gerne bedienten sie auch die wachsende Nachfrage nach Tulpen, indem sie getrocknete Zwiebeln lieferten, die die weniger skrupelhaften Vertreter ihrer Zunft bisweilen auch als Aphrodisiakum anpriesen.

Nur allmählich wurden in den Jahren zwischen 1600 und 1630 die freibeuternden Rhizotomi und Apotheker durch den neuen Berufsstand der Züchter ersetzt. Viele von ihnen hatten ihren Standort in Haarlem, der zweitgrößten Stadt in der Provinz Holland, die auf jenem kargen, sandigen Boden erbaut war, der sich so hervorragend zur Tulpenzucht eignete. Sie bevorzugten kleine Streifen Pachtland gleich vor den Stadtmauern, das zu Fuß von den Stadttoren aus zu erreichen war. Es entsprach Haarlemer Tradition, daß die meisten Tulpengärten der Stadt gleich vor dem Grote Houtpoort – dem Großen Waldtor – lagen, das einen der beiden südlichen Zugänge der Stadt bewachte. Aber die vielleicht besten Haarlemer Blumenfarmen lagen entlang dem von Büschen gesäumten Kleine Houtweg, der Kleinen Waldstraße, die vom anderen Tor auf der Südseite der Stadt durch ein Gebiet führte, das man noch heute das Rosenviertel nennt, und weiter zum Haarlemer Wald, dem hübschesten Fleckchen der Stadt. Mehr als zwanzig Züchter waren an dieser Straße angesiedelt, und hier hatte auch der berühmte Tulpenzüchter David de Mildt, der in vielen der noch vorhandenen Berichte über die Tulpomania eine herausragende Stellung einnimmt, seine Gärtnerei Twijnderslaan. Als de Mildt im Alter von nur dreiunddreißig Jahren starb, hatte das Tulpenfieber seinen Höhepunkt erreicht, und die Gärtnerei wurde von einem anderen berühmten Tulpenzüchter übernommen, von Barent Cardoes, der sie in »Garten der Flora« umbenannte. Unter Cardoes' Leitung entwickelte sie sich zu einer der angesehensten Tulpenfarmen in Holland.

Barent Cardoes hatte sein Handwerk bei einem anderen Haarlemer Züchter gelernt, bei Pieter Bol. Bol war der Schöpfer der *Violetten* »Anvers Bol« und verschiedener anderer erlesener Sorten und der wahrscheinlich reichste Tulpenzüchter seiner Zeit. Anders als die meisten seiner Kollegen war er ein Patrizier und echter Connaisseur, der Berufsgärtner wie Cardoes beschäftigte, die einen Großteil der eigentlichen Arbeiten erledigten, welche mit der Tulpenzucht verbunden waren. Aber ein wenig weiter im Süden der Stadt lebte ein weiterer Tulpenzüchter, der aus sehr viel bescheideneren Verhältnissen stammte und der wahrscheinlich fleißigste aller Gärtner in den Vereinigten Niederlanden war.

Francisco Gomes da Costa stammte aus Portugal und sollte sich allein durch die bloße Vielfalt der von ihm hervorgebrachten Tulpen einen Namen machen. Mit der holländischen Sprache scheint er sich nie recht angefreundet zu haben – sein Manuskript eines Gartenbuchs, das er für sich verfaßt hatte, listet die Namen all seiner Blumen phonetisch auf –, doch was seine Züchtungen betraf, war er außergewöhnlich erfolgreich: Acht Sorten tragen seinen Namen, eine Zahl, die kein anderer Züchter sonst erreicht hat. Eine seiner berühmtesten Schöpfungen war die »Paragon da Costa« – wobei man mit »Paragon« im allgemeinen eine Sorte bezeichnet, die eine Weiterentwicklung einer schon vorhandenen Blume darstellt, für gewöhnlich aber zartere oder kräftigere Farben aufweist. Auf dieser Grundlage war die wohl stolzeste Errungenschaft »Paragon Viceroy da Costa«, eine Tulpe, die angeblich selbst die unnachahmliche »Viceroy« an Schönheit übertraf.

Für einen Immigranten wie da Costa war die Tulpenzucht aus genau denselben Gründen attraktiv wie für viele Niederländer. Die notwendigen Investitionen hielten sich in Grenzen, für den Anfang genügten ein kleines Stück Land und ein paar Tulpensamen oder -zwiebeln. Tulpen waren robust und entwickelten sich gut im kargen Boden, und von den Tulpenzüchtern verlangte man nicht, daß sie sich einer der restriktiven und teuren Gilden anschlossen, die in den Niederlanden den größten Teil des Handwerks und der sonstigen Berufe streng kontrollierten.

Das attraktivste jedoch waren die im Tulpenhandel zu erzielenden Gewinne. Natürlich gab es einzelne Züchter, die reich wurden. Pieter Bols Name wird als einer derjenigen genannt, die am meisten vom Blumengeschäft profitierten, aber als der Haarlemer Händler Jan van Damme 1643 starb, hinterließ er einen auf zweiundvierzigtausend Gulden geschätzten Besitz, der in erster Linie aus Tulpenzwiebeln bestand, ein Vermögen, das ihn auf die gleiche Stufe mit den reichen Kaufleuten stellte, die ihren Wohlstand dem Gewürzhandel verdankten.

Woher kam das ganze Geld? Erfolgreiche Händler wie van Damme verdankten ihren Erfolg der Fähigkeit, jeden auch nur denkbaren Markt für ihre Zwiebeln zu erobern.

Meist fanden sie bereitwillige Kunden unter den Tulpenliebhabern Mitgliedern der aufstrebenden Kaufmannsschicht. Und schon ab 1610 verkauften ein paar intelligente Blumenzüchter ihre Tulpen auch im römisch-deutschen Kaiserreich und zweifellos auch in den Südlichen Niederlanden und in Frankreich. Was als sehr kleiner Exporthandel begonnen hatte, nahm langsam, aber sicher bis zum ersten Viertel des 18. Jahrhunderts ein solches Ausmaß an, daß die Holländer Schiffsladungen voller Tulpen nach Nordamerika, ans Mittelmeer und selbst ins Osmanenreich verkauften.

Der möglicherweise erste holländische Blumenzwiebelhändler, der ins Exportgeschäft einstieg, war Emanuel Sweerts, auch ein alter Freund von Clusius, der in Amsterdam einen Trödelladen unterhielt und schon im ersten Jahrzehnt des neuen Jahrhunderts umtriebig war. Er importierte nicht nur Tulpen aus ganz Europa, sondern fing auch damit an, die Tulpen auf der Messe zum Verkauf anzubieten, die jährlich in Frankfurt am Main abgehalten wurde. (Die Frankfurter Buchmesse, die noch immer Zehntausende von Verlegern alljährlich in die Stadt lockt, ist eigentlich ein Relikt dieses riesigen, schon im Mittelalter abgehaltenen Marktes.)

Die wachsende Professionalität im Tulpenhandel warf für Männer wie Emanuel Sweerts ein entscheidendes Problem auf. Tulpen blühten nur wenige Tage im Jahr; man mußte sie als Zwiebeln verkaufen. Aber diese unscheinbaren Knollen gaben keinerlei Hinweis darauf, welche Pracht in ihnen verborgen war, und verlockten keinesfalls dazu, in sie zu investieren. Sweerts fand die Lösung: ein Katalog voller Abbildungen, die seine Tulpen in voller Blütenpracht zeigten. Er überredete den bedeutendsten seiner Kunden, den Kaiser des Heiligen Römischen Reiches, Rudolf II., dazu, die Druckkosten zu übernehmen – den nämlichen Kaiser, der einstmals Clusius aus seinen Diensten entlassen hatte, sich aber jetzt neben seinen alchemistischen Experimenten, denen seine Leidenschaft vor allem galt, auch den Tulpen widmete. Kurz vor seinem Tod brachte Sweerts 1612 in Frankfurt seinen Katalog, das *Florilegium*, heraus. Das *Florilegium* orientierte sich an zeitgenössischen Kräuterbüchern; die Texte waren knapp gehalten, aber zu jeder darin vorkommenden Tulpe gab es eine auf Latein verfaßte Beschreibung, die umfassend über ihre Gestalt und Farbe informierte.

Nur zwei Jahre nach dem ersten Erscheinen des *Florilegium* brachte ein holländischer Künstler namens Chrispijn van de Passe ein ähnliches Buch mit dem Titel *Hortus Floridus* heraus. Van de Passe, der Sohn eines flämischen Kupferstechers, war erst siebzehn Jahre alt, als das Buch erschien, doch sein Werk galt bald schon als eines der besten botanischen Bücher seiner Zeit und wurde rasch von seiner Originalsprache Latein ins Französische, Englische und Niederländische übersetzt. Die niederländische Ausgabe listete die führenden Tulpenenthusiasten des frühen 17. Jahrhunderts auf, und spätere Ausgaben enthielten einen ganz der Blume gewidmeten Anhang, der belegt, daß bereits ein lebhafter Zwiebelhandel zwischen den Vereinigten Niederlanden und Deutschland existierte.

Es dauerte nicht lange, und der *Hortus Floridus* diente Züchtern, die nicht das Glück hatten, daß ein wohlhabender Gönner ihnen ein Buch wie das *Florilegium* finanzierte, als handlicher Katalog, der dazu verwendet wurde, den Bestand eines einzelnen Gartens zu katalogisieren. Aber die Nützlichkeit eines allgemeinen Druckkatalogs hatte auch seine Grenzen, vor allem in den Anfangsjahren des Tulpenhandels, als jeder Züchter eigene Sorten zum Verkauf anbot. Die Lösung des Problems kam mit der Einführung einer der beachtlichsten Errungenschaften, die aus dem allgemeinen Tulpenfieber resultierte: der Erstellung von reich bebilderten, privat in Auftrag gegebenen Skripten, den Tulpenbüchern. Eine große Zahl dieser Alben, von denen man heute noch fast fünfzig Exemplare kennt, wurden für einzelne holländische Blumenzüchter angefertigt: bis zu fünfhundert Seiten dick, enthielten sie im allgemeinen eine Illustration pro Seite, in Aquarelltechnik oder Gouachemalerei ausgeführt. Jede Abbildung war in der Regel mit einem Tulpennamen versehen, doch nur sehr selten mit Informationen über den Preis. Wie heute beim Antiquitätenhandel, wird sich dieser wohl eher am geschätzten Reichtum der Kunden orientiert haben.

Käufer, deren Preisvorstellung nach oben korrigiert wurde, waren nicht die einzigen, die von den Herausgebern der Tulpenbücher übers Ohr gehauen wurden; die Künstler, die sie illustrierten – einige waren bedeutende Maler –, wurden für ihre Mühen meist schlecht entlohnt, verdienten oft nur eine Handvoll Stüver pro Seite. Randnotizen in einem weitgehend von Jacob van Swanenburgh aus Leiden, dem Lehrherrn Rembrandt van Rijns, gemaltem Buch, machen deutlich, daß der Maler hundertzweiundzwanzig Blumenbilder für ein Honorar von gerade einmal sechs Stüver pro Bild vollendet hatte.

Jacob van Swanenburgh war nicht der einzige hoch geschätzte Künstler, der seinen Beitrag zum Tulpenbuch eines Züchters leistete. Judith Leyster, die einzige Frau, die sich im goldenen Zeitalter der Niederlande als Malerin durchs Leben schlug, malte zwei *Rosen*-Tulpen für ein Album, das ihr zu Ehren jetzt allgemein *Judith Leysters Tulpenbuch* heißt, wenn auch die restlichen Gemälde von anderen Künstlern stammen. Pieter Holsteijn der Jüngere illustrierte ein Manuskript für einen Züchter namens Cos, das 1637 erschienen ist und aus dem Rahmen fällt, weil es neben den Blumennamen (einige davon in Form eines Rätsels oder Rebus) auch ihren Preis und das Gewicht jeder Zwiebel im eingepflanzten Zustand auflistet. Es enthielt dreiundfünfzig Tulpen-Gouachen und zwölf zusätzliche Zeichnungen sowie einige Aquarelle von Nelken.

Das eingehende Studium dieses und anderer Blumenalben zeigt, daß viele der daran arbeitenden Künstler eine Art Fließbandproduktion entwickelten, indem sie ihre Assistenten die Blätter und Stengel malen ließen und nur noch die schwierigen Teile wie die Blütenblätter selbst ausführten. Andere kopierten die Skizzen der seltensten Sorten einfach aus früheren Büchern, auch wenn einige der Tulpen so selten waren, daß man sie wohl eher der Vollständigkeit halber mit aufnahm.

Mit diesen Tulpenbüchern hatten die holländischen Züchter ein wertvolles Verkaufsvehikel zur Hand, mit dem sich weitere Kunden gewinnen ließen und der Käuferstamm zum Ausprobieren neuer Sorten verleitet werden konnte. Aber in den heute noch erhaltenen Alben drängen sich Seite um Seite die ganz und gar identischen *Rosen-*, *Violetten-* und *Bizarden-*Sorten, was einen nicht beabsichtigten Einblick in die oftmals chaotische Arbeitsweise im Blumenhandel des 17. Jahrhunderts gewährt.

Eine der Hauptschwierigkeiten, mit denen sich sowohl Züchter als auch Liebhaber auseinanderzusetzen hatten, lag in der Unterscheidung zwischen einander verblüffend ähnlichen Sorten. Selbst für die kundigsten Händler und Züchter muß es schwierig, wenn nicht unmöglich gewesen sein, eine *Rosen-*Tulpe von einer anderen mit fast identischer Zeichnung zu unterscheiden, selbst wenn diese Sorten im Preis sehr wohl große Unterschiede aufwiesen. Dieses Problem beschwor eine Reihe oft erbitterter Dispute zwischen Züchtern und ihren Kunden herauf, wie sich aus den erhaltenen Berichten über den Blumenhandel ersehen läßt.

Die Tatsache, daß Tulpen der gleichen Sorte sich voneinander und von einer Generation zur anderen unterschieden, half auch nicht weiter und ebensowenig die Fülle der verwirrend ähnlichen Namen, mit denen die Züchter ihre neuen Schöpfungen bedachten. Für Außenstehende war es fast unmöglich, sich in der chaotischen Nomenklatur der holländischen Tulpen zurechtzufinden. In dieser frühen Phase gab es noch keine festen Regeln und auch gewiß noch keine zentrale Autorität, die irgendeine Ordnung hinsichtlich der Vergabe von Tulpennamen hätte festlegen können. Jeder, der eine neue Sorte schuf, hatte das Privileg, sie beliebig zu benennen, weswegen zumeist der eigene oder ein anderer aufgeblasener Name gewählt wurde, der auf die angeblich außergewöhnlichen Merkmale der Neuschöpfung verweisen sollte.

Der Mann, der mit dieser Marotte anfing, war der Landvogt von Kennemerland, der Küstenregion zwischen Haarlem und dem Meer. Er züchtete eine *Rosen*-Tulpe von außergewöhnlicher Schönheit und beschloß, als er nach einem Namen suchte, der ihre Besonderheit unterstreichen sollte, sie »Admirael« (Admiral) zu taufen. Es dauerte nicht lange, und der Name »Admirael« war zum höchsten Epitheton geworden, das einer Tulpe beigeordnet werden konnte, und in vollkommener Übereinstimmung benannten die anderen Züchter ihre eigenen Schöpfungen ebenso: »Admirael Liefkens«, »Admirael Krijntje«, »Admirael van Enckhuysen« und, am berühmtesten von allen, »Admirael van der Eijck«. Ausländer gingen oft irrig davon aus, daß diese Blumen nach den Marinehelden des Aufstands der Niederlande benannt worden waren, aber sie sollten natürlich nicht an Seemänner, sondern an die Gärtner erinnern, die diese Blumen hervorgebracht hatten. Zur Zeit des Tulpenwahns gab es bereits über fünfzig verschiedene Sorten mit dem Admiralstitel und etwa weitere dreißig mit dem Konkurrenztitel »Generael«. Zu den »Generaels« gehörte eine Blume mit dem Namen »Generael van der Eijck«, die vielleicht deshalb so hieß, weil man hoffte, die potentiellen Käufer davon zu überzeugen, daß ihre Qualitäten sich mit denen der »Admirael-Tulpe« messen konnten.

Der Schritt von der »Admiraels«- und »Generaels«-Mode zum nächsten war nicht weit, und bald entstand eine neue Tulpenklasse namens »Generalissimo«. Danach kamen Sorten, die ihren Namen echten klassischen Helden wie Alexander dem Großen oder Scipio verdankten, und schließlich übertrafen sich die Züchter selbst an Kühnheit und schmückten zwei Tulpen aus Gouda mit dem Namen »Admiral der Admirale« und »General der Generale«. Wenigstens gehörten diese tatsächlich zu den erlesensten Sorten und waren für ihre Größe und feuerroten Streifen berühmt.

Bei solcher Praxis nimmt es nicht wunder, daß auch viele minderwertige Tulpen den »Admirael«- oder »Generael«-Titel erhielten, und der Kunde konnte nicht unbedingt vom Namen auf die Sorte schließen. So waren zum Beispiel »Generaels« fast immer Rosen-Tulpen, aber auch mindestens drei Violetten wurden so genannt, unter den »Admiraels« wiederum gab es Violetten und Bizarden.

Diese Verwirrung führte natürlich dazu, daß sich die Züchter anstrengen mußten, die von ihnen geschaffenen Sorten an die Öffentlichkeit zu bringen. Zeitgenössischen Berichten zufolge ging dies hauptsächlich über Mundpropaganda vonstatten. War bei einer Tulpe eine Veränderung eingetreten, ging man zu einem Floristen und erzählte ihm davon, und bald war jeder begierig, die Neuschöpfung zu sehen. Man verglich sie mal mit dieser, mal mit jener bereits bekannten Tulpe. Sah sie aus wie eine »Admirael«, gab man ihr den Namen »Generael« oder sonst einen Namen, der einem gefiel, und stellte seinen Freunden eine Flasche Wein hin, damit sie nicht vergaßen, darüber zu reden.

Und sie redeten. Und um 1633 hatten die vereinten Kräfte von Züchtern und Liebhabern, Rhizotomi und Apothekern das alte Problem der Knappheit endlich gelöst. Wenigstens in den Niederlanden waren Tulpen überall erhältlich. Allein in der holländischen Republik wurden inzwischen fünfhundert verschiedene Sorten angebaut, und da der Zwiebelvorrat unentwegt wuchs, zog die Blume auch neue Bewunderer unter den Händlern und Arbeitern des Landes an – Männer, die sich bisher noch keine Tulpen hatten leisten können oder kein sonderliches Interesse für den Zwiebelhandel gezeigt hatten.

Dies war zum Teil das Werk der Züchter. Deren wichtigste Kunden, die Liebhaber, verlangten immer erlesenere und ausgefallenere Tulpen, was dazu führte, daß für den wachsenden Berg der älteren, weniger spektakulären Sorten, die den Großteil des Gesamtbestandes ausmachten, geneigte Abnehmer gewonnen werden mußten. Auf diese Weise sanken die Preise für gewöhnliche Tulpenzwiebeln, und manch ehrgeiziger Züchter ging sogar dazu über, seinen Zwiebelvorrat den Heerscharen von Hausierern anzubieten, die von Stadt zu Stadt zogen und ihre Waren auf Jahrmärkten und Wochenmärkten verkauften. Diese wiederum verhökerten die Blumen überall und trugen somit dazu bei, die gröberen Sorten bei den Landwirten, Arbeitern und Polderjungen draußen auf dem Land bekanntzumachen und das Loblied auf die Tulpe landaus, landein zu verbreiten.

Das Interesse jedoch, das nun viele Holländer für den Blumenhandel entwickelten, hatte weitaus weniger mit der natürlichen Schönheit der Tulpe zu tun als mit der wachsenden Ahnung, daß mit Zwiebeln Geld zu machen war. Und das rechtfertigte Investitionen, denn trotz des enormen Reichtums, der jetzt in die Republik floß, sahen viele Bürger vom Geld nicht allzuviel.

8
Floristen

Fremde, die den Reichtum Hollands während seines goldenen Zeitalters bestaunten, konnten sich nicht genug wundern, wie es dazu gekommen war. Trotz des Wohlstands der Regenten und Großkaufleute zählten die Vereinigten Niederlande im Hinblick auf natürliche Ressourcen doch zu einem der ärmsten Länder Europas. Es mangelte an fruchtbarem Land, und von den Gebieten im Süden, die der Krieg verwüstet hatte, bis zu den ausgedehnten Torfmooren, die sich über die nördlichen Provinzen erstreckten, schien das Land wenig Vielversprechendes zu bieten.

Dies hier war eine Nation, die ein Engländer höhnisch als »einen einzigen Morast ... den Arsch der Welt« beschrieb, ein Land, dessen größte Stadt – Amsterdam – auf Sumpf gebaut war und nur erreicht werden konnte, indem man der Zuidersee trotzte, einem achtzig Kilometer langen Binnensee voller Sandbänke und trügerischer Untiefen. Es war ein Ort, an dem die Luft »nur Dunst und Nebel war, wären nicht die strengen Fröste gewesen, die dafür sorgten, daß es aufklarte«, und wo, wie der englische Gesandte Sir William Temple in seiner Beschreibung fortfuhr, das Wetter »ungestüm und unberechenbar« und so ungesund, kalt und feucht war, daß es Fieber und Seuchen auszubrüten schien. Für die Regenten der holländischen Republik machte das Geld die Lage annehmbar, auch die den wenigen fruchtbaren Boden an Waal und Maas beackernden Bauern hatten während des goldenen Zeitalters keinen Grund zur Klage. Allein schon in der Republik gab es viele Münder zu stopfen und auch im Kaiserreich waren ihre Produkte gefragt, denn der von 1618 bis 1648 wütende Dreißigjährige Krieg zwischen dem protestantischen Norden und dem katholischen Süden verwüstete die heimische Agrarlandschaft. Aber für die gewöhnlichen Arbeiter und Handwerker – die Weber und Zimmerleute, Schmiede, Pflasterer und Marktleute, die in den Städten lebten – konnte das Leben in den Vereinigten Niederlanden sehr hart sein. Die Handwerkslöhne waren gering, der Wohnraum in der Stadt knapp und der Mietzins für die überfüllten und spärlich eingerichteten Behausungen hoch. Auf die Menschen, die sich ihr kärgliches Auskommen tagtäglich hart erarbeiteten, mußte allein die Vorstellung, ein gutes Leben führen zu können, indem man Zwiebeln anpflanzte und sich dann zurücklehnte, um ihnen beim Wachsen zuzusehen, einen unwiderstehlichen Reiz ausgeübt haben.

Viele Jahre lang hatten die meisten Handwerker ihr Tagewerk lange vor Sonnenaufgang begonnen und es nach Einbruch der Dunkelheit beendet. Der Lärm aus den Handwerksbetrieben war derartig angeschwollen, daß verschiedene Städte 1630 ein Dekret erließen, das den Walkern verbot, vor zwei Uhr morgens mit der Arbeit anzufangen. Hutmacher durften nicht vor vier Uhr beginnen, und die Schmieden, die die größte Lärmbelästigung darstellten, durften erst geöffnet werden, wenn die Glocke den neuen Tag verkündet hatte.

Trotzdem waren während des goldenen Zeitalters vierzehn Stunden an sechs Arbeitstagen die Regel, und als eine der weniger willkommenen Folgen der Reformation war zudem ein Gutteil der freien Tage entfallen, an denen man früher die Namenstage der Heiligen gefeiert hatte.

Die Handwerker beklagten sich kaum darüber, weil sie nach Stunden bezahlt wurden. Somit hing ihr Verdienst davon ab, wie viele Stunden sie in einer Woche arbeiten konnten, so daß eine Arbeit, die im Sommer ein kleines Zusatzeinkommen abwarf, im Winter, wenn die Tage kürzer wurden, nicht viel mehr als einen Hungerlohn einbrachte. Selbst wenn die Zeiten gut und die Tage lang waren, belief sich der Stundenlohn für die meisten Arbeiten auf einen halben bis zwei Stüver, wenn nicht weniger. Letzten Endes konnte ein holländischer Handwerker in einer Zeit, in der Sonntagsarbeit verboten war und eine Familie ein Jahreseinkommen von mindestens zweihundertachtzig Gulden im Jahr benötigte, um nicht zu verhungern, mit regelmäßiger Arbeit oftmals nur einen Jahreslohn von dreihundert Gulden erwarten.

Wer mehr nach Hause brachte, hatte es nicht unbedingt besser getroffen. Die meisten Gewerbe, in denen ein Handwerker hoffen konnte, sich einen anständigen Lebensunterhalt zu verdienen, wurden von den Gilden kontrolliert, die erhebliche Beiträge für die Mitgliedschaft erhoben und erwarteten, daß man sich an den Kosten für die häufigen Bankette und Empfänge beteiligte, die im Jahr abgehalten wurden. Die wenigsten Handwerker, die die lange und schlechtbezahlte Lehrzeit zu einem erfolgreichen Abschluß gebracht hatten, schafften es, solche Summen aufzubringen, so daß die meisten ihr Leben lang Geselle blieben. Selbst auf dem Höhepunkt des goldenen Zeitalters, als der Reichtum aus Investitionen und dem Ostindienhandel die Säckel der Regenten füllte, konnte sich kaum ein Handwerksmeister, der in die Gilde eingetreten war, einen eigenen Lehrling zur Entlastung leisten.

Aus dieser Perspektive wird deutlich, daß die Republik

der Vereinigten Niederlande zwar reich war, aber nur wenige ihrer Bürger an diesem Wohlstand partizipierten. Auch wenn manche Handwerker ein gutes Auskommen hatten, waren doch Steuern und Preise entsprechend hoch, so daß eine typische holländische Familie meist gerade so über die Runden kam.

Um 1630 war die prekäre Situation der Handwerkerzunft zudem durch die Flut der protestantischen Flüchtlinge bedroht, die aus dem Süden kamen. Bereits im vorangegangenen Jahrhundert hatte die Bevölkerungsdichte ein beängstigendes Ausmaß angenommen, zumal sich der Großteil des für den Anbau geeigneten Landes und somit auch der größte Teil der Bevölkerung auf die drei relativ fruchtbaren Provinzen konzentrierte, die im Herzen der Republik lagen: Holland, Gelderland und Utrecht. In Seeland bot der Fischfang für viele Menschen eine Möglichkeit, sich ihren Lebensunterhalt zu verdienen, doch die übrigen Provinzen waren ungeeignet, viele Menschen zu ernähren. Mit dem Eintreffen Zehntausender Immigranten aus den Südlichen Niederlanden, die fast alle Arbeit suchten, war die Bevölkerung auf etwa zwei Millionen Menschen angewachsen, was die Aussichten, zu Reichtum und Wohlstand zu gelangen, schwinden ließ.

Ein zentrales Merkmal jedoch zeichnete die Republik der Vereinigten Niederlande in der ersten Hälfte des 17. Jahrhunderts gegenüber jeder anderen Nation Europas aus: der Glaube in die Möglichkeit sozialer Veränderung, die das Geburtsrecht jedes Niederländers war. In Frankreich oder dem Heiligen Römischen Reich wußte ein Bauer, daß er, egal, was ihm widerfuhr, immer Bauer bleiben würde, genauso wie der Ladenbesitzer der Sohn und der Vater von Ladenbesitzern war. Aber die Republik der Vereinigten Niederlande war ein Land, in dem der Sohn eines Immigranten zum reichsten Mann der Stadt aufsteigen und trotz seiner niederen Herkunft in den Kreis

der Regenten gewählt werden konnte; in dem ein Land-
arbeiter sein Glück in der Stadt versuchen konnte und
ein in bescheidenen Verhältnissen lebender Handwerker
die Möglichkeit hatte, sein Geld zu investieren, und dies
gelegentlich auch tat, indem er sich mit einem geringen
Anteil an einem Handelsschiff beteiligte, das in die Ost-
see fuhr, seinen Profit wieder anlegte und sich so lange
hocharbeitete, bis er selbst Schiffseigner war. Gelegen-
heiten gab es, und offenbar erkannten sie auch viele, denn
»wo auch immer ein Stüver zu verdienen war, versuchten zehn Hände, ihn zu packen«, wie der flämische Pre-
diger Willem Baudartius 1624 beobachtete. Für die
Holländer war das goldene Zeitalter ein Füllhorn voller
Hoffnung auf Veränderung. Diese Stimmung empfand
der Arme nicht weniger als der Reiche, und dies brachte sowohl den schlecht verdienenden Ladenbesitzer als
auch den bescheidenen Handwerker dazu, sein Glück im
Tulpenhandel zu versuchen.

Als die Nachfrage nach Zwiebeln wuchs und die für
besondere Sorten erzielten Preise Jahr für Jahr anstiegen,
wurde es immer offenkundiger, daß sich im Tulpenhandel Geld machen ließ. Und so begann Anfang der dreißiger Jahre schließlich eine neue Käuferschicht, in den
Gärtnereien der Vereinigten Niederlande herumzustö-
bern. Sie nannten sich »Floristen«; und ihr einziges Interesse galt dem Geld, das sich mit Tulpen verdienen ließ.
Die Vorstellung, eine schlichte Blumenzwiebel im Lauf
eines einzigen Winters in bare Münze zu verwandeln,
muß sehr verlockend gewesen sein, und natürlich sprach
sie in erster Linie die Umherziehenden, die Arbeits-
scheuen und die Glücksritter in der holländischen Gesellschaft an – Menschen ohne feste Anstellung und ohne
festes Einkommen, die allem, was leicht verdientes Geld
verhieß, gegenüber aufgeschlossen waren. Doch auch für
viele ehrbare Handwerker, die hart arbeiten mußten, um

nur einen Bruchteil dessen zu verdienen, was Tulpenzüchter einnahmen, wurde der Tulpenhandel immer
interessanter.

Vielen Floristen wird der Wunsch, sich eine kleine
Tulpengärtnerei einzurichten, ganz selbstverständlich
erschienen sein. Um 1630 war das Gärtnern, das früher
vor allem den Regenten und den Kaufleuten vorbehalten
gewesen war, eine weitverbreitete Mode geworden. Zahlreiche Handwerker, die in Städten wie Haarlem oder
Amsterdam lebten, hatten Zugang zu einem Stück Land
vor den Stadtmauern. Ehe das Tulpenfieber richtig ausbrach, hatte man diese Gärten meist zum Anbau von
Gemüse benutzt, doch selbst da waren einige bereits
überaus kunstvoll angelegt, wie Sir William Brereton
angesichts des Gartens eines armen Mannes in Leiden
feststellen konnte, denn dieser enthielt einige ins Auge
springende Formschnitte von Hecken, die »lebensecht in
Buchsbaum sämtliche Haltungen eines Soldaten und
einen Hauptmann zu Pferd porträtierten«. Ein anderer
englischer Reisender, Peter Mundy, erklärte sich die Freuden, einen kleinen Garten anzulegen, damit, daß die
Amsterdamer sich dadurch leichter damit abfanden, in
einer sumpfigen Gegend leben zu müssen. »Der Wunsch,
durch Feld und Flur zu wandern«, bemerkte er in seinem
Tagebuch, »dem andere anderswo nachkommen können,
ließ diese danach suchen, ihn mit häuslichen Freuden auf-
zuwiegen, wie etwa mit ... kleinen Gärten und Blu-
menkübeln ... in letzteren sehr merkwürdige seltene Wurzeln, Pflanzen, Blumen etc.«

Auch die holländischen Dorfbewohner genossen die
Freuden des Gartenbaus, und auf dem Höhepunkt des
goldenen Zeitalters hatten sogar die kleinsten Ansiedlungen ihre Blumenzüchtervereine mit ihren jeweils eigenen Regeln und Festen. Kurz gesagt, Gärtnern war zu
einer Art nationalen Passion geworden.

Irgendwann vor 1635 bemerkten die ersten Floristen, daß ihre anfangs vermutlich eher vorsichtigen Investitionen in Blumenzwiebeln Profit abwarfen. Die Nachricht von ihrem Glück machte die Runde, und ein paar weitere Einsteiger versuchten sich ebenfalls im Tulpenhandel. Die Schriftsteller und zahlreiche Verfasser von Flugblättern dieser Zeit sind sich einig, daß viele der Neueinsteiger Weber waren, die gewisse Vorteile gegenüber anderen Handwerkern hatten, weil ihre Webstühle gutes Geld wert waren und verpfändet oder beliehen werden konnten, um das Grundkapital zu erhöhen, das sie für den Einstieg in den Tulpenhandel benötigten. Doch bald zogen Angehörige aus anderen Berufen nach, und selbst Anwälte, Drucker und Geistliche stürzten sich in das gewinnversprechende Geschäft.

Wer nur irgendwie konnte, investierte in Tulpenzwiebeln, und viele machten mangelndes Startkapital durch die Bereitschaft wett, ihren Besitz zu riskieren. Hier kamen nun zwei der auffälligsten Charakteristika der holländischen Gesellschaft ins Spiel: der Drang zu sparen und der Drang zu spielen. Diese Impulse mögen widersprüchlich wirken, aber in Wahrheit arbeiteten sie Hand in Hand, um den Tulpenwahn erst richtig anzuheizen.

Viele Bürger der Vereinigten Niederlande fürchteten, über ihre Verhältnisse zu leben, und der wachsende Wohlstand des Landes in den Jahren 1600 bis 1630 erlaubte einigen holländischen Familien, Ersparnisse zurückzulegen, was in dieser Epoche in ganz Europa einzigartig gewesen sein dürfte. Weil es in den Niederlanden keine Banken im modernen Sinn gab, tappen wir im dunkeln, was die damals üblichen Summen angeht, aber Sir William Temple geht davon aus, daß ein genügsamer Holländer ein Fünftel seines Gesamteinkommens gespart haben dürfte. Dies als Maßstab genommen, könnte ein recht gut verdienender Handwerker, der um die fünfhundert Gulden im Jahr einnahm, zwischen sechzig und hundert Gulden im Jahr für Investitionen erübrigt haben. Die Lohnabhängigen lebten natürlich sehr viel näher an der Armutsgrenze als die Kaufleute, die Temple bei seiner Schätzung im Auge gehabt haben dürfte, und so ist selbst diese ungefähre Zahl wohl eher zu optimistisch angesetzt; aber dennoch dürfte es einer Familie, in der beide Elternteile arbeiteten und ihr Geld zusammenhielten, am Ende eines guten Jahres sehr wohl möglich gewesen sein, zwanzig bis fünfzig Gulden auf die Seite zu legen. In normalen Zeiten wurde dieses Geld wahrscheinlich für Luxusanschaffungen wie Leinen, Einrichtungsgegenstände und ein paar Stücke Porzellan verwendet, aber selbst bei den während der gesamten zwanziger Jahre gestiegenen Tulpenpreisen hätte es gereicht, um sich dafür ein paar Tulpenzwiebeln zu kaufen.

Doch bei aller Sparsamkeit war auch der Hang zum Glücksspiel weit verbreitet; Lotterien waren so beliebt wie heute, und kein Holländer steckte sein Geld in einen alten Strumpf, wenn er es darauf verwenden konnte, mehr Geld damit zu machen, meinte der Geschäftsmann Willem Usselincx.

Und der französische Reisende Charles Ogier beklagte, daß es unmöglich sei, in Rotterdam einen Gepäckträger zu finden, denn sobald man einen aufgetrieben habe, komme ein zweiter und würfle mit dem ersten um den Dienst am Kunden. Zeitgenössische Berichte erzählen von einem Mann namens Barent Bakker, der seine lebensbedrohliche Wette gewann, indem er in einem Backtrog von der Insel Texel bis nach Wieringen durch die Zuidersee segelte. In Bleiswijck verlor ein Kneipenwirt namens Abraham van der Steen sein Haus wegen einer Wette, in der es um die genaue Beschreibung einer speziellen Säule in Rom ging, und angeblich sollen eini-

ge holländische Soldaten auf den einen oder anderen Aus-
gang von Schlachten, die noch in vollem Gange waren,
gesetzt haben.

Verglichen mit derart ungesunden Wetten schienen
Tulpen eine zuträgliche Investition zu sein. Tulpenzwiebeln anzupflanzen war eben leichter, als achtzig Stunden
die Woche Hufeisen zu schmieden oder am Webstuhl zu
arbeiten, und weil die Nachfrage nach den Blumen ständig wuchs, stiegen auch die Preise unentwegt, jedenfalls
für die erleseneren Sorten. Kein Wunder, daß die Holländer glaubten, auf den Traum jedes Glücksspielers gesetzt
zu haben: die sichere Wette.

9
Der Boom

Inmitten des langgezogenen, tiefliegenden Inselgürtels, der die Nördlichen Provinzen der Vereinigten Niederlande von der Nordsee trennte, lag die westfriesische Stadt Hoorn – eine mittlere Hafenstadt in einer geschützten Bucht, die sich nach Süden hin zur Zuidersee öffnete, dem riesigen Binnenmeer, das die Vereinigten Niederlande fast zweiteilte. Bis in die Mitte des 16. Jahrhunderts war Hoorn einer der wichtigsten Orte der Niederlande gewesen, der seine Blüte dem Ostseehandel verdankte. Fast einhundert Jahre später segelten die Schiffe, die früher hier Ladungen von Hanf und Holz gelöscht hatten, weiter nach Amsterdam. Damit war Hoorns Untergang besiegelt; sein Hafen war einem langen und langsamen Verfall preisgegeben, von dem es sich nie wieder erholen sollte.

Irgendwo im Zentrum dieser verfallenden Stadt stand in der Mitte des 17. Jahrhunderts ein Haus mit drei in Stein gemeißelten Tulpen an der Fassade. Abgesehen davon, daß dieses Gebäude schließlich in eine katholische Kirche umgewandelt wurde, gab es sonst nichts Besonderes. Aber genau hier nahm die Tulpenmanie ihren Anfang.

Die Steinblumen sollten daran erinnern, daß das Haus im Sommer 1633 für drei seltene Tulpen verkauft worden war. In diesem Jahr nämlich erreichte der Preis für Tulpenzwiebeln in Westfriesland beispiellose Höhen, wie der einheimische Historiker Theodorus Velius in seiner Chronik festhielt. Als die Nachricht vom Verkauf des Tulpenhauses die Runde machte, wechselte auch ein friesisches Bauernhaus nebst Umland für ein Paket Tulpenzwiebeln den Besitzer.

Diese bemerkenswerten Transaktionen, die in einem Teil der Republik stattfanden, der von der Rezession besonders schwer gebeutelt worden war, waren das erste Anzeichen dafür, daß sich unglückliche Ereignisse anbahnten. Drei Jahrzehnte lang hatten Blumenliebhaber Geld eingesetzt, um Tulpen zu kaufen. Nun wurden – zum ersten Mal – Tulpen als Zahlungsmittel eingesetzt. Und sie hatten einen hohen Zahlungswert.

Ohne zu wissen, welche Tulpensorte bei dem Verkauf des Tulpenhauses eine Rolle spielten, läßt sich dessen Bedeutung nur schwer einschätzen. Doch selbst wenn die Preise von Häusern in Westfriesland im Vergleich zu denen in Amsterdam nicht besonders hoch gewesen sein dürften, hätte ein Haus von normaler Größe innerhalb der Stadtmauern von Hoorn doch nicht für weniger als fünfhundert Gulden den Besitzer gewechselt, und gutes Ackerland wird vermutlich noch teurer gewesen sein; der Wert einer jeden Tulpenzwiebel dürfte deshalb nach damaligen Maßstäben immens gewesen sein. Richtig ist, daß die Tulpenpreise schon in den zwanziger Jahren gestiegen waren und einige gleichermaßen erstaunliche Tauschgeschäfte, von denen keine Aufzeichnungen mehr vorhanden sind, schon in früheren Jahren stattgefunden haben könnten, und dennoch stellten die Transaktionen ab 1633 alles vorher Dagewesene in den Schatten.

Auch der Blumenhandel veränderte sich. Die Zwiebeln, die in den dreißiger Jahren über den Ladentisch gingen, waren keine ausgemachten Raritäten wie die »Semper Augustus«, sondern andere höchst erlesene Sorten und später auch Tulpen minderer Qualität, von denen die meisten – obwohl sie nur in begrenzter Anzahl zur Verfügung standen – von professionellen Züchtern gekauft werden konnten, die sie an jeden abgaben, der ihren Preis bezahlen konnte. Als die Zahl der am Tulpenhandel Interessierten wuchs, begann auch der Preis der beliebtesten Sorten zu steigen: erst langsam, aber ab Ende 1634 immer schneller. Diese Beschleunigung setzte sich auch 1635 fort, bis sich im Winter 1636 der Wert einiger Zwiebeln in fast einer Woche verdoppeln konnte.

Das Tulpenfieber sollte in nur zwei verrückten Monaten seinen Höhepunkt erreichen und das Land in einen beispiellosen Tulpenrausch versetzen: Im Dezember 1636 und Januar 1637 strömten Menschen und Geld in den Tulpenhandel, und in der gesamten Republik stürzten sich die Niederländer darauf, ihren ganzen Besitz in Zwiebeln zu investieren. Dieser steile Anstieg der Nachfrage ließ die Preise ins Unermeßliche schnellen, und eine kurze Zeit machte jeder Geld. Und dies zog weitere Jungfloristen in den Tulpenhandel.

Ein zeitgenössischer Chronist gibt uns in etwa eine Vorstellung von dem inflationären Preisanstieg in diesem Zeitraum: eine »Admirael de Man«, die für 15 Gulden gekauft worden war, wurde für 175 verkauft; eine *Bizarden*, die »Gheel en Root van Leyde«, stieg um das Zwölffache ihres Wertes von 45 Gulden auf stattliche 550, und eine »Generalissimo« verzehnfachte ihren Wert von 95 Gulden auf 900. Der Preis einer anderen erlesenen Tulpe, einer »Generael der Generaelen van Gouda« – der überaus begehrten großen Blume mit flammenden roten Streifen auf weißem Grund, deren umständlicher Name bald einfach zu »Gouda« abgekürzt wurde –, stieg zwischen Dezember 1634 und Dezember 1635 um zwei Drittel, dann in den sechs Monaten zwischen Dezember und Mai

1636 um weitere 50 Prozent. Danach verdreifachte sich ihr Wert noch einmal zwischen Juni 1636 und Januar 1637, so daß die mit 100 Gulden zu Anfang des Booms ohnehin schon teure Zwiebel nur zwei Jahre später stolze 750 Gulden wert war.

Natürlich schnellten auch die Preise, die für eine einzige Zwiebel der berühmtesten aller Tulpen, der »Semper Augustus«, verlangt wurden, in die Höhe – von 5 500 Gulden die Zwiebel im Jahre 1633 zu erstaunlichen 10 000 Gulden im ersten Monat des Jahres 1637. Diese unvorstellbare Summe reichte aus, um eine mehrköpfige holländische Familie das halbe Leben lang mit Essen, Kleidung und Unterkunft zu versorgen, oder eines der größten Stadthäuser Amsterdams an der vornehmsten Gracht komplett mit Remise und Garten in bar zu erwerben – und dies zu einer Zeit, als sonst nirgendwo auf der Welt die Häuser so teuer waren wie in dieser Stadt.

Derartige Profite waren sensationell. Wer sich im Tulpenhandel versuchte und Gewinn daraus schlug, konnte die Quelle seines Glücks natürlich kaum für sich behalten und erzählte der Familie und den Freunden davon; die schier unglaubliche Tatsache, daß mit Blumen Geld zu machen war, leistete effektvollen Geschichten Vorschub, die sich in Windeseile verbreiteten und dabei nichts von ihrer Brisanz verloren.

In einer solchen Anekdote geht es um ein Stück Ackerland auf dem Schermerpolder, das für ein halbes Dutzend Tulpen den Besitzer wechselte; eine andere erzählt von einem Mann, der dem Tulpenhandel so verfallen war, daß die Frau, die er hatte heiraten wollen, ihn verließ und einen anderen nahm. Eine dritte Geschichte dreht sich um einen reichen Kaufmann aus Amsterdam, der angeblich eine sagenhaft seltene Rosen-Zwiebel gekauft hatte, die er für einen Augenblick auf der Theke seines Warenhauses ablegte. Als er wieder hinsah, bemerkte er, daß sie verschwunden war, woraufhin seine Bediensteten auf der Suche nach der Blumenzwiebel alles auf den Kopf stellten, aber ohne Erfolg. Schließlich dämmerte dem Kaufmann, daß ein Matrose – der von einer dreijährigen Reise aus Ostindien zurückgekehrt war und keinerlei Ahnung vom Tulpenfieber haben konnte – sie mitgenommen haben mußte, als er den Laden verließ. Er durchkämmte ganz Amsterdam nach dem Mann und fand ihn schließlich am Hafen, wo er auf einem aufgerollten Tau saß und den letzten Rest der kostbaren Tulpe kaute, die er irrtümlich für eine Speisezwiebel gehalten hatte. Als dem Kaufmann klar wurde, was passiert war, ließ er den Matrosen festnehmen und ins Gefängnis werfen. Gleichermaßen unbedarft soll ein englischer Reisender mit seinem Taschenmesser eine Zwiebel zerschnitten haben, die er im Gewächshaus seines Gastgebers gefunden hatte. Zu seinem Pech handelte es sich dabei um eine »Admirael van der Eijck« (eine *Rosen*-Sorte mit außergewöhnlich kräftigen, geraden blutroten Streifen) im Wert von sage und schreibe viertausend Gulden. Auch dieser neugierige Engländer sah sich sehr schnell vor den Magistrat gezerrt und dazu verurteilt, für seinen Verstoß zu zahlen.

In Wirklichkeit waren diese sich an Einfallsreichtum überschlagenden Anekdoten bestenfalls unglaubhaft, schlimmstenfalls unmöglich. Vieles entsprang allgemeinem Geschwätz, und der Rest scheint als moralische Mär auf Predigerkanzeln ersonnen zu sein, um vor den Gefahren des Tulpenhandels zu warnen. Doch wenn dahinter die Absicht stand, die Leute davon abzuhalten, sich mit Tulpen zu befassen, bewirkten diese Geschichten eher das Gegenteil und heizten den um sich greifenden Taumel nur noch an.

Was trieb so viele Menschen auf einmal dazu, ihr Glück in einem Gewerbe zu versuchen, von dem fast keiner eine

Ahnung hatte? Sicher war es die Aussicht auf einen schnellen Gewinn und die Möglichkeit, mehr Geld zu verdienen, als sie je zuvor gehabt hatten, aber auch der Umstand, daß sich die Vereinigten Niederlande gerade erst von einer langwierigen Rezession erholten, die zum Teil durch den erneuten Ausbruch des Krieges mit Spanien und die Folgen der spanischen Blockade entstanden war, trug zur allgemeinen Bereitschaft, in den Handel einzusteigen, bei. Ab 1631/32 setzte ein fieberhafter Boom der gesamten niederländischen Wirtschaft ein, der bis zum Ende des Jahrzehnts noch an Tempo zulegte und in vielen Wirtschaftszweigen dazu führte, daß mehr Geld in Umlauf war als je zuvor. Zudem kamen noch viele lokale Faktoren zum Tragen. So stammten etwa viele der ins Tulpengeschäft verstrickten Weber aus Haarlem, etwa zwanzig Kilometer westlich von Amsterdam, wo der allgemeine Aufschwung nicht verhindern konnte, daß das Geschäft mit Leinwand stark zurückging, weil Leiden sich nach und nach zur Hauptstadt der holländischen Tuchfabrikation entwickelte.

Einen nicht unerheblichen Einfluß auf das Tulpenfieber hatte auch der Ausbruch der Beulenpest, die zwischen 1633 und 1637 viele holländische Städte heimsuchte. Der Chronist Theodorus Schrevelius, der während dieser ganzen Zeitspanne in Haarlem lebte, hielt fest, daß die Krankheit zwischen ihrem ersten Auftreten im Oktober 1635 und ihrem Abklingen im Juli 1637 achttausend seiner Mitbürger dahinraffte. Mehr als 5700 starben an der Seuche zwischen August und November 1636: das war ein Achtel der gesamten Stadtbevölkerung, so viele, daß es nicht genügend Platz für die Gräber gab, um die Toten aufzunehmen. Die Seuche zog zwei bedeutsame Konsequenzen nach sich. Erstens sorgte sie für eine Verknappung der Arbeitskräfte, was wiederum die Löhne ansteigen ließ, weil die Unternehmer die verbliebenen

Arbeitskräfte umwarben; dies dürfte zu einer Einkommensverbesserung geführt haben, die wiederum in den Tulpenhandel floß. Und zweitens kam in ihrem Gefolge eine fatalistische Grundhaltung und Verzweiflung unter den Händlern selbst zum Tragen, die der fast zerstörerischen Hingabe, mit der sie ihre Zwiebeln handelten, neue Schubkraft gab.

Aber egal, ob die Neulinge im Tulpengeschäft ihr Glück aus optimistischer oder fatalistischer Stimmung heraus versuchten – sie konnten kaum darauf hoffen, in den Besitz einer Blume zu gelangen, die so wertvoll war wie eine »Gouda« oder eine »Admirael van der Eijck«, sondern mußten damit anfangen, die billigsten Zwiebeln, die sie bekommen konnten, zu kaufen und weiterzuverkaufen. Der Historiker Simon Schama geht davon aus, daß sie deshalb einen Fuß in diesen Markt setzen konnten, weil die Berufsgärtner 1634 eine ungewöhnlich große Zahl an neuen Sorten einführten und somit die Preise drückten. Dafür scheint es jedoch keine direkten Beweise zu geben, und außerdem waren die neuesten – und somit auch rarsten – Sorten im allgemeinen auch immer die teuersten. Wahrscheinlicher ist, daß sich einige der schon länger eingeführten Sorten bis dahin so stark vermehrt hatten, daß sie ausreichend und zu annehmbaren Preisen angeboten wurden. Die Neulinge werden sich mit dem Kauf und Verkauf dieser Blumen auf dem Markt eingebracht haben.

Der Einstieg in den Tulpenhandel war einfach. Alles, was man brauchte, war ein wenig Geld, um die Zwiebeln zu kaufen, und Zugang zu einer nahe gelegenen Gärtnerei, um sie anzupflanzen. In der ersten Hälfte des Jahres 1635 florierte dann der Markt für Blumenzwiebeln in der gesamten Republik und schoß überall dort aus dem Boden, wo Tulpen gut zu bekommen waren. In jeder Stadt, in der Blumenliebhaber und Züchter bereits ihr Auskommen hatten, tauchten jetzt ganze Gruppen von Floristen auf: in Haarlem und Amsterdam, in Gouda und Rotterdam, in Utrecht und Delft, Leiden und Alkmaar sowie in Enkhuizen, Medemblik und Hoorn.

Die Züchter und Liebhaber beließen es nicht dabei, die Neueinsteiger einfach nur mit Vorrat einzudecken. Die von ihnen aufgebaute Branche war schon organisiert und etabliert, es gab keine obskuren Regeln zu meistern, keine Erschwernisse zu bewältigen. Die Regeln für den Kauf und Verkauf von Blumen basierten auf dem gesunden Menschenverstand und waren bekannt und akzeptiert, lange bevor die ersten Floristen mit dem Tulpenhandel begannen.

Wahrscheinlich wurde anfangs mit einzelnen Blumenzwiebeln gehandelt, doch das änderte sich schnell mit der wachsenden Menge, und so konnte es bereits 1610 vorkommen, daß die weniger wertvollen Tulpen »beetweise« verkauft wurden, eine Tauschmenge, die nicht genau definiert gewesen zu sein scheint. In den Stadtarchiven von Haarlem findet sich eine Verkaufsakte aus dem Jahr 1611, derzufolge vier Beete voller Tulpen, gepflanzt von einem Apotheker namens Joos, an einen Jan Brants veräußert wurden, der damals schon die beachtliche Summe von zweihundert Gulden dafür zahlte. Im nächsten Jahr kaufte Brants zwei weitere Tulpenbeete, die zusammen einem gewissen Dammis Pietersz. und einem Haarlemer Brauer namens Augustijn Steyn gehört hatten. Diese kosteten ihn weitere vierhundertfünfzig Gulden.

Einige Zeit danach war es möglich, sowohl Brutzwiebeln als auch Mutterzwiebeln zu kaufen und zu verkaufen. Dieser nächste Schritt lag nahe, denn nach den Gesetzen der Logik mußten auch Brutzwiebeln, die schließlich selbst einmal zu einer Blumenzwiebel wurden, einen eigenen Wert besitzen. Nichtsdestotrotz war diese Ausweitung des Geschäfts mit Schwierigkeiten befrachtet, denn man konnte unmöglich garantieren, daß Brutzwiebeln zufriedenstellend heranreiften oder daß, wie schon erwähnt, die Tulpen, die sie hervorbrachten, mit denen der Mutterzwiebel identisch waren. So war der Handel mit Brutzwiebeln ein wenig riskant, und die Idee brauchte einige Zeit, um sich durchzusetzen. Als im Frühjahr 1611 ein Haarlemer Blumenfreund namens Andries Mahieu gebeten wurde, einem Leinenhändler aus seinem Bekanntenkreis ein paar Brutzwiebeln zu verkaufen, rückversicherte er sich mit der Frage, ob er wirklich »die Katze im Sack« kaufen wolle. Diese Aussage prägte sich dem Gärtner Marten de Fort, der Zeuge dieses Gesprächs war, derart ein, daß sie überlebte, indem sie Eingang ins Stadtarchiv fand.

Der Handel mit Brutzwiebeln war noch aus einem anderen Grund bedeutsam. Clusius und die anderen frühen Züchter wußten bereits, daß Zwiebelpflanzen dann am besten gedeihen, wenn man sie kurz nach ihrer Blütezeit aus dem Boden nimmt, dann eintrocknen läßt und ohne Erde auf gut belüfteten Regalen bis zum Herbst aufbewahrt. Deshalb fand der Kauf und Verkauf der Zwiebeln nur in den Sommermonaten statt, wenn die Tulpen ausgegraben waren und es technisch möglich war, sie zu tauschen. Brutzwiebeln hingegen brauchen zu ihrem Gedeihen mehrere Jahre, und so war man versucht, sie zu verkaufen, sobald sie auftauchten.

Mit Brutzwiebeln zu handeln bedeutete einen ersten Schritt zu einer Befreiung des Tulpenhandels von seiner traditionellen Abhängigkeit vom Kalender. Das hieß, daß man die Zwiebeln das ganze Jahr über kaufen und verkaufen konnte und sich nicht mehr nur auf vier Monate im Jahr beschränken mußte. Der Verkauf der überschüssigen Brutzwiebeln ein paar Monate vor der Zeit, zu der man sie von der Mutterzwiebel entfernen konnte, stellte an sich noch keine Bedrohung für die Stabilität des Tulpenhandels dar, aber es war ein gefährlicher Präzedenzfall geschaffen, und als immer mehr Floristen den Markt überschwemmten, wuchs der Druck, den Tulpenhandel ganzjährig zu betreiben.

Eine Geschäftssaison, die nur von Juni bis September dauerte, kam zwar den Liebhabern sehr entgegen, da ihnen daran lag, eine Blume in Blüte zu sehen, ehe sie deren Kauf in Erwägung zogen, und ihre Erwerbungen für das Jahr gern getätigt sahen, bevor die Zwiebeln zurück ins Blumenbeet gelegt wurden. Die neue Schicht von Tulpenhändlern dagegen empfand dies als Einschränkung. Für sie war die alte Unterscheidung zwischen der Wachstumsphase und der Erntephase kaum von Bedeutung, da sie im allgemeinen kein Interesse daran hatten, ihre Zwiebeln einzupflanzen und ihnen im Gegensatz zu ihren Vorgängern weniger an der Schönheit der Tulpenblüte als an ihrem finanziellen Potential gelegen war. Die meisten waren einfach darauf aus, Tulpen zu kaufen, um sie weiterzuverkaufen.

Ab Herbst 1635 vollzog sich im Handel mit Blumenzwiebeln ein grundlegender und dauerhafter Wandel. Ohne auf die Gewohnheiten der Blumenliebhaber Rücksicht zu nehmen, gingen immer mehr Floristen dazu über, Blumen zu kaufen und zu verkaufen, die noch in der Erde waren. Dies war das Ende der Blumenzwiebel als Tauschobjekt; jetzt wechselte nur noch ein Schuldschein den Besitzer – ein Fetzen Papier, der Einzelheiten der zu verkaufenden Blume enthielt sowie das Datum, zu welchem die Zwiebel geerntet und eingesammelt werden konnte. Damit kein Chaos entstand, wurde über jeder Tulpenzwiebel ein Schild in die Erde gesteckt, auf dem die Sorte, das Gewicht und der Besitzer festgehalten waren.

Dieses neue System brachte Vorteile mit sich. Es erlaubte jedenfalls den Handel während der Herbst-, Winter-

und Frühlingsmonate, und daß die Zwiebeln bis zur Erntezeit unabhängig von ihrem neuen Besitzer dort verblieben, wo sie waren, kam den Floristen sehr entgegen, die weder die Fähigkeiten noch den Wunsch hatten, selbst Zwiebeln zu ziehen. Aber es barg auch Risiken. Die Käufer hatten keine Möglichkeit, die Zwiebeln in Augenschein zu nehmen, die sie kauften, oder sie sich in ihrer Blüte anzusehen. Es gab keine Qualitätsgarantie mehr. Und ein Florist konnte auch nicht sicher sein, ob die von ihm gekauften Zwiebeln dem Verkäufer wirklich gehörten oder tatsächlich existierten.

Die Holländer nannten diese Phase des Tulpenfiebers den *windhandel*, einen Blankohandel, der in der Tat recht »windig« war. Es war ein sehr bedeutungsvoller Begriff. In der Seemannssprache hieß *windhandel* hart am Wind zu segeln, einen Börsenmakler erinnerte der Begriff daran, daß sowohl der Bestand des Tulpenhändlers als auch sein Profit nicht mehr als einen windigen Fetzen Papier darstellten, und für die Floristen bedeutete er einen einfachen Handel, der keine Regeln und Grenzen kannte.

Diese Neuerung machte die größten Exzesse der Manie erst möglich. Die Einführung von Schuldscheinen war nicht nur ein Mittel, den Tulpenhandel das ganze Jahr über betreiben zu können, sie verwandelte den Handel in ein Spekulationsgeschäft und ermunterte geradezu – weil die Lieferung erst nach Monaten erfolgte –, nicht nur Blumenzwiebeln zu kaufen und zu verkaufen, sondern auch die Schuldscheine selbst.

Blumen, die einstmals ihrer Schönheit wegen geschätzt worden waren, degenerierten zu abstrakten Größen für die Händler, die nur noch ihre Profite im Auge hatten, und der wiederholte Transfer eines dubiosen Besitzanspruchs von einem Händler zum nächsten wurde zum Hauptmerkmal des Tulpenhandels. Es dauerte nicht lange, und es bürgerte sich zur Empörung der redlichen Zeitgenossen ein, daß Floristen Tulpen verkauften, die sie gar nicht liefern konnten, und zwar an Käufer, die über kein Bargeld verfügten, sie zu bezahlen, geschweige denn die Absicht hatten, sie jemals einzupflanzen.

Mit ihrer Zustimmung, Blumenzwiebeln zu verkaufen, die monatelang nicht geliefert werden konnten, schufen die Tulpenhändler das, was man heute einen Terminmarkt nennen würde – oder einfach gesagt, eine Form der Spekulation, bei der ein Händler den zukünftigen Preis einer Ware, ob nun Blumenzwiebeln oder Rohöl, einsetzt, indem er verspricht, an einem festgelegten Termin irgendwann in der Zukunft einen genau festgelegten Preis für die Ware zu bezahlen. Diese Praxis sollte historische Tragweite erlangen. Um 1630 war das ganze System der Termingeschäfte noch neu. Die frühesten Warentermingeschäfte hatte es weniger als dreißig Jahre zuvor in Amsterdam gegeben, wo sie von Kaufleuten organisiert worden waren, die mit Holz, Hanf oder Gewürzen an der holländischen Börse handelten. Tulpen waren die erste Ware, die außerhalb des Amsterdamer Marktes gekauft und verkauft wurde, und auch die erste, bei der nicht nur hochrangige Kaufleute und Börsenspezialisten am Handel beteiligt waren.

Dies machte natürlich auch ihren besonderen Reiz aus. Um 1635 standen den Regenten und großen Kaufleuten der Republik viele Wege offen, ihr Geld zu investieren. Sie konnten durch den Kauf von Staatsanleihen garantierte Festzinsen bekommen oder ihr Geld bei einer der vielen neuen Banken anlegen, die aus dem Boden schossen. Für risikofreudigere Naturen bot sich die Möglichkeit, an der Börse Aktien zu kaufen oder Anteile an einem der Trockenlegungsprojekte oder an einer Schiffsladung nach Amerika zu erwerben. Doch alle diese Investitionen erforderten ein nicht unerhebliches Kapital, weshalb es für die Handwerker, die Händler und Pachtbauern der

Republik gänzlich unmöglich war, eine profitable Möglichkeit zu finden, das wenige Geld anzulegen, das sie besaßen. Im 17. Jahrhundert gab es keine Bausparkassen, keine Investmentgesellschaften, keine Stammaktien, keine Kleinaktionäre, keine Steuerlücken und keine Steuerflucht. Für einen Haarlemer Weber bedeutete Investieren, daß er mehr Flachs kaufte oder eine Anzahlung auf einen neuen Webstuhl leistete. Jetzt tat sich plötzlich eine neuer Markt zum Geldverdienen auf – ein Markt, der verführerisch einfach und zugänglich zu sein schien, Sicherheit und Gewinn versprach und vor allem wenig Kapitaleinsatz erforderte.

Termingeschäfte sind eine höchst spekulative Angelegenheit, bringen aber große Vorteile mit sich. Sie stellen den Verkäufer zufrieden, der beispielsweise eine Fracht aus Übersee erwartet und noch nicht im Besitz dessen ist, was er verkaufen will. Er verkauft nun in Wirklichkeit das Risiko, daß der Preis seiner Ware fällt, ehe er sie auf den Markt bringen kann, fordert eine Anzahlung von, sagen wir, zehn Prozent auf den vereinbarten Preis und kann dann, nachdem ihm eine festgelegte Summe zu einem vereinbarten Termin garantiert wurde, dementsprechend seine Finanzen regeln. Es kann aber auch eine höchst profitable Vereinbarung für den Käufer sein, solange er richtig einschätzen kann, ob Preise steigen oder fallen werden. Wenn zum Beispiel ein Florist für einen Schuldschein, der ihm das Eigentum an einer »Gouda« sicherte, die in vier Monaten geerntet wurde, einhundert Gulden bot, rechnete er damit, daß er diesen Schuldschein für mehr als diese Summe verkaufen konnte, ehe er dazu verpflichtet war, die Blumenzwiebel zu bezahlen. Wenn er dann tatsächlich nicht mehr als angenommen achtzig Gulden für sein Stück Papier bekam, verlor er natürlich zwanzig Gulden, wenn die Zwiebel aus der Erde geholt wurde. Angesichts des ständig wachsenden

Marktes für Tulpen jedoch schien es ein Kinderspiel zu sein, auf Termingeschäfte zu setzen, und kaum einer, der jetzt Tulpenzwiebeln kaufte, wird in seine Überlegungen einen Verlust eingeplant haben.

In Wirklichkeit waren Termingeschäfte jedoch alles andere als einfach und sehr viel riskanter, als es anfangs den Anschein hatte. Ein Florist mit einem Kapital von nur fünfzig Gulden, der sich sicher war, daß die Preise weiterhin stiegen, könnte zum Beispiel jede Vorsicht in den Wind geschlagen und in den Kauf von fünf Hundert-Gulden-»Goudas« eingewilligt haben. Sein Geld reichte, um die Anzahlung von zehn Prozent auf jede Zwiebel zu leisten, und sollte sich zur Erntezeit der Preis für die Tulpen verdoppelt haben, hätte er es dank seiner fünfzig Gulden zum stolzen Besitzer von Tulpenzwiebeln im Wert von tausend Gulden gebracht. Wenn er dann die Blumen zu dem neuen, höheren Preis verkaufte, konnte er den Differenzbetrag seiner Schuldverschreibung begleichen und nahm dann einen eindeutigen Gewinn von fünfhundert Gulden mit. Blieb der Handel also schwungvoll, konnte der arme Handwerker tatsächlich darauf bauen, mit dem Besitz von Tulpenzwiebeln ein riesiges Vermögen zu machen. Fiel aber der Preis der Tulpen, war die Katastrophe sicher und der Bankrott nahezu unvermeidbar. Verloren beispielsweise die »Goudas« die Hälfte ihres Werts, sähe sich der Florist, der seine ganzen Ersparnisse von fünfzig Gulden in die Zwiebeln gesteckt hatte, mit einem Verlust von zweihundert Gulden konfrontiert – einer Summe, die er unmöglich zurückzahlen konnte.

Die niederländische Regierung war sich, wie wir heute wissen, der Risiken des Blankohandels schon lange nur allzu bewußt gewesen. Ihre Richtlinie hatte immer gelautet, daß der Handel mit Ware, die sich weder im Besitz des Käufers noch des Verkäufers befand, nicht nur gefährlich, sondern auch höchst sittenwidrig war. Schon weniger als zwei Jahre nachdem diese Praxis 1608 eingeführt worden war, hatte man sie verboten, und Gesetze, die dieses Verbot des Warentermingeschäfts wiederholten, wurden 1621, 1623, 1624, 1630 und 1636 erlassen. Es war demnach illegal, wenn in den dreißiger Jahren Tulpen als Terminware gehandelt wurden, aber allein die Tatsache, daß die Regierung sechs Versuche hintereinander unternahm, um dieser Praxis Herr zu werden, macht deutlich, wie wenig erfolgreich sie damit war.

Der Blankohandel war auch dann riskant, wenn es sich um so sichere und unkomplizierte Waren handelte wie eine Ladung baltisches Holz. Und Tulpen galten selbst gemessen an den flexiblen Normen des Warenterminhandels als eine äußerst unzuverlässige Angelegenheit. Ein Kaufmann, der mit Holz handelte, wußte genau, was er kaufte. Ein Florist, der eine Tulpe kaufte, die nach der Erntezeit geliefert wurde, hatte keine Ahnung. Er setzte auf etwas Lebendiges. Um erfolgreich sein zu können, benötigte er nicht nur eine ungefähre Vorstellung des Preises, den seine Zwiebel in einigen Monaten erzielte, sondern auch eine gewisse Kenntnis darüber, was mit ihr passierte, während sie noch in der Erde steckte.

Am besten ließ sich mit einer Blume Geld machen, wenn man eine kaufte, die schon Brutzwiebeln ansetzte, die man dann entfernen und separat verkaufen konnte. Deshalb waren Zwiebeln, die mit großer Wahrscheinlichkeit rasch wuchsen, sehr viel wertvoller als die noch unentwickelten Pflanzen oder die bereits voll entwickelten, bei denen es unwahrscheinlich war, daß sie vor dem Absterben noch mehr Brutzwiebeln hervorbrachten. Doch selbst den erfahrensten Züchtern fiel die Vorhersage schwer, wie sich die einzelne Zwiebel einer speziellen Sorte entwickeln würde, und für die neuen Floristen war der Tulpenhandel reinste Spekulation.

Um den Tulpenhändlern wenigstens eine grundlegende Information für das Entwicklungsverhalten der Zwiebel nach dem Einpflanzen an die Hand zu geben, wurde es Usus, das Gewicht jeder einzelnen Blumenzwiebel anzugeben, die man in die Erde gesetzt hatte. Dies wurde nach dem As, der kleinsten Gewichtseinheit der Goldschmiede, bemessen. Ein As entsprach etwa einem zwanzigstel Gramm – und ausgereifte Tulpenzwiebeln wogen je nach Sorte zwischen fünfzig und tausend As. Die getauschten Schuldscheine trugen nicht nur das Datum, wann die Tulpe soweit war, um aus der Erde genommen zu werden, sondern auch das Gewicht der Zwiebel zur Pflanzzeit, und in den Hauptbüchern, die jeder Händler führte, um seine Verkäufe zu vermerken, gab es immer eine Spalte, in der die Größe seiner Zwiebel in As angegeben wurde.

Von da an war es nur ein kurzer Schritt, die Tulpen nicht mehr nach Zwiebeln sondern nach As zu verkaufen. Einerseits hatte dies den gewünschten Effekt, den Handel fairer zu gestalten. Nach dem alten System, bei dem man für die Zwiebel zahlte, berechnete der Händler für eine nicht ausgereifte Tulpe, die hundert As wog und noch ein weiteres Jahr lang keine Brutzwiebeln abwerfen würde, den gleichen Preis wie für ein voll entwickeltes Exemplar von vierhundert As. Durch eine Bezahlung nach As wurde ihm ein Preis berechnet, der sehr viel genauer die Entwicklung der Tulpe widerspiegelte. Aber die neue Berechnungsgrundlage bedeutete auch, daß die Preise noch schneller in die Höhe gingen als zuvor. Die meisten Zwiebeln nahmen erheblich an Größe zu, wenn sie in der Erde waren, und so konnte man davon ausgehen, daß der Wert der Zwiebel bedeutend stieg, selbst wenn der für ein As einer bestimmten Sorte geltende Preis zwischen den Monaten September, Oktober – der Pflanzzeit – bis zum Juni des folgenden Jahres – der Erntezeit – vollkommen unverändert blieb.

Die Akten über den Tulpenhandel zeigen Beispiele, wie dramatisch sich das in eine einzige Zwiebel investierte Geld vervielfachen konnte. Eine von einem Weinhändler namens Gerrit Bosch aus Alkmaar in seinem Garten vor der Stadt gezogene »Viceroy«-Zwiebel wog 81 As, als sie im Herbst des Jahres 1636 eingepflanzt wurde. Als man sie im Juli 1637 ausgrub, war ihr Gewicht auf 416 As angewachsen – fünfmal soviel wie vorher. Eine »Admirael Liefkens« brachte es im selben Garten von 48 As auf 224, und eine »Paragon Liefkens« von 131 auf 434 As. Wären die pro As verlangten Preise für diese drei Sorten unverändert geblieben, hätten sich Boschs Kunden an Erträgen von 330 bis 514 Prozent in weniger als neun Monaten freuen können. Wahrscheinlich versprach keine andere Investitionsmöglichkeit in den gesamten Vereinigten Niederlanden derartig spektakuläre Ergebnisse in so kurzer Zeit, und ganz gewiß keine, die dies garantiert hätte. Eine Reise nach Ostindien dauerte insgesamt zwei Jahre, und während die Schiffe der Gesellschaft unterwegs waren, mußten sie mit Gefahren wie Krankheit, Schiffbruch, Piraterie und Angriffen der Spanier rechnen. Selbst der Handel mit Luxusgütern lieferte die wenigen Privilegierten, denen es erlaubt war, hierin zu investieren, Risiken aus, die Hollands Floristen gänzlich unbekannt waren.

Der früheste Bericht über den Verkauf nach As geht auf Anfang Dezember 1634 zurück, als der Haarlemer Züchter David de Mildt sich mit einem Leineweber namens Jan Ocksz. zum Garten des Jan van Damme am Kleine Houtweg begab. Auf de Mildts Rat erwarb Ocksz. zwei rot-weiße »Goudas«, mit einem Gewicht von dreißig As, für dreißig Stüver – anderthalb Gulden – pro As. Er kaufte auch zwei »Admirael van der Eijcks«, für die er nicht nach As, sondern für jede Tulpe 132 Gulden bezahlte, was belegt, daß 1634 das alte Berechnungssystem pro Zwiebel noch in Gebrauch war. Ab 1635 jedoch beziehen sich alle noch erhaltenen Akten auf die nach As verkauften Zwiebeln.

Als der Tulpenhandel an Vertrauen und Komplexität zunahm, versuchten die Floristen gelegentlich, das grundlegende System noch ausgefeilter zu gestalten. So war es beispielsweise möglich, Zwiebeln unter der Bedingung zu kaufen, daß sie, wenn sie ausgegraben wurden, ein gewisses Minimalgewicht erreicht hatten. In einem anderen Fall, an dem David de Mildt beteiligt war, kaufte ein Haarlemer Holzschuhmacher namens Henrick Lucasz. zwei Tulpen – eine *Rosen*, die »Saeyblom van Coningh«, und eine *Violetten* namens »Latour« – auf einer Auktion, die Ende Oktober 1635 von Joost van Haverbeeck durchgeführt worden war. De Mildt war Zeuge, als Lucasz. sich damit einverstanden zeigte, dreißig Gulden für die »Saeyblom« und siebenundzwanzig Gulden für die »Latour« zu zahlen, aber mit der Garantie, daß diese Zwiebeln mindestens siebeneinhalb bzw. sechzehn As wogen, wenn sie aus der Erde kamen. Als es soweit war, stellte sich heraus, daß die eine nicht mehr als zwei und die andere gerade einmal dreizehn As wog, so daß Lukasz. van Haverbeeck bat, ihm die geleistete Vorauszahlung zurückzuerstatten. Der für sein aufbrausendes Gemüt bekannte Haarlemer Händler van Haverbeeck weigerte sich, die Rückzahlung zu leisten, und die Angelegenheit endete in den Händen eines Rechtsanwalts. (Lucasz. dürfte, wenn er überhaupt belangt wurde, in diesem Fall relativ glimpflich davongekommen sein. Aus den damaligen Akten ist zu ersehen, daß van Haverbeeck und sein gleichermaßen ungehobelter Vater wiederholt gewaltsame Drohungen gegenüber ihren Kunden aussprachen und deshalb die Hauptverdächtigen waren, als im Winter 1635 wertvolle Tulpen, die in de Mildts Garten wuchsen, der Verwüstung anheimfielen.)

Auch andere Varianten waren möglich. Weniger begüterte Floristen konnten zum Beispiel Anteile an teuren Blumenzwiebeln erwerben. So verkaufte ein Amsterdamer Züchter, Jan Admirael, den halben Anteil an drei Zwiebeln einem Kunden namens Simon van Poelenburgh. In einem anderen Fall war eine »Admirael« Gegenstand eines komplizierten Handels, denn der Händler Marten Creitser zeigte sich damit einverstanden, einige Tulpen und hundertachtzig Gulden in bar gegen elf Gemälde und einen Kupferstich aus seinem Besitz zu tauschen.

Trotz der Einführung der Preise nach As bedeutete dies nicht, daß Tulpen einer bestimmten Sorte innerhalb der Republik überall dasselbe kosteten. Da selbst die wichtigsten Nachrichten nicht schneller als ein Mann zu Pferd reisen konnten, gab es keine Möglichkeit, Preisänderungen rasch und genau von Ort zu Ort weiterzugeben, so daß kein Gesamtmarkt für Tulpen entstand. Statt dessen wurden die Blumen in jeder Stadt, die in den Tulpenhandel verwickelt war, mit leichten Preisunterschieden gehandelt; einige Orte galten allgemein als teuer, andere als billig.

Auch andere Faktoren trugen zu dem allgemeinen Preischaos bei. Die jeweiligen Floristen hegten nicht nur eigene Vorlieben, der Preis hing auch davon ab, welche Tulpen gerade eingekauft und welche verkauft worden waren, welche Tulpensorten in Mode und welche leichter zu bekommen waren. Pro As waren große Tulpenzwiebeln im allgemeinen billiger als die kleineren – und angesichts all dieser Faktoren konnten selbst Tulpen, die an einem bestimmten Tag und an einem bestimmten Ort gekauft wurden, ein deutliches Preisgefälle haben. Sieben »Goudas«, die in einem Zeitraum von etwa ein, zwei Stunden in Alkmaar verkauft wurden, brachten Preise von sechs Gulden und drei Stüver das As bis zu zehn Gulden und zwei Stüver ein, das hieß, die Käufer mußten für eine Zwiebel zwischen 765 bis zu 1 500 Gulden anlegen. Drei Tulpen der Sorte »Paragon van Delft« wurden innerhalb weniger Minuten für einen Gulden, vierzehn Stüver das As, zwei Gulden, vier Stüver und vier Gulden, zwei Stüver verkauft, und Zwiebeln der »Admirael van der Eijck« mit Gewichten von 92, 214 und 446 As wurden für 710, 1 045 und 1 620 Gulden das Stück verkauft.

Der rapide Anstieg der Tulpenpreise 1635 und in der ersten Hälfte von 1636 hatte weitreichende Folgen. Reiche Züchter und Händler, die bis dato ihre Zwiebeln nur an Liebhaber verkauft oder untereinander getauscht hatten, erkannten die neuen Möglichkeiten, Geld zu verdienen. Sie begannen damit, ihre Blumen an die auf den Markt strömenden Floristen zu veräußern. In einem nächsten Schritt schlossen sie sich zusammen, um ihr Kapital zu maximieren oder ihr Verkaufsangebot zu verbessern. Eine Reihe von Gesellschaften wurden gegründet, um mit den Zwiebeln Handel zu treiben. So ging beispielsweise im September 1635 der Haarlemer Kaufmann Cornelis Bol der Jüngere eine Partnerschaft mit dem Züchter Jan Coopall ein, wobei Bol 8 746 Gulden und zwei Stüver als Kapital in die Gesellschaft einbrachte. Und im Dezember 1636 taten sich die Haarlemer Henrick Jacobsz. und Roeland Verroustraeten mit Philips Jansz. und Matthijs Bloem aus Amsterdam zusammen. Die Paragraphen ihres Gesellschaftsvertrages klärten im einzelnen, wie das Geschäft funktionieren sollte. So war der fünfunddreißigjährige Verroustraeten, der wahrscheinlich schon ein erfahrener Händler war, als einziger autorisiert, mit den Zwiebeln zu handeln, und er würde auch mit dem Geld, das die anderen drei Mitgesellschafter aufbrachten, Tulpen kaufen und verkaufen. Alle vier Gesellschafter einigten sich, nur noch im Interesse der Gesellschaft ihre Geschäfte abzuwickeln, niemals auf eigene Rechnung.

Im Herbst 1636 mußten sich sowohl die Tulpengesellschaften als auch die professionellen Blumenzüchter sehr genau überlegen, welchen Zwiebelvorrat sie für die nächste Saison einpflanzten. Die wertvollsten Blumen – die »Admiraels«, »Generaels«, »Generalissimos« und ihre Verwandten – waren bereits so teuer, daß viele Floristen sie sich nicht mehr leisten konnten, und die Nachfrage der ärmeren Händler galt den weniger begehrten und billigeren Tulpensorten. Wie die überaus erlesenen Sorten, welche die Grundlage des Zwiebelhandels in den frühen dreißiger Jahren bildeten, nannte man diese Blumen »Stückgut« – das heißt, es waren Tulpen, die als Einzelzwiebeln gekauft und verkauft wurden –, doch weil ihre Preise so niedrig waren, wurden sie nicht nach As berechnet, sondern nach einem Vielfachen von tausend As. Zu den Sorten, die auf diese Weise auf den Markt kamen, gehörten auch viele, die später ebenfalls berühmt werden sollten, wie etwa die zinnoberrot gestreiften »Rotgans« und »Oudenaers« und die ungewöhnliche lila-weiße »Lack van Rhijn«. Mit ihren entschieden breiteren Farbflammen waren sie bei den zeitgenössischen Kennern und Züchtern weniger gefragt, den heutigen Gärtnern wären sie aber vertrauter gewesen als die selteneren, nur zart gestreiften erlesenen Tulpensorten.

1634 und 1635 begannen einige ehrgeizige Handwerker mit dem An- und Verkauf von Blumen, aber die Gerichtsakten zum Tulpenhandel belegen, daß noch bis zum Sommer 1636 der Großteil der Tulpen direkt von den Züchtern an die Kunden ging, die auch wirklich vorhatten, diese in ihrem Garten anzupflanzen. Im Herbst jedoch befand sich der ganze Markt in den Händen der Floristen, die einfach nur des Gewinnes wegen kauften und verkauften.

Der größte Zustrom an Neueinsteigern erfolgte von Dezember 1636 bis Januar 1637.

Sie kamen aus allen Schichten und Berufen. Einem zeitgenössischen Flugblatt zufolge gehörten Maurer und Zimmerleute, Holzfäller, Klempner und Glasbläser genauso dazu wie Bauern und Händler, Hausierer und Schweinemetzger, Zuckerbäcker, Schmiede, Schuster, Kaffeeröster, Wachleute und Weinhändler – ganz zu schweigen von den Barbieren, Kürschnern und Gerbern, Kupferschmieden und Schulmeistern, Müllern und auch Abbruchleuten.

Es haben nur wenige Einzelheiten über den angeheizten Handel auf dem Höhepunkt des Tulpenbooms in den letzten zwei, drei Monaten des Jahres 1636 überlebt, aber eine Reihe von Flugschriften, in denen mit dichterischer Freiheit über den Schankhandel berichtet wurde, werden übereinstimmend als zuverlässige und repräsentative Quellen für das tatsächliche Geschehen angesehen. Es sind dies die drei *Samenspraeck tusschen Waermondt ende Gaergoedt* (Gespräche zwischen dem, der die Wahrheit spricht und dem Gierhals), verfaßt von einem unbekannten Autor und zu Beginn des Jahres 1637 von Adriaen Roman in Haarlem veröffentlicht, dem bedeutendsten Drucker, den es damals in Haarlem gab.

Protagonist dieser Flugschriften ist Gaergoedt, ein Weber, der sein Handwerk an den Nagel gehängt hat, um Florist zu werden. Um sich das nötige Grundkapital zu beschaffen, hat er sein gesamtes Werkzeug beliehen, und jetzt reist er von Stadt zu Stadt und handelt mit Tulpen. Bei einem seiner seltenen Besuche zu Hause begegnet er seinem alten Kollegen Waermondt, der noch für die um sich greifende Mode begeistert werden muß, und bietet ihm Wein und Bier an. Dann versucht Gaergoedt seinen Freund dazu zu überreden, selbst auch durch den Kauf und Verkauf von Tulpen reich zu werden. So wie die

Sache jetzt stehe, meint er, erwirtschafte dieser mit seinem Handwerk höchstens einen Gewinn von zehn Prozent. Mit Tulpen könne er hundert Prozent oder mehr verdienen: Wie vorherzusehen, ist der Standpunkt der *Samenspraecken* ein moralistischer. Gaergoedt ist anmaßend und setzt ein unglaubliches Vertrauen darauf, daß die Zwiebelpreise ständig steigen. Er prahlt damit, bereits ein hübsches Vermögen mit seinen Blumen gemacht zu haben, und bezahlt seinen gesamten Lebensunterhalt mit Zwiebeln. Seine Freunde – Gärtner und andere Weber – sind ebenfalls reich und fahren in reichgeschmückten Kutschen von Stadt zu Stadt, von Kollegium zu Kollegium.

Waermondt, für den der anonyme Flugschriftenautor die Rolle des verwirrten, aber aufrichtigen Anfängers vorgesehen hat, kann kaum glauben, daß ein einfacher Weber solche Summen zu verdienen vermag, und zwingt Gaergoedt durch seine Fragen zuzugeben, daß dieser den Großteil des Geldes erst noch bekommen muß, was angeblich an seinem sehr erfolgreichen Handel liege – denn seine Profite würden erst zu barer Münze, wenn die Tulpen im nächsten Sommer wieder aus der Erde kämen. Doch er behauptet, sein Handel floriere, und nach weiteren zwei oder drei Jahren im Zwiebelhandel werde er für den Rest seines Lebens bestens ausgesorgt haben. Dann wolle er sich mit seinen Gewinnen eine Brauerei, eine Vogtei oder sogar einen Adelssitz kaufen.

Waermondt bleibt skeptisch, und obwohl ihn die Aussicht auf schnellen Reichtum sicherlich lockt, erklärt er seinem Freund, sich lieber nicht auf das Risiko des Blumenhandels einlassen zu wollen.

Im Herbst 1636 teilten sicherlich viele Holländer Waermondts Zweifel, und trotzdem kratzten Tausende ihr ganzes Geld zusammen oder beliehen ihre Ware, um sich auch ins Getümmel des Tulpenhandels zu stürzen.

Die wenigsten hatten gleich bare Münze zur Verfügung, und bald wurde es üblich, Anzahlungen nicht in bar, sondern in Naturalien entgegenzunehmen. Für Floristen, deren Reichtum – wie immer dieser beschaffen sein mochte – in Besitztümern gebunden war, bedeutete dies, daß sie ihre Tulpenzwiebeln mit allem bezahlten, was ihnen in die Hände fiel. Der fiktive Gaergoedt bietet von Stoff, der für einen Mantel reichte, bis zu einem Viertelzentner Backpflaumen alles mögliche zur Anzahlung an. Die echten Floristen zahlten, wenn sie Handwerker waren, mit Werkzeugen, Kleidungsstücken und Haushaltswaren, waren sie Bauern, mit Tieren oder Feldfrüchten, waren sie wohlhabend, mit Gemälden oder anderen Luxusgütern. Die Differenz zum Verkaufspreis wurde erst bei Lieferung fällig, und die erfolgte erst zur Erntezeit. Gelegentlich handhabe man Zahlungsbedingungen auch noch flexibler; in einem Vertrag, worin der Haarlemer Geschäftsinhaber Aert Ducens seinen ganzen Garten einem Ortsansässigen namens Severijn van de Heuvel für sechzehnhundert Gulden verkauft, war festgelegt, daß die Zahlung erst am Neujahrstag 1638 fällig wurde, ein ganzes Jahr nach Vertragsabschluß.

In den *Samenspraecken* finden sich ähnliche Vertragsbeispiele, die von unerfahrenen Tulpenhändlern abgeschlossen wurden, nachdem die Idee, Anzahlungen in Naturalien zu leisten, sich erst einmal allgemein durchgesetzt hatte. Während Gaergoedt seinem Freund Waermondt von all den Handelsabschlüssen berichtet, die er getätigt und in seinem Hauptbuch vermerkt hat, erzählt er auch davon, daß er einmal ein Paket der Sorte »Witte Croon« – »Weißkrone« – für 525 Gulden in bar gegen eine Anzahlung von vier Kühen verkauft habe, die sofort fällig gewesen seien, und daß er ein paar Zwiebeln der Sorte »Genten« gekauft habe, indem er als Anzahlung seinen »besten Schützenrock, einen alten Rose Noble

[Goldmünze mit Rosenemblem, A.d.Ü.] und eine Münze an einer Silberkette, um sie um den Hals eines Kindes zu hängen«, ausgehändigt und sich bereit erklärt habe, bei Lieferung der Zwiebeln 1800 Gulden in bar zu zahlen. Einige Vertragsvereinbarungen scheinen sogar noch komplizierter gewesen zu sein. So wird etwa in den *Samenspraecken* berichtet, daß Floristen manchmal Zwiebeln einer Sorte gegen einen Teiltausch von Tulpen einer anderen Sorte anboten. Eine von Gaergoedts ausgefallensten Vereinbarungen versprach ihm eine enorme Menge von »Witte Croons« und dazu eine Kutsche mit Pferden, zwei Silberschüsseln und hundertfünfzig Gulden in bar. Der Weber seinerseits gab dafür einen Silberteller im Wert von sechzig Gulden, eine gleiche Menge »Gheele Croons« und zweihundert Gulden in bar.

Als 1636 der Winter Einzug hielt, schien mit dem Blumenhandel alles zum besten bestellt zu sein. Sowohl die Zahl der Floristen als auch die Zahl der in Umlauf befindlichen Zwiebeln wuchsen immerzu. Die Preise stiegen stetig, die Gewinne waren immens. Doch in Wirklichkeit ruhte der von den Floristen aufgebaute Tulpenhandel auf einer höchst instabilen Grundlage.

Die Frage war nicht allein, ob der Markt diesen rapiden Preisanstieg bei den Tulpenzwiebeln verkraften konnte. Es tauchten alle möglichen Probleme auf, wenn ein Florist die Blumen, die er erstand, nicht in Augenschein nehmen konnte. Das fing schon damit an, daß es keine Garantie dafür gab, ob die Tulpen auch mit der nötigen Sorgfalt behandelt wurden. Die Haarlemer Archive enthalten Einzelheiten zum Fall eines einheimischen Bäckers namens Jeuriaen Jansz., der im Frühjahr 1636 ein wundervolles Exemplar der »Admirael Liefkens« im Garten von Marten Creitser in Amsterdam in Blüte sah. Jansz. handelte aus, die Brutzwiebeln zu kaufen. Ein paar Monate später saß der Bäcker in einer

Taverne, wo ihm ein anderer Florist erzählte, daß die Tulpe vor der Zeit aus der Erde geholt worden und womöglich beschädigt worden war. Jansz. mußte mit rechtlichen Mitteln drohen, um Creitser dazu zu bringen, ihn aus seiner Verpflichtung zu entlassen, die Brutzwiebeln zu kaufen.

Selbst begüterte Connaisseurs gingen das Risiko ein, beschädigte Ware zu erwerben. Cornelis Guldewagen, einer der Ratsherren von Haarlem, kaufte Anthony van Flory aus Den Haag sage und schreibe tausenddreihundert Tulpen ab und gab Barent Cardoes den Auftrag, sie in seinem Garten draußen in Cruyspoort am Stadtgraben einzupflanzen. Nachdem die Zwiebeln ausgepackt waren, entdeckten Cardoes und sein Helfer, daß man sie sehr unbeholfen ausgegraben und dabei arg beschädigt hatte.

Auch die noch immer ungelösten Geheimnisse des »Brechens« warfen Probleme auf. Jeder, der eine Brutzwiebel kaufte, riskierte, daß er die eigentliche Zuchtform kaufte, aber nicht die von ihm gewünschte »gebrochene« Form. Im Mai 1633 kaufte Abraham de Goyer, einer der bekanntesten Tulpenhändler von Amsterdam, zwei »Paragon Schilders« auf einer Auktion, die vom Züchter dieser Sorte selbst, nämlich Abraham de Schilder, organisiert worden war. Die »Paragon Schilder« war neu auf dem Markt und überaus begehrt; geht man vom Datum aus, das de Schilder für seine Auktion gewählt hatte, dürfte de Goyer die Tulpe wahrscheinlich ein paar Tage davor in Blüte gesehen haben und von ihr hingerissen gewesen sein. Jedenfalls zahlte er einen nicht unerheblichen Preis für zwei Zwiebeln – fünfzig Gulden für die eine, einundvierzig für die andere –, pflanzte sie in seinen Garten direkt hinter der Stadtmauer und wartete dann geduldig neun Monate darauf, daß sie wieder blühten. Endlich, im Frühjahr 1634 sprossen die lang ersehnten Tulpen – wobei die beiden »Paragons« allerdings in keinster Weise Ähnlichkeit zu den herrlichen *Rosen* zeigten, mit denen de Goyer gerechnet hatte. Das reine Weiß und das lebhafte Rot, in das er sich in de Schilders Garten verliebt hatte, war nirgendwo zu sehen. Für seine neunzig Gulden hatte de Goyer nur die matten Farben minderwertiger Zuchtzwiebeln gekauft. Der unglückliche Züchter forderte noch achtzehn Monate später sein Geld zurück, obwohl man übereingekommen war, daß ehrbare Zwiebelhändler einen Kauf für null und nichtig erklärten, wenn eine Brutzwiebel nicht die Eigenschaften der Mutterzwiebel hervorbrachte.

In manchen Fällen war regelrechter Betrug im Spiel, wie er sich jedoch auf einem Markt, der so vielfältig und so unzureichend geregelt war wie der Zwiebelhandel, gar nicht vermeiden ließ. Da Tulpen derselben Sorte in ihrem Erscheinungsbild oftmals so stark voneinander abwichen, daß eine nicht gut geratene »Viceroy« genauso aussehen konnte wie eine weniger wertvolle *Violetten*, etwa eine »Admirael van Engeland«, ließ sich oft nur schwer zwischen tatsächlicher Täuschung und wirklichen Fehlern unterscheiden. In den Rechtsarchiven der holländischen Republik werden gewiß nur wenige Fälle nachweisbaren Betrugs vorhanden sein, aber Waermondt behauptet in den *Samenspraecken*, daß er sich mit seinem Cousin unterhalten habe, der sich im Tulpenhandel auskenne und von Leuten wisse, die für »Witte Croons« bezahlt und statt dessen wertlose einfarbige Tulpen bekommen hätten.

Probleme dieser Art betrafen jedoch vornehmlich die eher konservativen und vorsichtigen Holländer; die Floristen, die im Herbst 1636 in Scharen in den Tulpenmarkt drängten, konzentrierten sich fast ausschließlich auf das Geld, das sie damit verdienten. Der Tulpenhandel hatte inzwischen eine solche Dynamik erreicht, daß sich, wie

Die *Semper Augustus*, aus dem Tulpenbuch von Judith Leyster, 1643
(Frans Halsmuseum, Haarlem)

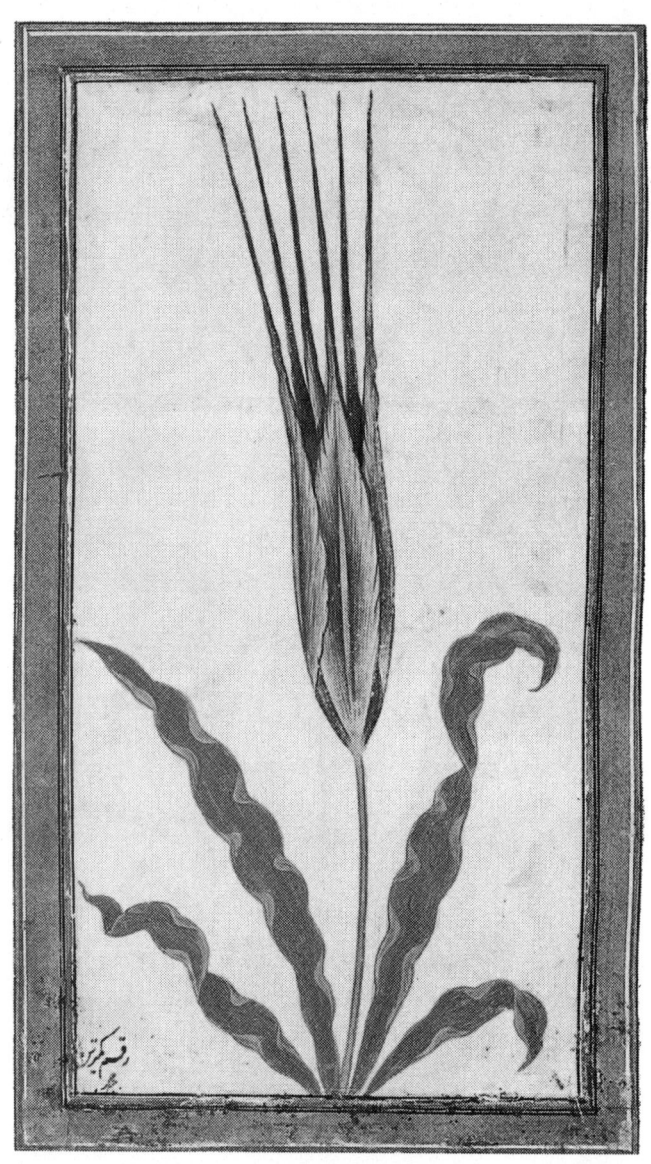

Illustration aus einem türkischen Tulpenbuch, um 1725
(Christie's Images)

Ansicht des Topkapi-Palastes *(aus: Guillaume Joseph Grelot,*
Rélation d'un voyage de Constantinople, 1689, The British Library)

bostanci basha, Illustration von Octavian Dalvimart
(aus: The Costume of Turkey, 1802, The British Library)

Porträt von Carolus Clusius (Charles de L'Escluse), um 1575

CONRADVS GESNERVS TIGVRINVS · ME
DICVS ET PHILOSOPHIÆ · INTERPRES
AÑO ÆTATIS SVÆ · XLVIII · AÑO SALVTIS
· M·D·LXIIII · NONIS MARTIS · 6ᵗᵐ · 1F

Conrad Gesner, Holzschnitt von Ludwig Fry, 1564

Die Vereinigten Provinzen der Niederlande im Goldenen Zeitalter

Einzug des Gesandten Adriaen Pauw in Münster,
Gemälde von Gerard Ter Borch, um 1646 *(Stadtmuseum Münster)*

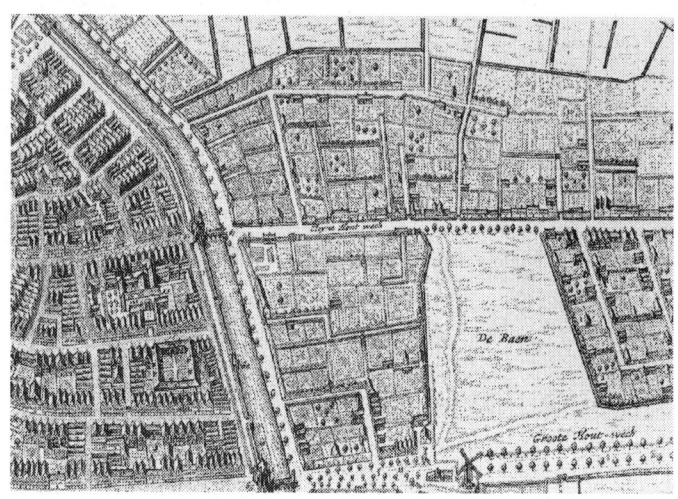

Die Gärten von Haarlem, Ausschnitt aus einer Karte
von Haarlem von Pieter Wils, 1646
(Archiefdienst voor Kennemerland, Haarlem)

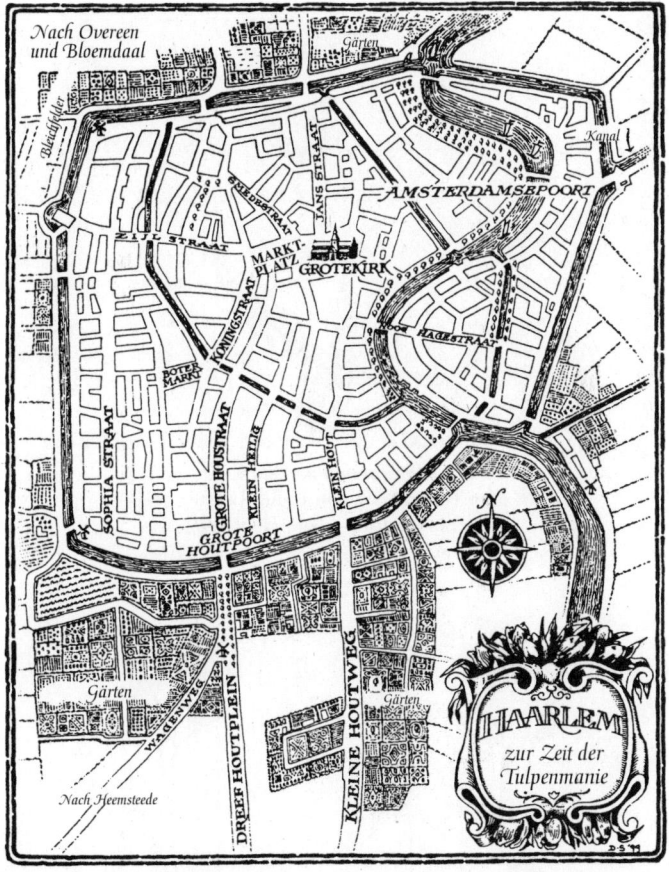

Haarlem und die umliegenden Gärten zur Zeit der Tulpenmanie

Admiral van der Eijck,
aus dem Tulpenbuch von Judith Leyster, 1643
(Frans Halsmuseum, Haarlem)

Visco Roy (oder Viceroy),
aus dem Tulpenbuch
von Judith Leyster, 1643
(Frans Halsmuseum, Haarlem)

Gheel en Root van Leyden,
aus dem Tulpenbuch
von Judith Leyster, 1643
(Frans Halsmuseum, Haarlem)

Wirtshausszene, Gemälde von Jan Steen, um 1660
(Johnny van Haeften Gallery / Photo: The Bridgeman Art Library)

Allegorie der Tulpenmanie, Gemälde von Jan Brueghel II, um 1640
(Frans Halsmuseum, Haarlem)

Floras Narrenwagen, Gemälde von Hendrick Gerritsz. Pot, um 1640
(Frans Halsmuseum, Haarlem)

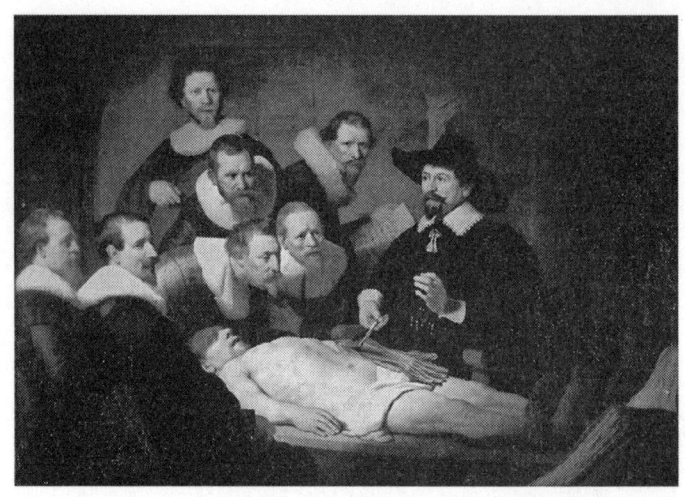

Die Anatomie des Doktor Tulp,
Gemälde von Rembrandt van Rijn, 1632
(Mauritshuis, Den Haag / Photo: Bridgeman Art Library)

Der Sultanspalast *Sa'adabad*,
Kupferstich nach einer Zeichnung von W. H. Bartlett
(aus: Pardoe, The Beauties of the Bosporus, 1874 / The British Library)

Ein türkischer Sultan stellt seine wertvollsten Tulpen zur Schau
*(aus: Choiseul-Gouffier, Voyage pittoresque de la Gréce, 1809,
The British Library)*

der zeitgenössische Chronist Lieuwe van Aitzema berichtete, aus allem, was sich Tulpe nannte, selbst aus Zwiebeln, die man noch ein paar Monate zuvor für wertlos erachtet und auf den Mist geworfen hatte, Geld machen ließ.

Der Schritt von boomenden Tulpenpreisen zu einer fieberhaften Manie war nicht mehr groß. Man hatte die verschiedensten Sorten hervorgebracht, viele davon sehr gesucht, aber knapp, andere weniger begehrenswert, aber leichter zu bekommen. Es existierte eine kleine Gruppe professioneller Züchter, die neue Blumen züchteten und wenigstens zum Teil die Nachfrage nach den vorhandenen befriedigten. Eine größere Zahl kompetenter und enthusiastischer Amateurgärtner züchtete in ihren Gärten ebenfalls Tulpen, so daß die Blume bereits in fast jeder Stadt anzutreffen war. Man hatte Regeln für den Handel vereinbart, und es gab Kriterien für die Bemessung des Werts einer Tulpe und zur Bestimmung ihrer Wertigkeit auf einer Skala, die von höchst erlesen bis ganz einfach reichte. Zu den Händlern und Züchtern, die den Markt beherrschten, waren Tausende von Floristen gestoßen, die bereit waren, ihren gesamten Besitz für Tulpen zu veräußern. Und schließlich hatten die Preise schwindelnde Höhen erreicht. Was jetzt noch fehlte, war ein Weg, die eifrigen Blumenhändler zusammenzubringen: ein Ort, an dem der Handel abgewickelt werden konnte.

10
Im Zeichen der
Goldenen Traube

Genau im Herzen von Amsterdam, fast auf der Krone des Damms, der der Stadt ihren Namen gab, erhob sich ein eleganter Bau mit Innenhof, im flämischen Stil erbaut und gekrönt von einem schlanken Uhrturm. Dieses Gebäude stand gegenüber der Zentralbank und lag so nah am Rathaus, daß die zentrale Rolle, die es im Leben der Stadt und sogar der gesamten Republik spielte, noch hervorgehoben wurde. Es war die neue *beurs* von Amsterdam – die Börse.

Nur wenige Jahre zuvor waren die Händler, die jetzt das ein oder andere der hundertdreiundzwanzig Büros der Börse belegten, gezwungen gewesen, ihre Transaktionen draußen im Freien an der Neuen Brücke von Amsterdam oder – bei Regen – im Kirchengestühl der St.-Olafs-Kapelle oder in der Alten Stadtkirche abzuwickeln. Als die Stadt in den Anfangsjahren des 17. Jahrhunderts jedoch ihren Aufschwung erlebte und auch der Außenhandel zunahm, wurde klar, daß die Börse einen dauerhaften und regensicheren Bau benötigte. Mit der *beurs*, die 1610 ihren Betrieb aufnahm, war ein solcher Ort geschaffen, und allein durch ihre Stein gewordene Präsenz gelang es, die eher konservativen Bürger Amsterdams zu besänftigen, die im Aktienhandel eine Spur Gottlosigkeit zu erkennen vermeinten.

Der Handel an der *beurs* war streng geregelt und nur zwischen zwölf Uhr mittags und zwei Uhr erlaubt. Das Tagesgeschäft drängte sich also auf diese beiden Stunden zusammmen, und die Raserei, die in dem Bau ausbrach, wenn die große Uhr im Glockenturm die Mittagsstunde schlug, konnte verzeihlicherweise jeden, der draußen vorbeiging, zu der Überlegung verleiten, daß die Bürger vielleicht doch nicht ganz unrecht hatten. Die Geschäfte wurden in einem derart rasanten Tempo abgewickelt, daß die Börsenmakler, die noch zwei Jahre zuvor jeden Abschluß mit einem ausgeklügelten Ritual von Handschlägen besiegelt hatten, nun nur noch wie wild einander auf die Hände klatschten, ehe sie zum nächsten Abschluß eilten.

Hunderte von Händlern besaßen die Lizenz, an der Börse aufzutreten – um 1630 gab es vermutlich vierhundert offizielle Börsenmakler, zu denen sich auf dem Handelsparkett noch bis zu achthundert freie Händler ohne Lizenz hinzugesellten, die darauf spezialisiert waren, kleine Aktienpakete zu niedrigen Preisen zu verkaufen. In der Schilderung des Börsenhandels durch den zeitgenössischen Schriftsteller Joseph de la Vega ist ein solcher freier Makler einer, der »an seinen Nägeln kaut, an den Fingern zieht, seine Augen schließt, vier Schritte tut und viermal mit sich selbst redet, seine Hand an die Wange bringt, als hätte er Zahnschmerzen, und all dies begleitet von einem geheimnisvollen Hüsteln«. Vega erwähnt nicht, was dieser mickerige Makler für seine paar Gulden zu kaufen oder zu verkaufen hoffte, aber die Auswahl war beträchtlich: um 1636 wurden mindesten dreihundertsechzig verschiedene Waren über die Amsterdamer Börse abgewickelt, von kostbaren Edelmetallen bis zu französischem Weinbrand. Tulpen jedoch gehörten nicht dazu.

Dies mag überraschen, wenn man von der Annahme

ausgeht, daß bei dem Ruf, den die Tulpenmanie genoß, eine finanzielle Katastrophe notwendigerweise nicht nur schwerwiegend und weitreichend war, sondern auch einen wesentlichen Einfluß auf die Börse, den Handel und auf die holländische Wirtschaft im allgemeinen gehabt haben muß. Nichts läge der Wahrheit ferner. Das Spekulationsgeschäft mit den Tulpenzwiebeln führte nämlich immer nur eine Randexistenz im holländischen Wirtschaftsleben. Es wurde hauptsächlich von Amateuren betrieben und nicht von berufsmäßigen Händlern und war weder ein Handelsbrauch (wie seltsam diese Bräuche manchmal auch sein mochten), noch kam es in der Satzung der Börse vor. Die Manie nahm jedoch in der Tat die Gestalt einer überspitzten, aber beabsichtigten Parodie des Waren- und Aktienhandels an, wie er an der *beurs* florierte. Sie gehörte nicht in den Zuständigkeitsbereich der in dieser Art von Geschäften erfahrenen Finanzleute, sondern wurde von den Leuten aus der Provinz und den armen Stadtbewohnern getragen, die, wenn sie in den Handel mit Tulpenzwiebeln einstiegen, mit großer Wahrscheinlichkeit noch nie zuvor in ihrem Leben eine einzige Aktie besessen hatten.

Die Tatsache, daß die Tulpen nicht an der Börse gehandelt wurden, läßt aber nicht darauf schließen, daß der Blumenhandel nicht reguliert gewesen sei. Er wuchs sich sogar schon recht bald zu einer komplizierten und auch ritualisierten Angelegenheit aus, in welcher Käufer und Verkäufer nach genau festgelegten Regeln verfuhren und durch gegenseitige Verbindlichkeiten aneinander gebunden waren, auf die man sich vor Zeugen einigte und die in Büchern festgehalten wurden. Wie die Börsenmakler, die sich einst auf der Neuen Brücke versammelt hatten, brauchten auch die Tulpenhändler einen Ort, an dem sie ihr Geschäft unter Dach und Fach bringen konnten. Wie ihre Kollegen von der Börse nutzten auch einige von ihnen gelegentlich das Haus Gottes zu diesem Zweck, denn zur Zeit des Tulpenfiebers war die Kirche vor Ort ein allgemeiner Treffpunkt, wo sich vom Kaufmann bis zu Leuten auf Freiersfüßen alles drängte. Die meisten jedoch fanden es weitaus bequemer, ihre Zwiebeln in einer geeigneten Schenke zu kaufen oder zu verkaufen. Die Börse des Tulpenhändlers war seine Stammkneipe.

In Amsterdam kamen bereits 1613 fünf Kneipen auf hundert Einwohner, weshalb man davon ausgehen kann, daß es 1636 wahrscheinlich innerhalb der Stadtmauern von Haarlem an die zweihundert gegeben haben muß. Zu diesen Trinkstuben gehörten sowohl normale Schenken als auch schmuddelige Kellerspelunken und Apotheken. Etwa ein Fünftel der Wirte besaß keine Lizenz, sie betrieben ihr Geschäft also illegal und spezialisierten sich darauf, die hohe Biersteuer zu umgehen, die man erhoben hatte, um den Krieg gegen Spanien zu finanzieren. Die Behörden waren immer wieder zu Razzien gezwungen, um die Ausbreitung solcher Etablissements zu verhindern.

Doch nur die größeren und besser beleumundeten Schankstuben verfügten über Nebenräume, wie sie von den Tulpenhändlern benötigt wurden. Sie trugen Namen wie »Zum Beelzebub«, »Zum Löwen« und zum »Teufel in Ketten« und fanden sich sowohl innerhalb als außerhalb der Stadtmauern.

So drängten sich in Haarlem viele Tavernen im Süden der Stadt zusammen, inmitten der Lichtungen und entlang der Spazierwege in Haarlems Wäldern. Weil sie ganz in der Nähe der älteren Tulpenfarmen lagen, ist anzunehmen, daß in einigen der Tulpenhandel stattgefunden hat. Wenn dem so war, dann dürften sich die Händler die Räumlichkeiten mit zwielichtigen Kumpanen geteilt haben, denn nachdem die Prostitution innerhalb der Stadtgrenzen von Haarlem verboten worden war, dienten die Schenken von Haarlemmerhout häufig auch als Bordell. Das berüchtigtste Hurenhaus vor Ort dürfte nicht leicht zu übersehen gewesen sein – in den damaligen Akten taucht es als »das rote Haus vor der Kreuzungsschranke«, das »Cruyspoort« auf.

Wir wissen nicht genau, wie viele Dutzend Schenken den Tulpenbesessenen in Haarlem 1636 Unterschlupf gewährten, aber man kann davon ausgehen, daß dazu ein großes und bekanntes Wirtshaus mit dem Namen »De Gulde Druyf« – »Zur Goldenen Traube« – gehörte, das dort, wo die Hauptstraße der Stadt, die Koningsstraat, auf den Marktplatz stieß, einen hervorragenden Standort hatte. Dieses Gasthaus gehörte den Brüdern Jan und Cornelis Quaeckel, den Söhnen eines Gastwirts namens Cornelis Gerritsz. Quaeckel, der einer der wichtigsten Tulpenzüchterpioniere Hollands war. Mindestens fünf neue Tulpenarten, die er im ersten Viertel des 17. Jahrhunderts hervorgebracht hatte, trugen seinen Namen, darunter die weiß-violette »Lack van Quaeckel« und eine beliebte gelb-rote *Bizarden* namens »Mervelye van Quaeckel« – »Quaeckels Wunder«. Der alte Quaeckel starb mit fast siebzig Jahren 1632, aber sein jüngster Sohn Jan blieb bis zum Höhepunkt der Tulpenmanie und darüber hinaus weiterhin im Tulpengeschäft aktiv. Was also lag näher, als mit seinen Zwiebeln im Hinterzimmer seiner eigenen Schenke zu handeln?

Nehmen wir einmal an, wir reisten von Amsterdam an, um der »Goldenen Traube« an einem Spätherbsttag des Jahres 1636 einen Besuch abzustatten und den Tulpenhändlern bei ihrer Arbeit zuzuschauen. Welches Bild hätte sich einem geboten? Verließ man Amsterdam am späten Nachmittag und reiste vielleicht entlang des neu eröffneten Passagierkanals, der die beiden Städte miteinander verband – der erste dieser Art in den Niederlanden –, kam man bei Einbruch der Dunkelheit in Haarlem an. Es dauerte nur zweieinviertel Stunden von einer Stadt zur anderen, so daß viele Amsterdamer Bürger ihre schmutzige Wäsche lieber mit dem Boot zu den Wäschereien Haarlems schickten, als sich selbst damit abzumühen. Wer an Bord der Kanalschiffe reiste, vertrieb sich die Zeit mit Tagesklatsch oder las die eigens dafür auf den Markt gebrachten kleinen Flugschriften, die man *schuitepraatjes* nannte, »Schleppschiffgespräche«. Im Herbst und Winter 1636 werden die Schleppschiffe zu Brutstätten des Klatsches über die neuesten Entwicklungen des Tulpenwahns geworden sein. Beim Näherkommen präsentierte sich die Stadt als eine lange Reihe rotbrauner Dächer, gekrönt von Rauchwolken aus Tausenden von Kaminen, die sich klar vom umliegenden Weideland abhoben. Als nächstes sah man eine niedrige steinerne Grenzmauer und einen von neun Brücken überspannten Verteidigungswall zum Schutz der Stadt. Weit im Westen dann, hinter der Dächersilhouette, konnte man vielleicht vor dem charakteristischen wolkenverhangenen Himmel Hollands gerade noch die zerklüfteten Umrisse der riesigen Sanddünen an der Nordseeküste erkennen. Und im Süden bot sich der Blick auf das in finsterem Schwarz ausgebreitete Haarlemmermeer – den riesigen, windgepeitschten Binnensee voller Brackwasser, der wilde Stürme anzuziehen schien, dessen Ufer ständig erodierten und der sich immer weiter ins Ackerland fraß, so daß er jetzt schon bis auf knappe zwei Kilometer an die Mauern Haarlems heranreichte. Dieser See genoß den schlimmen Ruf, all jenen, die dumm genug waren, auf ihm zu segeln, nach dem Leben zu trachten: die Haarlemer nannten ihn »den Wasserwolf.«

Hatte man schließlich angelegt, fand man sich einem Tor gegenüber, dem Amsterdamsepoort, vor dem die städtischen Galgen errichtet waren. Als 1634 Sir William

Brereton hier seines Wegs kam, sah er sich nicht nur dem Anblick der am Galgen baumelnden fleischlosen Skelette zweier Unglücklicher ausgesetzt, sondern auch dem verstümmelten Leichnam eines Mädchens, das aufs Rad geflochten worden war, weil es sein Kind getötet hatte, und der verkohlten Leiche eines Bettlers, den man auf dem Scheiterhaufen verbrannt hatte, weil er ein ganzes Dorf in Brand gesteckt hatte.

Beim Betreten der Stadt durch das Amsterdamsepoort dürfte dem Besucher vermutlich gleich der eigenwillige Geruch Haarlems entgegengeschlagen haben. Die Stadt stank nach Buttermilch und Malz, den Aromen der beiden Hauptindustrien: Bleichen und Bier. Haarlems Brauereien produzierten ein Fünftel des in ganz Holland gebrauten Bieres, und die berühmten Leinenbleichereien der Stadt, die sich gleich an der Stadtmauer befanden, verwendeten literweise Buttermilch am Tag, um das aus ganz Europa in die Stadt verschiffte Tuch in strahlendes Weiß zu verwandeln. Die Milch füllte eine Reihe riesiger Bleichkessel entlang der Westmauer, die jeden Abend in den Stadtgraben entleert wurden, der das weiß gefärbte Wasser dann in die Spaarne weiterleitete.

Es wird schnell Nacht im Spätherbst in den Niederlanden, und die Reisenden werden ihren Weg von den Stadtmauern zum Marktplatz in der Dunkelheit zurückgelegt haben. Das einzige Licht im Labyrinth der engen Gassen – manche so schmal, daß die Bewohner des einen Hauses nur ihre Hand auszustrecken brauchten, um die ihres gegenüberwohnenden Nachbarn zu schütteln – stammte von den Herdfeuern und Öllampen, die durch die verriegelten Blendläden drangen. Die nächtlichen Straßen lagen wie ausgestorben, wenn auch hier und da die schwankende Gestalt eines Trunkenbolds durch die Gassen torkelte, der der Wärme seiner Lieblingsschenke zusteuerte.

Die Gäste der »Goldenen Traube« dürften bei ihrem Eintritt in die Schankstube jedoch eher von Rauch als von Wärme umfangen worden sein. Ohne diesen tränentreibenden Mief, der oftmals so dick war, daß man kaum das andere Ende des Raums sah, war im 17. Jahrhundert keine Gaststube vorstellbar. Zum Teil waren die offenen, prasselnden Feuerstellen dafür verantwortlich, die man mit heimischem Torf schürte, der in so großen Mengen gestochen wurde, daß die Holländer des goldenen Zeitalters fast genauso schnell neue Sümpfe und Moore schufen wie sie die alten trockenlegten. Besucher wie Peter Mundy fanden, daß der niederländische Torf »sehr süß und klar« brannte, auch wenn der darin enthaltene Schwefel die ums Feuer kauernden Gestalten »bleich und blau wie Geister« aussehen ließ. So stammte der Rauch, der die »Goldene Traube« vernebelte, wohl hauptsächlich aus den Pfeifen ihrer Gäste.

Um 1636 war das Pfeifenrauchen bei den Holländern so verbreitet, daß es fast einem Nationalmerkmal gleichkam. Der vor allem aus Amerika kommende, aber inzwischen auch in der Republik angebaute Tabak wurde in schmalen, langstieligen Tonpfeifen gepafft, die man möglichst nicht ausgehen ließ – nicht zuletzt deshalb, weil die Ärzte dieser Zeit Tabak als durchschlagendes Heilmittel rühmten, der vor Seuchen schützte und von Zahnweh bis zu Würmern alles kurierte. Daß man dem Tabak auch nachsagte, er sauge die Lebenssäfte auf und mache die Männer unfruchtbar, scheint nicht sehr viele vom Genuß abgehalten zu haben.

Hatte der Neuankömmling bei seinem Eintritt die Waffen abgegeben und sich allmählich an die Düsternis gewöhnt, bemerkte er vielleicht die Qualität der an der Wand hängenden Bilder. Ölgemälde waren im goldenen Zeitalter so allgegenwärtig und ihre Preise so niedrig – eine Frage von ein paar Stüvern oder ein, zwei Gulden

–, daß man sie selbst in Gaststuben aufhängte, wo sie in der verrauchten Luft dann schnell vergilbten.

In den Schenken herrschte im allgemeinen lebhafter, ja regelrecht ausschweifender Betrieb. Selbst in einer Zeit, in der Alkoholgenuß zum Alltag gehörte und Trunkenheit etwas Normales war, zählten die Holländer zu den berüchtigtsten Bierkonsumenten in Europa. Bier war billig – für einen Gulden ließ es sich einen Abend lang prächtig zechen –, und so fand Sir William Brereton kaum einen nüchternen Gast in den von ihm besuchten holländischen Schenken. Sogar die Engländer, die zweifellos selbst trinkfest waren, beklagten sich über den maßlosen Bierkonsum der Holländer und beschuldigten diese, ihre Gewohnheit, sich zu betrinken, auch in England einzuführen.

Fast jeder Holländer ging regelmäßig in das eine oder andere Gasthaus, ebenso wie die weniger vornehmen Frauen und viele Kinder. Die Atmosphäre dort war gesellig und gemütlich, und doch stand das Personal der eher zweifelhaften Schenken unter dem sicherlich begründeten Verdacht, die Gäste systematisch über den Tisch zu ziehen. Neben den üblichen Tricks, wie zuwenig Wechselgeld an betrunkene Gäste herauszugeben oder Bier mit Wasser zu verdünnen, färbten manche Schankwirte den Wein mit Sonnenblumen oder stopften Tücher in ihre Krüge, damit diese nicht so viel Flüssigkeit faßten.

Einen unbedarften Besucher muß erschreckt haben, wie systematisch die Holländer ihren Rausch in Angriff nahmen. Es war üblich, jede neue Runde mit einem Trinkspruch einzuleiten, eines der Rituale, das die Tulpenhändler begeistert übernahmen. »Diese Herren«, bemerkte der Franzose Théophile de Viau über die Stammgäste einer von ihm besuchten Schenke, »haben so viele Regeln und Rituale, um sich zu betrinken, daß mich sowohl die Disziplin als auch der Exzeß abstoßen.«

Auf jeden Fall konnte man im 17. Jahrhundert den Bierkonsum kaum vermeiden. Das Wasser war im allgemeinen ungenießbar – was wegen der Bleichereien ganz bestimmt auf Haarlem zutraf –, Tee und Kaffee waren kaum bekannte Luxusgüter, und Wein war ziemlich teuer. So gab es zu jeder Mahlzeit Bier: zum Frühstück angewärmt und mit Muskat und Zucker gewürzt, pur zum Mittag- und Abendessen. Das Bier hatte nicht immer einen hohen Alkoholgehalt – es wurde in zwei Stärken gebraut, »einfach« und »doppelt«, ersteres zum Durstlöschen, letzteres, um sich zu betrinken –, doch die Menge war es, die zählte. Um die Jahrhundertwende, als die Bevölkerung Haarlems aus etwa dreißigtausend Männern, Frauen, Kindern und Säuglingen bestand, belief sich der Bierverbrauch auf etwa 120 000 Halbliterkrüge, was im Jahr fast 250 000 Hektoliter ausmachte, wovon ein Viertel in Schenken konsumiert wurde. Um diese Nachfrage zu befriedigen, unterhielt Haarlem allein hundert Brauereien, darunter fünfzig größere. Die Brauer waren nicht nur reich, sie hatten auch politischen Einfluß und Macht; eine Kamarilla aus einundzwanzig Brauern kontrollierte von 1618 an sogar einige Jahre lang die Regierung von Haarlem.

Die Floristen der Stadt trafen sich je nach Vereinbarung zwei- bis dreimal die Woche und zogen sich in ein Hinterzimmer der »Goldenen Traube« zurück, abseits vom größten Lärm und dem Gestank der Stadt. In den Anfangsjahren des Tulpenhandels dauerten diese Zusammenkünfte ein oder höchstens zwei Stunden, aber als das Fieber richtig um sich griff, wurden die Sitzungen länger, fingen manchmal schon morgens an und kamen oft erst in den frühen Morgenstunden des nächsten Tags zu einem Abschluß. Da jeder Handel mit einer Runde Wein gefeiert wurde, der in einer vorwiegend von Biertrinkern beherrschten Provinz allein schon Symbol von Reichtum und Verschwendung war und in riesigen Zinnkrügen serviert wurde, die einen bis sieben Liter fassen konnten, wurde der Handel nicht selten im Vollrausch abgeschlossen – was die verwirrenden Mechanismen des Tulpenwahns vielleicht schon zu einem guten Teil erklärt.

In einigen wichtigen Punkten scheinen die Schankkollegien unabhängig vom Rest der Tulpenhändler operiert zu haben. Obwohl zu ihren Mitgliedern ein paar Kaufleute und andere wohlhabende Händler gehörten, entstammte der Großteil der Arbeiterschicht. Diese Männer dürften wenig Kontakt zu den Tulpen-Connaisseurs oder etablierten Züchtern gehabt haben und verfügten normalerweise bestenfalls über Kenntnisse aus zweiter Hand, sowohl was Tulpen, aber auch was die Finanzen, den Börsenhandel und die Art und Weise anging, wie Regenten und Großkaufleute mit Aktien handelten und Ware kauften und verkauften.

Für viele der von den Kollegien entwickelten genau ausgearbeiteten Sitten und Gebräuche scheinen die Methoden des Börsenhandels Vorbild gewesen zu sein, was dem Selbstwertgefühl der Floristen sicherlich zugute kam und die Tulpenhändler davon überzeugte, daß sie in ein richtiges und nach angemessenen Regeln funktionierendes Geschäft verwickelt waren. Die Zwiebeln wurden per Auktion zum Verkauf angeboten, und anstatt wie die bereits eingeführten Züchter und Händler einen Juristen hinzuzuziehen, der ihre Vereinbarungen notariell beglaubigte, damit sie gegen Streitereien abgesichert waren, wählten die Floristen das schnellere und billigere System und trugen jeden Geschäftsabschluß in ihre dicken Bücher ein. Jedes Kollegium wählte auch einen Sekretär, der über die an seinem Tisch ausgehandelten Transaktionen Protokoll führte.

Mochten anfangs auch zweitklassige Tulpensorten angeboten worden sein – die erstklassigen fanden ihren

Weg ohnehin kaum in den Schankhandel –, verlegten sich die Kollegien bei steigender Nachfrage vor allem auf die weniger begehrten und einfachen Tulpensorten. Diese Blumen liefen unter dem Begriff *vodderij*, was »Lumpen« bedeutet, höflicher war die Bezeichnung *gemeene goed*, »gewöhnliche Ware«. Dies waren einfarbige oder kaum geflammte Tulpen, die oftmals von den frühesten Sorten abstammten, welche die Niederlande erreicht hatten, und Ende 1636 ausreichend vorhanden waren.

Die *vodderij* wurden nicht per As, sondern nach Körben verkauft, die halbpfund- oder pfundweise gewogen wurden. (Ein Pfund entsprach 9,728 As in Haarlem, 10,240 As in Amsterdam.) In der Fachsprache der Floristen wurden sie oft Pfundware genannt, um sie von der Stückware zu unterscheiden, die einzeln nach As oder tausend As verkauft wurde. Ein Pfundkorb konnte fünfzig bis hundert Zwiebeln enthalten, und somit bewegte sich der Preis der Einzeltulpe selbst auf der Höhe der Tulpenmanie auf einem Niveau, das auch für den ärmsten Händler noch erschwinglich war.

Die Hunderte von neuen Floristen, die im Herbst und Winter 1636–37 in Scharen auf den Tulpenmarkt drängten, fingen im allgemeinen mit dem Handel von Pfundware in kleinem Umfang an, weshalb die phantastische Inflation, die sich sehr schnell bei den Preisen für diese Zwiebeln abzeichnete, ein besonders guter Indikator für die Dynamik des Blumenhandels und die Vehemenz ist, mit der sich das Tulpenfieber der Schankkollegien bemächtigte. Ein Päckchen der billigsten Pfundware, »Gheele Croons«, die man im September und Oktober 1636 noch für 20 Gulden bekommen konnte, kosteten Ende Januar bereits 1200 Gulden. Die bekanntere »Switsers«, eine vergleichsweise langweilige *Bizarden*-Sorte, kam im Herbst 1636 für 60 Gulden pro Pfund auf den Markt. Aber am 15. Januar 1637 betrug ihr Preis 120

Gulden, am 23. Januar waren es 385, und am 1. Februar hatte er sich wieder vervierfacht und belief sich jetzt auf 1 400 Gulden das Pfund. Der Spitzenpreis für diese Sorte wurde zwei Tage später mit 1 500 Gulden das Pfund erzielt.

So bemerkenswert die Geschichte der Tulpe bis zu diesem Punkt bereits war, erreichte die Tulpenmanie doch erst im Dezember 1636 und Januar 1637 ihren wirklichen Höhepunkt, an dem der Tulpenhandel dann zu einer wahnwitzigen Raserei ausartete. Bedauerlicherweise gibt es keine Augenzeugenberichte darüber, was in jenem außerordentlichen Winter 1636 tatsächlich in den Schankkollegien passierte oder wie Zwiebeln wirklich gekauft und verkauft wurden. Die drei *Samenspraecken* scheinen jedoch von einem Autor verfaßt worden zu sein, der detailliert über die Schankkollegien Bescheid wußte, und man geht im allgemeinen davon aus, daß sie ein genaues Bild von der Manie auf ihrem Höhepunkt wiedergeben.

In der ersten Flugschrift versucht Gaergoedt, der ehemalige Weber und jetzige Florist, seinen Freund Waermondt zum Tulpenhändler zu bekehren. Er erklärt ihm, daß er ihn in die Geheimnisse des Schankhandels einführen wolle und verspricht, seinen Freund zu beraten, wie er Zugang zu einem Kollegium finden und seinen ersten Handel tätigen könne. Dann bedrängt er Waermondt, mit ihm ein Glas Wein zu trinken. Zu diesem Handel brauche man einen berauschten Kopf, vertraut er ihm an, und je verwegener man sei, desto besser. Als eine kurz gefaßte Erklärung der schlimmsten Exzesse des Tulpenwahns läßt sich der Aphorismus des Webers kaum mehr übertreffen.

Als erstes erklärt Gaergoedt, daß Waermondt eine der Schenken finden müsse, wo sich die Floristen trafen. Dort solle er den Wirt bitten, ihn mit den Tulpenhändlern bekannt zu machen. Weil er ein Neuling sei, warnt er ihn, würden einige vor Freude krähen. Andere würden sagen, ›eine neue Hure im Bordell‹, aber darauf dürfe er nicht achten. Sei er erst einmal in die Runde eingeführt, fährt der Weber fort, könne Waermondt mit dem Zwiebelhandel beginnen. Zuerst müsse er aber noch wissen, daß es in den Kollegien Brauch sei, daß keiner seine Tulpen offen und direkt zum Verkauf anbiete. Statt dessen erwarte man von den Floristen, daß diese ihre Absichten durch beiläufige Hinweise und versteckte Anspielungen kundtun. So sei es beispielsweise erlaubt zu sagen: »Ich habe mehr Gelbe als ich brauchen kann, aber ich möchte ein paar Weiße.« Wenn schließlich deutlich werde, daß ein Geschäft bevorstehe, gebe es zwei mögliche Methoden des Verhandelns, die in die Tulpenschenken Eingang gefunden haben, wobei die Wahl für die eine oder andere davon abhänge, ob man kaufen oder verkaufen wolle. In beiden Fällen werde der vom Kollegium bestimmte Sekretär sämtliche Transaktionen notieren – und jeder einzelne Abschluß bringe dem Verkäufer eine Spende in Form von *wijnkoopsgeld* (Weingeld) ein.

Die erste Methode, *met de Borden*, »mit Tafeln«, wandte derjenige an, der kaufen wollte. Sowohl Käufer als auch Verkäufer bekamen holzverstärkte Schieferplatten, und der Florist, der zu kaufen wünschte, notierte den Preis, den er zu zahlen bereit war, auf seine Tafel, wobei er eine Summe wählte, die um einiges unter dem tatsächlichen Wert der Zwiebeln lag, die er haben wollte. Der Verkäufer wiederum hielt seinen Preis auf seiner Tafel fest, und dieser war natürlich exorbitant hoch. Die beiden Gebote gingen dann an die von den Vorsitzenden ernannten Vermittler, die sich gemeinsam auf einen fairen Preis einigten. Dabei kam zumeist eine Summe heraus, die sich irgendwo zwischen den beiden festgehaltenen Preisen bewegte, aber nicht notwendigerweise in der

Mitte lag. Der Kompromißpreis wurde auf die Tafeln gekritzelt, die man an die Floristen zurückgab.

An dieser Stelle hatten Zwiebelkäufer und Zwiebelverkäufer die Wahl, entweder die Schlichtung anzunehmen oder abzulehnen. Willigten sie ein, blieb der revidierte Preis stehen, und die Transaktion war beschlossene Sache, so daß der Kaufpreis ins Register des Kollegiums eingetragen werden konnte. Der Käufer hatte dann eine Kommission von einem halben Stüver pro Gulden des Kaufpreises zu leisten; betrug der vereinbarte Preis hundertzwanzig Gulden oder mehr, beschränkte sich die Kommision auf ein Maximum von drei Gulden. Das war das in den *Samenspraecken* erwähnte *wijnkoopsgeld*. Erklärten sich jedoch Käufer oder Verkäufer nicht mit dem Handel einverstanden, signalisierte man dies, indem man den ausgehandelten Kompromißpreis von der Tafel wischte. Taten dies beide Parteien, war das Geschäft gestorben, wischte jedoch nur einer den neuen Preis aus, mußte er wegen seiner Unnachgiebigkeit eine Geldstrafe zwischen zwei und sechs Stüver entrichten. Somit beinhaltete das *met de Borden*-System auf jeden Fall einen Anreiz, in den Handel einzusteigen.

Wer einen Verkauf initiieren wollte, wandte ein leicht verändertes System an, bekannt als *in het ootje*, »im kleinen ›o‹«. Heute hat dieser Ausdruck in der Bedeutung »jemanden auf den Arm nehmen« Eingang in die holländische Umgangssprache gefunden, aber zur Zeit der Tulpenmanie bezog er sich auf einen Abschnitt eines groben Diagramms, das der Sekretär des Kollegiums zeichnete, um die Gebote, die tatsächlich in einer Art Auktion abgegeben wurden, im Auge behalten zu können. Das Diagramm sah folgendermaßen aus:

Wenn man den Verkauf *in het ootje* abwickelte, wurde dieses Schema auf die Tafeln jedes einzelnen Kollegiumsmitglieds gemalt. Ein Florist, der seine Zwiebeln zum Verkauf anbot, schrieb in das kleine »o« auf der Grundlinie des Diagramms die Anzahl Stüver, die er als Prämie oder Provision einem Käufer zu gewähren bereit war. Diese Menge variierte, je nachdem, wie der Verkäufer den Wert der Zwiebeln einschätzte, aber wieder lag er irgendwo zwischen zwei und sechs Stüver, also in etwa die Summe, die eine Runde von ein oder zwei Getränken kostete. Interessierte Floristen im Kollegium gaben dann ein Gebot in Höhe des vermeintlichen Werts der Tulpen ab, und der Sekretär erfaßte die Gebote, indem er die höchsten Gebote in Tausendern in den oberen Halbkreis, in Hundertern auf die Grundlinie und in Einheiten, die darunter lagen, unter die Senkrechte schrieb. Wenn alle Gebote abgegeben waren, strich der Sekretär das Diagramm auf seiner Tafel mit drei Linien durch und kreiste dann das Ganze mit einem großen »O« ein – was wohl das Äquivalent zum Ausruf des modernen Auktionators »Zum ersten, zum zweiten, zum dritten« gewesen zu sein scheint. Damit war die Auktion zu Ende, und der Verkäufer hatte nun die Wahl, das Höchstgebot anzunehmen oder abzulehnen; wenn er sich aber weigerte, mußte er dem Käufer, dem er einen Strich durch die Rechnung gemacht hatte, dennoch die *in het ootje* festgelegte Provision zahlen. Auch bei dieser Methode des Zwiebelhandels gab es also eine Prämie dafür, daß überhaupt in den Handel eingestiegen wurde.

Hier wird also deutlich, daß die Schankklubs den Tulpenhandel erleichterten, weil sie gleichgesinnten Floristen einen Treffpunkt in einer warmen und angenehmen Umgebung boten und gewährleisteten, daß sie ihr Geschäft im Dunst berauschter Begeisterung abwickeln konnten. Wäre es dabei geblieben, hätten die Kollegien für einen steilen Anstieg der Zwiebelpreise gesorgt, was zu einer wie auch immer gearteten Manie geführt hätte. In Wirklichkeit jedoch sollten die Gepflogenheiten des Schankhandels noch weitaus größere Auswirkungen haben.

Wie wir gesehen haben, zeigten sich die Kollegien nicht nur willens, mit echten, physisch greifbaren Tulpen zu handeln, sondern auch mit den Eigentumsrechten an Zwiebeln, die noch in der Erde lagen. Dies führte zu einer Veränderung des Tulpenhandels, der jetzt keine saisonal abhängige Angelegenheit mehr war, sondern sich zu einem Geschäft entwickelte, welches das ganze Jahr über fortgesetzt wurde. Dies gab den Händlern – die, wie erinnert werden muß, in den seltensten Fällen eigene Gärten zu bestellen hatten – auch im Winter etwas zu tun, wodurch sich ihre Gewinnchancen erhöhten und sichergestellt war, daß das *wijnkoopsgeld* zur Zufriedenheit aller floß. Und zum zweiten unterließen die Kollegien es gänzlich zu überprüfen, wie es bei ihren Mitgliedern um die Solvenz bestellt war und ob sie die gehandelten Tulpen auch tatsächlich besaßen. Da die Zwiebeln selbst nicht vorhanden waren, wäre dies eine elementare Vorsichtsmaßnahme gewesen, aber sie wurde nicht getroffen. Somit ermutigten die Schankklubs zu zügelloser Spekulation, ohne ihren Mitgliedern dabei Schutz vor Insolvenz oder Betrug zu bieten. Jetzt konnte tatsächlich auch ein Florist, der gar keine Zwiebeln besaß, eine bestimmte Zwiebel an einen anderen Händler verkaufen, weil er bis zur Einlösung Zeit hatte und damit rechnen konnte, seiner Verpflichtung schließlich doch noch nach-kommen zu können, inzwischen aber den Gewinn aus dem Handel in seinen nächsten Kauf investierte. Und genauso konnte dieser Mann auch in dem Moment zah-lungsunfähig werden, in dem die Tulpenpreise fielen.

In den *Samenspraecken* prahlte Gaergoedt damit, mit dem Tulpenhandel sechzigtausend Gulden in nur vier Monaten zu verdienen. Im Winter 1636–37 hatten die echten Tulpenfanatiker die Chance, es ihm gleichzutun.

11
Die Waisen von Wouter Winkel

Durch die Tulpenmanie war Wouter Bartelmiesz. Winkel ein gemachter Mann geworden. Winkel gehörte zu den reichsten Männern der Stadt Alkmaar. Obgleich von Beruf nur ein einfacher Schankwirt (er besaß ein Gasthaus mit dem Namen »Oude Schutters-Doelen« – »Alte Stadtwache« – im Stadtzentrum), konnte er an den Fingern einer Hand die paar Mitbürger abzählen, die vermögender waren als er. Das einzige Problem dabei war, daß er ebenso wie alle anderen Tulpenhändler auch nicht an sein Geld kam. Es lag in Form von Zwiebeln in der Erde vergraben.

Wouter Bartelmiesz. stammte angeblich aus dem Dorf Winkel, das etwa fünfzehn Kilometer nördlich von Alkmaar an der äußersten Spitze der Provinz Holland liegt. Wenn seine Eltern auch nicht gerade reich waren, litten sie doch keine Not. So konnte sein Bruder Lauris eine Lehre absolvieren und Goldschmied werden – was schon immer zu den am besten bezahlten Handwerksberufen gehörte –, und als Wouter 1621 Elisabet Harmans ehelichte, konnte er seiner Frau versprechen, daß sie sich eine große Familie würden leisten können. Sogar sieben ihrer Kinder überlebten die Kindheit, und weil 1636 erst eines, der vierzehnjährige Willem, alt genug war, um selbst für seinen Lebensunterhalt aufzukommen, kann man davon ausgehen, daß die ganze Familie von dem lebte, was die Schenke und Winkels Handel mit Blumenzwiebeln abwarf.

Alkmaar war eine der kleineren Städte der Vereinigten Niederlande, aber für einen Dörfler aus Winkel dürfte sie alle Lockungen einer Metropole besessen haben. Sie war der Marktflecken für das sogenannte Nordviertel von Holland und wetteiferte als solcher mit den alten Rivalinnen Hoorn und Enckhuizen.

Die Stadt war für ihre Unabhängigkeit bekannt, was sich auch darin ausdrückte, daß sie sich den Moden in der übrigen Republik nicht anpaßte. So trugen beispielsweise die Frauen von Alkmaar beinahe als einzige Holländerinnen keine weißen Leinenhauben, sondern ihr Haar in geflochtenen Zöpfen zu einer Art Helmfrisur aufgesteckt.

Das von der Stadt beherrschte Umland war seit dem Mittelalter ständig geschrumpft, als noch ganz Nordholland und selbst einige der Inseln, die sich an der Mündung der Zuidersee reihten, dazu gehört hatten, doch Alkmaar war noch immer von gutem Ackerland umgeben und hatte von der erst kürzlich erfolgten Trockenlegung einiger kleinerer Seen im Süden erheblich profitiert. Fleisch und Milchprodukte waren die Haupterzeugnisse der Stadt, darunter vor allem die an Wagenräder erinnernden Käse, derentwegen die Niederlande bereits in ganz Europa berühmt waren.

Die Familie Winkel scheint in Alkmaar einige Zeit ganz gut gelebt zu haben, doch wie jede andere Familie konnte auch sie jederzeit eine Katastrophe heimsuchen. Selbst im goldenen Zeitalter blieben die Niederlande nicht von den Gefahren verschont, die das Leben im Europa des 17. Jahrhunderts oft so elend machten. Es war eine Zeit des Kriegs und der Not, geringer Lebenserwartung, immer wiederkehrender Seuchen und hoher Kindersterblichkeit; die wenigen Ärzte standen selbst den alltäglichsten Krankheiten noch immer hilflos gegenüber, und die Tränklein und Heilmittel, die sie verschrieben, bedrohten das Leben oftmals noch mehr als die Leiden, die sie kurieren sollten. Es gab selten eine Familie, die nicht den Tod eines oder zweier Kinder, des Ehemanns oder der Ehefrau zu beklagen hatte.

Elisabet Harmans starb als erste irgendwann zwischen 1631 und 1635, vielleicht an einer Krankheit, vielleicht im Kindbett, und ließ ihren Ehemann mit drei Knaben und vier kleinen Mädchen zurück. Nichts deutet auf eine Wiederverheiratung hin, weshalb man annehmen muß, daß Winkel sich alleine durchkämpfte und die älteren Kinder ihm dabei halfen, indem sie sich, vielleicht mit Hilfe eines Bediensteten oder der Kellnerinnen von »Oude Schutters-Doelen« um ihre jüngeren Brüder und Schwestern kümmerten.

In damaliger Zeit wurden die holländischen Kinder im Alter von sieben Jahren eingeschult, so daß bis auf den jüngsten Winkel, einen Jungen namens Claes, schon alle im Schulalter waren. Wouter Winkel war deshalb womöglich gar nicht auf fremde Hilfe bei seinen Kindern angewiesen, dürfte aber den Verlust seiner Frau auch finanziell zu spüren bekommen haben. Es mußte jemand bezahlt werden, der nähte, kochte und saubermachte, so daß die Profite aus dem Tulpenhandel für den Rest der Familie jetzt noch wichtiger geworden waren.

Wouter Bartelmiesz. scheint schon relativ früh in den Tulpenhandel eingestiegen zu sein. Fest steht, daß er schon 1635, bereits ein Jahr bevor der Markt wirklich boomte, Tulpen kaufte und verkaufte, vielleicht auch schon ein oder zwei Jahre eher. Dieser frühe Einstieg erlaubte es ihm mit ein wenig Glück und guten Kenntnissen vom Tulpenhandel, sich eine Tulpensammlung von ziemlich hoher Qualität zuzulegen.

Im Frühling 1636 besaß der Schankwirt mehr als siebzig erlesene Tulpensorten sowie eine beträchtliche Menge Pfundware von Zwiebeln geringeren Werts, die sich auf insgesamt dreißigtausend As beliefen. Zu seinen Tulpen gehörten einige der wertvollsten der Vereinigten Niederlande: eine sehr seltene *Violetten*, genannt »Admirael van Enckhuizen«, außerdem zwei »Viceroys« und fünf verschiedene »Brabansons«, drei Zwiebeln der berühmten *Rosen* »Admirael van der Eijck«, eine »Admirael Liefkens«, eine »Bruyn Purper« (Braun und Purpur), eine »Paragon Schilder« und sage und schreibe sieben Exemplare der immer begehrteren »Gouda«. Auf dem Höhepunkt der Tulpenmanie konnten Zwiebeln dieser Sorten sehr leicht für tausend oder mehr Gulden den Besitzer wechseln. Es sprach schon für ungeheures kaufmännisches Geschick, wenn jemand eine solch große Menge der begehrtesten Zwiebeln in den Niederlanden zusammentrug. Sollte seine Tulpensammlung nicht die berühmteste der Republik gewesen sein, dann kam sie bestimmt gleich an zweiter Stelle, denn es finden sich keine anderen Berichte über einen Tulpenhändler, dessen Tulpen in Qualität und Vielfalt sich mit denen von Wouter Bartelmiesz. Winkel messen konnten.

Am meisten beeindruckte an Winkels Sammlung jedoch nicht die Vielfalt oder die Pracht seiner Tulpen, sondern die Tatsache, daß er die Blumen, die zu seinem Inventar gehörten, auch wirklich alle besaß. Wouter war zwar Blumenhändler, gehörte aber weder zu den Liebhabern noch zu den Floristen – er war Züchter. Und dies bedeutete, daß sein Kapital sehr viel mehr Substanz hatte als das der meisten anderen Händler, die nur Schuldscheine mit einem Preis und einem theoretischen Lieferdatum ihr eigen nennen konnten und keine Garantie besaßen, daß ihre Tulpen auch von guter Qualität waren, geschweige denn überhaupt existierten. Winkels Vermö-

gen aber ruhte in der Erde seines Gartens nahe der Schenke.

Doch leider hatten Wouter Winkel und seine sieben
Kinder nicht das Glück, daß er lange genug lebte, um die
enormen Profite, die dieser schlaue Handel für ihn abge-
worfen hätte, einstreichen zu können. Im Frühling 1636
sah er seine Tulpen noch in Blüte, aber schon im Früh-
sommer starb er, wahrscheinlich nicht älter als Ende
Dreißig oder Anfang Vierzig. Wir wissen nicht, woran er
starb, nur, daß kurz darauf eine Abordnung des örtlichen
Vormundschaftsgerichts mit grimmigen Mienen im
»Oude Schutters-Doelen« ihres Amtes waltete und die
Kinder des Schankwirts ins Waisenhaus von Alkmaar
brachte.

In gewisser Hinsicht war das Elend der Kinder nicht
ganz so entsetzlich wie es den Anschein hatte. Der Verlust beider Eltern war im 17. Jahrhundert nichts Ungewöhnliches, und vermutlich war die Fürsorge, die man
den Waisen in der Republik der Vereinigten Niederlande angedeihen ließ, besser als in irgendeinem anderen
Land dieser Zeit. Die meisten größeren Orte verfügten
über ein eigenes Waisenhaus, das von der Stadt unterhalten und von einem Ausschuß der Regenten geleitet
wurde, der die Interessensvertretung der Kinder über-
nahm, die Vollzeitkräfte beaufsichtigte und dafür sorgte,
daß Gelder für den Erhalt der Einrichtung eingetrieben
wurden. Diese Städte unterhielten auch Altenheime –
eines für Frauen, eines für Männer –, die jedem betagten
Bürger offenstanden, der Bedarf an Wohnraum hatte.
Diese frühen sozialen Einrichtungen gab es nur in
Holland, und sie erregten die Bewunderung fremder
Besucher.

Dennoch sahen die Waisen von Wouter Winkel einer
ungewissen Zukunft entgegen, wenn sie im Waisenhaus
von Alkmaar blieben. Von ihren Vormunden, den Onkeln

Lauris Bartelmiesz. und Philip de Klerck erhielten sie die bestmögliche Unterstützung, und die Stadt kam ein, zwei Jahre für Essen, Kleidung und Unterricht auf. Aber Unterkunft und Verpflegung im Waisenhaus standen ihnen nur so lange zu, bis sie alt genug waren, sich mit Arbeit ihren Lebensunterhalt selbst zu verdienen. Man würde sie also in irgendeine Manufaktur, Mühle oder eine Werkstatt schicken, damit sie dort einen sinnvollen Beruf erlernten, durch den gewährleistet war, daß sie ihrer Stadt nicht länger zur Last fielen. Doch diese Waisen hatten eine Chance, sich eines bequemeren Lebens zu versichern: Sie mußten die Blumen ihres Vaters verkaufen.

Der erste Schritt bestand darin, die Tulpen zu bewachen. Da die Preise immer weiter in die Höhe stiegen, fürchtete jeder Züchter, seine Zwiebeln zu verlieren, und einige trafen bereits äußerst ausgeklügelte Maßnahmen zu ihrem Schutz. Einige schliefen bei ihren Tulpen, und ein Mann aus dem Dorf Blokker versah sein Tulpenbeet mit Stolperdraht, den er mit einer Glocke neben seinem Bett verband. Winkels Zwiebeln waren nach seinem Tod und der Einweisung seiner Kinder ins Waisenhaus besonders gefährdet, weshalb die Waisen erleichtert gewesen sein dürften, als die Zwiebeln endlich ausgegraben werden konnten. Sie wurden in einem sicheren Raum des Waisenhauses verschlossen, und die Treuhänder des Vormundschaftsgerichts überlegten, wie am besten zu verfahren war.

Das war im Juli 1636. Doch erst im Dezember, nachdem die Tulpen sorgfältig eingestuft und gewogen und unter dem wachsamen Auge eines Gärtners namens Pieter Willemsz. wieder in der Erde lagen, stimmten die Treuhänder schließlich einem Verkauf zu.

Unklar ist, ob dieses lange Zögern durch die umständliche Bürokratie des Vormundschaftsgerichts entstand oder ob einer der Regenten des Waisenhauses den Anstieg der Tulpenpreise verfolgt und auf den richtigen Moment für den Verkauf von Winkels Zwiebeln gewartet hatte. Ob nun durch Zufall oder geplant, der Zeitpunkt jedenfalls, der 5. Februar 1637, an dem die Auktion schließlich in der Nieuwe Schutters-Doelen von Alkmaar, abgehalten wurde, war zweifellos perfekt gewählt. In den Monaten seit Wouter Winkels Tod hatten sich die Tulpenpreise verdoppelt, dann wieder und wieder verdoppelt.

Die Treuhänder des Vormundschaftsgerichts machten den Verkauf publik, und die Gastwirte von Alkmaar dürften an den in Scharen anreisenden Floristen und Züchtern, die in den ersten Februartagen in die Stadt drängten, gut verdient haben. Potentielle Käufer durften Einblick in ein vom Gericht in Auftrag gegebenes Buch nehmen, das hundertvierundzwanzig Aquarelle von Winkels Tulpen und vierundvierzig weitere von den Lilien, Anemonen und Nelken enthielt, die den Rest seiner Sammlung ausmachten. Dieses Buch diente als eine Art Verkaufskatalog und pries den Kaufwilligen die Pracht an, derer sie sich in ein, zwei Monaten würden erfreuen können, wenn sie nur erfolgreich mitboten.

Die Auktion von Alkmaar markiert den absoluten Höhepunkt des Tulpenfiebers. Die Kauflustigen schienen sich diesmal von der üblichen Masse windiger Schankhaushändler abzuheben, und die Bietenden werden mit der üblichen Praxis, nur eine kleine Anzahlung oder eine Teilzahlung anzubieten, nicht durchgekommen sein. Dies war eine Auktion für Liebhaber und wirklich wohlhabende Händler. Hier wurden echte Zwiebeln für echtes Geld an den Mann gebracht.

Schon bevor die Auktion überhaupt in Gang kam, hatte ein zum Kauf Entschlossener es zuwege gebracht, mit den Regenten des Waisenhauses privat über das Juwel von Winkels Sammlung, die *Violetten* »Admirael van Enckhuizen«, zu verhandeln. Als diese Tulpe im Sommer

zuvor aus der Erde geholt worden war, hatte man entdeckt, daß an der Mutterzwiebel eine kleine Brutzwiebel
gewachsen war, die im neuen Jahr selbst zu einer lebens-
fähigen Zwiebel herangewachsen zu sein versprach. Diese Brutzwiebel erhöhte den Wert dieser ohnehin sehr seltenen Zwiebel beträchtlich, und die Regenten verkauften
sie für die exorbitante Summe von 5 200 Gulden, fast der
Preis, der 1636 für eine »Semper Augustus« erzielt worden war. Derselbe Käufer erwarb zudem zwei der immer
beliebter werdenden lila geflammten »Brabansons« für
3 200 Gulden das Paar und noch verschiedenerlei, darunter wohl ein paar weitere seltene Tulpen und Winkels
Sammlung an Lilien, Nelken und Anemonen. Für letztere zahlte der Käufer noch einmal 12 467 Gulden – was
eine Gesamtsumme von 21 000 Gulden allein für diesen
Verkauf abwarf, den Gegenwert für zwei große Häuser
in der Keizersgracht in Amsterdam.

Der lukrative Privatverkauf dieser wenigen Zwiebeln
legte den Tenor für die jetzt beginnende Auktion fest.
Anscheinend waren die Käufer aufgrund des Tulpen-
buchs oder Winkels Ruf davon überzeugt, daß die
Blumen beste Qualität waren und sie die seltene Gelegenheit hatten, einige der gefragtesten Tulpen der Niederlande zu erwerben. Die Gebote überschlugen sich, und
die in Alkmaar erzielten Preise waren mit wenigen Ausnahmen die höchsten, die für die einzelnen Tulpenarten
jemals bei einem Verkauf erzielt worden waren.

Die besten Losnummern gab es zu Beginn der Auktion. Als erstes wurde eine 563 As schwere Zwiebel einer
Sorte mittlerer Güteklasse namens »Boterman« für 263
Gulden verkauft, über einen halben Gulden pro As, die
nächste jedoch, eine winzige »Scipio« von nur 82 As,
kam für 400 Gulden unter den Hammer – fünf Gulden
das As. Eine »Paragon van Delft« erzielte 605 Gulden,
dann ging Winkels wertvolle »Bruyn Purper«, eine

äußerst delikate Blume, bei der sich in die lila Flammen ein Hauch von Braun mischte, für 2025 Gulden über den Auktionstisch, für 6 Gulden, 7 Stüver das As.

So verrückt, wie die Auktion begonnen hatte, ging sie weiter, und eine Zwiebel nach der anderen erzielte Rekordpreise. Nur zwei der siebzig Hauptlosnummern, die im ersten Teil der Auktion versteigert wurden, brachten weniger als hundert Gulden ein, aber für neunzehn Tulpen wurden jeweils über tausend Gulden geboten. Die teuersten Zwiebeln waren zwei sehr große »Viceroys« zu 658 und 410 As, die für 4203 und 3000 Gulden an den Mann gebracht wurden, aber das von Wert pro As anging, so war die begehrteste Blume eine *Rosen* der Sorte »Admirael Liefkens«. Diese Zwiebel hatte beim Einpflanzen gerade einmal 59 As gewogen, was sie zur leichtesten Zwiebel machte, die an diesem Tag versteigert wurde. Sie war zwar nicht viel größer als eine Brutzwiebel, kostete ihren Käufer aber 1015 Gulden, was einem As-Preis von 17 Gulden und 4 Stüver entspricht.

Selbst die billigere Stückware wurde am Ende des Tages, nachdem all die höchst erlesenen Tulpen ihren Käufer gefunden hatten, noch zu einem guten Preis losgeschlagen. Für 500 As der *Violetten* »Rotgans« wurden 805 Gulden und 725 für eine andere erzielt, und Zwiebeln im Gewicht von 1000 As, die der Haarlemer Züchter Jan Casteleijn in seinem Garten an der Südseite der Campeslaen gezüchtet hatte, kamen für 1000 Gulden unter den Hammer.

Noch bevor die Auktion zum Ende kam, muß all jenen, die den Verlauf verfolgt hatten, klar gewesen sein, daß Wouter Winkels Zwiebeln selbst an den Maßstäben des Tulpenfiebers gemessen erstaunliche Summen erzielten. Zu den schon vorab im Privatverkauf erzielten 21467 Gulden wurden die siebzig Einzeltulpen in der Nieuwe Schutters-Doelen zu einem Gesamtbetrag von 52923

Gulden versteigert sowie die restlichen zweiundzwanzig Sorten, die nach je 1000 As verkauft wurden, zu weiteren 15610 Gulden. Alles zusammen erbrachte das die stolze Summe von rund 90000 Gulden.

Innerhalb kürzester Zeit waren aus den armen Winkelwaisen reiche junge Männer und Frauen geworden. Wir wissen nicht, wie das auf der Auktion erzielte Geld kassiert und welche Kommissionen, Abzüge und Steuern von diesem unverhofften Glücksfall fällig wurden. Aber selbst wenn jedes von Winkels Kindern nur ein Siebtel der Gesamtsumme einsteckte, wären dies 13000 Gulden für jeden gewesen, mehr als das vierzigfache Jahreseinkommen einer durchschnittlichen Handwerkerfamilie. Ein ehrgeiziger Junge konnte sich mit diesem Geld in fast jeden Berufsstand einkaufen, der ihm lieb war, ein vorsichtiger brauchte bei bescheidener Lebensführung keinen einzigen Tag in seinem Leben mehr zu arbeiten. Und jedes Mädchen mit einer derartigen Mitgift konnte darauf bauen, eine erfolgversprechende Partie zu machen.

Die holländischen Tulpenhändler scheinen einhellig davon überzeugt gewesen zu sein, daß die Auktion von Alkmaar ein außergewöhnliches Ereignis war, das es verdiente, festgehalten zu werden. Schon wenige Tage nach dem Verkauf konnte eine einseitige Flugschrift mit dem bescheidenen Titel *Liste einiger Tulpen, verkauft an den Höchstbietenden am 5. Februar 1637* erstanden werden. Darin wurden einige Einzelheiten zu den näheren Umständen der Auktion erwähnt und die Preise aufgelistet, zu denen jede der neunundneunzig Losnummern verkauft worden waren. Diese Schrift wird häufig als Warnung vor Verschwendungssucht interpretiert, aber ihr vornehmliches Anliegen dürfte darin bestanden haben, das Vertrauen in den Tulpenhandel zu stärken und so breitenwirksam wie möglich die derzeitigen phänomenalen Zwiebelpreise publik zu machen.

In dieser Hinsicht hatte sie wenigstens teilweise Erfolg. Die Flugschrift brachte es zu so weiter Verbreitung, daß die darin aufgelisteten Preise als allgemeiner Maßstab angenommen, wenn nicht gar für offiziell gehalten wurden. Einige der zeitgenössischen Tulpenbücher, in denen die Preise verschiedener Sorten angegeben sind, geben die in Alkmaar erzielten Kaufsummen wieder, wenn diese auch alles bisher Erreichte bei weitem übertrafen. (Dahinter stand vermutlich der Gedanke, potentiellen Käufern hohe Preise als normal zu suggerieren.) Die teuerste Tulpe der Auktion, die »Admirael Liefkens«, war noch im Juni 1636 für sechs Gulden, zwölf Stüver das As zu bekommen gewesen, und Winkels drei »Admirael van der Eijcks« – Zwiebeln einer Sorte, die noch im Juli für zwei Gulden, zehn Stüver verkauft worden waren – brachten in Alkmaar sieben Gulden, vierzehn Stüver das As.

Die Menschen in der Republik der Vereinigten Niederlande taumelten in der letzten Januar- und der ersten Februarwoche 1637 im Tulpenfieber, und die Manie trieb auf ihren Höhepunkt zu. Während dieser außerordentlichen vierzehn Tage wurden binnen weniger Augenblicke riesige Vermögen versetzt. So zahlte etwa Hendrick Pietersz., ein Bäcker aus Haarlem, hundert Gulden für eine »Gouda«, die nur sieben As wog – einen Preis von mehr als vierzehn Gulden das As, einer der höchsten, den je eine Zwiebel erzielte. Und Auszügen aus dem Hauptbuch eines Haarlemer Kaufmanns namens Bartholomeus van Gennep, das in den Gerichtsarchiven seiner Stadt aufbewahrt wurde, ist zu entnehmen, daß er Ende Januar bereit war, einem einzelnen Händler, Abraham Versluys, mehr als 3 200 Gulden für eine Sammlung zweitklassiger Zwiebeln zu zahlen, unter denen keine der so begehrten Sorten zu finden war, die man im allgemeinen mit der Manie verbindet:

Zwei Pfund »Gelbe« und »Rote Kronen«	385 Gulden
Ein Pfund »Switsers«	280 Gulden
3000 As »Centen«	380 Gulden
Ein halbes Pfund »Oudenaers«	1430 Gulden
1000 As »Le Grands«	480 Gulden
1000 As »Gevleugelde Coornharts«	220 Gulden
70 As »Kistemaecker«	12 Gulden
410 As »Gevlamde Nieulant«	54 Gulden
	3241 Gulden

Obwohl die Begeisterung für den Tulpenhandel sich nach wie vor auf seine angestammten Hochburgen Haarlem und Amsterdam konzentrierte, hatte sie doch bereits die Grenzen Hollands und Westfrieslands erreicht und war auf Utrecht und Groningen und wahrscheinlich auch auf andere Provinzen übergesprungen. Der Gärtner Abraham Munting (der während der Tulpenmanie noch ein Junge war) wußte zu berichten, daß in Nordfrankreich die Tulpenspekulation ein zweites Mal wütete.

Die Zahl der im ganzen Land in den Kauf und Verkauf von Tulpen verwickelten Menschen dürfte inzwischen in die Tausende gegangen sein. Aus einem der wenigen ins Detail gehenden zeitgenössischen Dokumente ist zu ersehen, daß es in einer Stadt wie Utrecht, die keineswegs zu den großen Zentren des Zwiebelhandels zählte, im Februar 1637 etwa vierzig ernsthafte Floristen gab sowie ein paar Hundert kleinere Händler und Mitläufer, die ebenfalls in der Stadt Handel trieben. Da von Medemblik im Norden bis nach Gouda im Süden die Blumenzwiebelzucht und der Blumenhandel in mindestens einem Dutzend Städten und Distrikten florierte, kann man davon ausgehen, daß mindestens dreitausend Menschen der Provinz Holland vom Tulpenfieber erfaßt waren. Wenn dem so war, dann dürften es, als die Manie ihrem Höhepunkt zusteuerte, unter der Gesamtbevölkerung der

Republik der Niederlande von zwei Millionen Bürgern kaum weniger als fünftausend Züchter und Floristen gegeben haben, was vermutlich noch eine zurückhaltende Schätzung ist.

Der Gesamtwert dieser von so vielen Menschen gekauften und verkauften Blumen muß gigantisch gewesen sein. Offenbar sollen die Zwiebeln zur Blütezeit des Tulpenwahns oft zehnmal am Tag den Besitzer gewechselt haben – wobei der Preis vermutlich mit jedem Handel stieg. Während also die Tulpenzwiebeln selbst sicher in der Erde ruhten, konnten sie nacheinander einem Weber und einem Glasbläser, einem Bleicher und einem Beamten gehört haben, und zwar in einem Zeitraum von vierundzwanzig Stunden, um dann mit einem fünf- oder zehnmal höheren Wert als zu ihrer Einpflanzzeit aus dem Beet gebuddelt zu werden. Wie wir gesehen haben, konnten die seltensten Tulpenzwiebeln auf der Auktion von Alkmaar vier- oder fünftausend Gulden das Stück erzielen, und selbst wenn wir davon ausgehen, daß hier ungewöhnlich hoch geboten wurde, scheint es doch nicht abwegig, daß höchst erlesene Tulpen auch sonst für ein paar tausend Gulden den Besitzer wechselten, billigere Arten für eine Summe zwischen 350 und 750 Gulden und die einfache Stückware für Preise zwischen 250 und 1500 Gulden das Pfund.

Wenn wir also nur vorsichtig schätzen, daß in einem der größten Zentren des Tulpenhandels – in Haarlem oder in Amsterdam – sich zweihundert Floristen in Kollegien trafen, um zweimal die Woche mit Tulpenzwiebeln zu handeln, könnte die in dieser einen Stadt während der drei oder vier Monate, als das Fieber auf seinem Höhepunkt war, umgesetzte Geldsumme sich gut und gerne auf eine siebenstellige Zahl belaufen haben. Wenn beispielsweise ein typischer Florist nur ein Pfund Tulpenzwiebeln am Tag zu einem Durchschnittspreis von 250

Gulden das Pfund verkaufte, hätte das Handelsvolumen einer einzigen Großstadt zwischen Anfang Oktober 1636 und Ende Januar 1637 allein schon sieben Millionen Gulden ausgemacht.

Einige Händler jedenfalls scheinen so aktiv gewesen zu sein. Im Dezember und Januar kaufte ein einziger Tulpenhändler, Pieter van Rosven aus Haarlem, in einem Zeitraum von sechs Wochen mehrere Zwiebeln im Wert von 2913 Gulden, und zwar vor allem von Wouter Tulckens aus Alkmaar, der als eine Art Börsenmakler für verschiedene Züchter aufgetreten zu sein scheint. Eine der Zwiebeln, die Tulckens an van Rosven verkaufte, lag im Garten von Cornelis Verwer, eine andere in einem Grundstück an der im Süden Haarlems gelegenen Bollslaen (Zwiebelstraße), das dem calvinistischen Geistlichen Henricus Swalmius gehörte, und eine dritte im Garten des Malers Frans Grebber. Und dies sind nur die Käufe, die Eingang in die Gerichtsakten von Alkmaar fanden, weil van Rosven einen Prozeß gegen Tulckens wegen Nichtlieferung seiner Zwiebeln führte; er kann also durchaus in dieser kurzen Zeit auch noch viele andere Tulpen gekauft und verkauft haben.

Van Rosven war sicherlich beispielhaft für viele. In den *Samenspraecken* berichtet Gaergoedt, daß in den von ihm besuchten Kollegien so viele Zwiebeln zu Höchstpreisen gekauft und verkauft wurden, daß die *drietjens* – die maximal zu entrichtenden drei Gulden, die als Weingeld fällig waren, wenn ein Geschäft hundertzwanzig Gulden überstieg – »wie Wassertropfen von reetgedeckten Häuser nach einem Regen fielen«. Er erzählt weiter, daß er oft gebackenen oder gebratenen Fisch und Fleisch in den Schenken gegessen habe, ja sogar Hühnchen und Kaninchen und feine Pasteten, und von morgens früh bis nachts um drei oder vier Uhr Wein und Bier getrunken habe und dann mit mehr Geld nach Hause gegangen sei, als er mitgenommen hatte. Mit seiner Schätzung, daß im Verlauf des gesamten Tulpenfiebers in einer einzigen niederländischen Stadt Tulpen im Wert von zehn Millionen Gulden den Besitzer wechselten, dürfte der Chronist Lieuwe van Aitzema das wirkliche Ausmaß des Handelsrausches wahrlich unterschätzt haben.

Wenn wir trotzdem van Aitzemas Schätzung zugrunde legen und davon ausgehen, daß zwischen 1633 und 1637 in Haarlem und Amsterdam zusammen Tulpen im Wert von zwanzig Millionen Gulden gekauft und verkauft wurden und der Handelswert in jedem der zehn anderen bekannten Zentren, in denen das Tulpenfieber grassierte, nur ein Zehntel davon ausmachte, dürfte in diesen vier Jahren der nominelle Umsatz des niederländischen Zwiebelhandels insgesamt nicht unter vierzig Millionen Gulden gelegen haben. Und falls die Floristen in Holland wirklich so zwanghaft und unverantwortlich ihren Handel betrieben, wie die Kritiker des Zwiebelhandels dies behaupten, und falls die Anzahl der darin verwickelten Menschen sich nicht auf Tausende, sondern auf Zehntausende belief, dann könnte die Gesamtsumme durchaus doppelt so hoch oder höher gewesen sein. Im Vergleich dazu betrug die Gesamtsumme der von reichen Kaufleuten auf Konten der Bank von Amsterdam angelegten Gelder in den Jahren 1636–37 wahrscheinlich nur etwa dreieinhalb Millionen Gulden, und die allmächtige Holländische Ostindiengesellschaft – die damals größte Handelsorganisation in ganz Europa – verfügte über ein Kapital von sechseinhalb Millionen Gulden.

Ein zeitgenössischer Flugblattautor gibt uns mit seiner etwa im Dezember 1636 erschienenen Schrift einen lebhaften Eindruck davon, was die für Tulpenzwiebeln bezahlten Preise für einen Niederländer der damaligen Zeit tatsächlich bedeuteten. Eine Tulpe im Wert von

dreitausend Gulden hätte man gegen eine ungeheuer
große Warenmenge eintauschen können:

Acht fette Schweine	240 Gulden
Vier fette Ochsen	480 Gulden
Zwölf fette Schafe	120 Gulden
Vierundzwanzig Tonnen Weizen	448 Gulden
Achtundvierzig Tonnen Roggen	558 Gulden
Zwei große Fässer Wein	70 Gulden
Vier Fässer Bier zu je acht Gulden	32 Gulden
Zweitausend Kilo Butter	192 Gulden
Fünfhundert Kilo Käse	120 Gulden
Ein silberner Kelch	60 Gulden
Ein Ballen Stoff	80 Gulden
Ein Bett mit Matratze und Bettzeug	100 Gulden
Ein Schiff	500 Gulden
	3 000 Gulden

Angesichts dieser Auflistung wird das wahre Ausmaß der
Tulpenmanie auf ihrem Höhepunkt im Herbst und Winter der Jahre 1636–37 deutlich. Der Tulpenhandel florierte nicht nur, er boomte. Doch es mehrten sich auch
beunruhigende Hinweise, daß in den Schankkollegien
nicht alles zum besten bestellt war.

Ein Warnsignal war die rastlose Suche der Floristen
nach immer neuen Sorten. Wenn auch große Übereinstimmung darin bestand, daß ein oder zwei Sorten, wie
die »Viceroy«, sich von ihren vielen Rivalinnen abhoben,
konnte man sich nur schwer einigen, welchen Tulpen ein
Platz in der zweiten Reihe zustand – ein Problem, das aufgrund der großen Ähnlichkeiten zwischen den vielen vorhandenen Blumen der beliebteren Sorten noch verschärft
wurde. Das eine Kolleg oder die eine Stadt favorisierte
diese Sorte, andere Städte wiederum jene; darüber hinaus

änderten sich die Moden und Meinungen, ständig kamen neue Tulpen auf den Markt, um mit den etablierten Favoriten zu konkurrieren. Aus diesen Gründen war der Tulpenhandel nicht nur instabil, sondern auch von Natur aus unlogisch. Kein Markt kann sich lange behaupten, wenn Stabilität und Vorhersagbarkeit fehlen. Dem niederländischen Tulpenhandel fehlte beides.

Ein berühmtes Beispiel für das rastlose Bemühen der Floristen, etwas Neues und Besonderes aufzutreiben, war die Suche nach der Schwarzen Tulpe, einer Blume von so sagenhafter Seltenheit, daß sie mit Sicherheit noch wertvoller als eine »Semper Augustus«, gewesen wäre, hätte man nur ein Exemplar davon finden können. Der französische Romancier Alexandre Dumas hat die Schwarze Tulpe zu einem berühmten Roman verarbeitet, worin es um die Bemühungen des jungen Arztes Cornelius van Baerle geht, sich den großen Preis zu sichern, den derjenige bekommt, der eine solche Blume zu züchten vermag. Dabei scheint er zufällig auf einen alten niederländischen Bericht über einen Vorfall gestoßen zu sein, der sich auf dem Höhepunkt des Tulpenwahns ereignet haben soll. Nach einer Version dieser Geschichte hatte eine Interessengemeinschaft von Floristen gehört, daß es einem in Den Haag lebenden Schuster gelungen war, eine schwarze Tulpe zu züchten, und er entschlossen war, die einzige Blume zu verkaufen, die er besaß. Sie besuchten ihn in seinem Laden, und nach einigem Handeln gab sich der Schuster mit fünfzehnhundert Gulden zufrieden und händigte die Zwiebel aus. Zu seinem allergrößten Erstaunen warfen die Haarlemer Floristen die Tulpe sogleich zu Boden, trampelten darauf herum und schimpften ihn einen Narren, weil er ebensogut zehntausend Gulden hätte verlangen können. Als der unglückselige Schuster hörte, daß seine Besucher ebenfalls eine Zwiebel der Schwarzen Tulpe besaßen, die nun wieder einzigartig und somit unbezahlbar war, war er so verzweifelt über seine verpaßte Chance, daß er sich noch in derselben Nacht erhängte.

Die Geschichte der Schwarzen Tulpe ist natürlich eine Fabel. Es ist biologisch schlicht unmöglich, in dieser Gattung eine Blume zu züchten, die rein schwarze Blütenblätter hat; selbst heute zeichnen sich die wenigen existierenden »schwarzen« Tulpen bloß durch ein außerordentlich dunkles Violett aus. Die Tatsache jedoch, daß die Legende von der Schwarzen Tulpe in den Jahren der Tulpenmanie einige Verbreitung fand, könnte die schlaueren Floristen darauf gestoßen haben, daß sich allmählich eine gefährliche Kluft auftat zwischen dem, was der Markt verlangte, und dem, was angesichts der Zeit, die verstrich, bis eine neue Sorte eingeführt war, und angesichts des begrenzten Vorrats an botanischen Tulpen tatsächlich möglich war.

Noch beängstigender war im Herbst 1636 jedoch der Aufschwung, den der Markt für Pfundware nahm. Die erstaunlichen Preise, die Anfang 1637 für diese anfangs wertlosen Zwiebeln verlangt wurden, hätten jeden Floristen zum Nachdenken anregen sollen. Die erlesenen, spektakulären Tulpen waren immer gefragt, egal, wie hoch die Preise stiegen, für die Pfundware dagegen existierte eine solche Nachfrage nicht. Die Connaisseurs rührten sie nicht an, und die meisten Floristen in den Kollegien waren nicht im entferntesten daran interessiert, sie zu kultivieren. Sie kamen nur deshalb in den Handel, weil sie in großen Mengen zur Verfügung standen, und als dann der Januar in den Februar überging, merkten selbst die leidenschaftlichsten Tulpenfanatiker beunruhigt, daß ihr Markt außer Kontrolle geriet.

Der Erfolg der Auktion von Alkmaar sorgte für eine gewisse Beruhigung und schien zu beweisen, daß mit Zwiebeln noch immer gutes Geld zu machen war, dennoch werden sich ein paar der vorsichtigeren Händler Gedanken gemacht haben, wie lange die Tulpenpreise weiterhin so steigen konnten. Hier und da verkaufte ein einzelner Florist seine Bestände und sah davon ab, seine Profite in wieder neue Zwiebeln zu investieren. In den über ganz Holland verteilten Schankkollegien beäugten sich die konkurrierenden Händler und fragten sich, ob die einen etwas wußten, was ihnen selbst entgangen war. Vielleicht überlegten sie auch, selbst die eine oder andere Zwiebel abzustoßen.

Es war die erste Woche im Februar 1637. Die Zeit des Booms war vorbei.

12
Der Crash

Der Sturz der Tulpenpreise nahm am ersten Dienstag des Monats in Haarlem seinen Anfang, als eine Gruppe von Floristen sich traf, um in einem der Schankkollegien der Stadt zu kaufen und zu verkaufen.

Wie üblich eröffnete ein anerkanntes Mitglied des Kollegiums den Handelstag, indem er die Marktlage austestete. Er bot ein Pfund »Witte Croons« oder »Switsers« zum Verkauf an, forderte für die Zwiebeln einen angemessenen Preis von 1250 Gulden und hätte bestimmt einige eifrige Käufer gefunden, wenn alles normal über die Bühne gegangen wäre. Dann wären Tafeln und Kreide verteilt und die Tulpen zum höchsten Gebot versteigert worden und der restliche Geschäftstag wäre so hektisch wie eh und je verlaufen. An diesem Tag jedoch machte keiner ein Angebot. Der Auktionator rief die Zwiebeln ein zweites Mal auf, diesmal zu dem herabgesetzten Preis von elfhundert Gulden. Noch immer zeigte sich kein Interesse. Verzweifelt bot er nun seine Zwiebeln zum dritten Mal an, diesmal fiel der Preis auf lächerliche tausend Gulden das Pfund. Und wieder blieben die Gebote aus.

Es fällt nicht schwer, sich das betretene Schweigen im Raum vorzustellen, als diese schreckliche, absurde Auktion ihren Lauf nahm: nervöse Blickwechsel, auf halbem Weg zum Mund verharrende Krüge, vom Donner gerührte Händler, denen schlagartig die Bedeutung dessen aufging, was sich vor ihren Augen abspielte, und die nicht die leiseste Ahnung hatten, wie darauf zu reagieren war. Das Schweigen wird ein oder zwei Sekunden gedauert haben, bis ein immer stärker anschwellendes, aufgeregtes Stimmengewirr das Kollegium in ein wahres Tollhaus verwandelte, in dem alle gleichzeitig durcheinanderschrien.

Vermutlich hatte jeder der anwesenden Händler in den vergangenen Tagen ähnliche Preise für ähnliche Zwiebeln bezahlt und damit gerechnet, beim Weiterverkauf einen hübschen Gewinn herauszuschlagen. Und nun war binnen weniger Minuten jede Spekulation null und nichtig geworden, und die häßliche Frage, was jetzt wohl aus dem Zwiebelhandel würde, stand im Raum. Man konnte nicht einfach zur Tagesordnung übergehen, und wenn vielleicht noch der eine oder andere einen halbherzigen und erfolglosen Versuch unternommen haben mag, andere Zwiebeln zu verkaufen, wird das Kollegium den Handel bald eingestellt haben. Binnen kürzester Zeit dürften sich die Neuigkeiten in sämtlichen Schenken herumgesprochen haben, und jeder Florist in der Stadt und auch jenseits ihrer Mauern wird von einem dringenden Impuls ergriffen gewesen sein: verkaufen.

Es dauerte nur wenige Tage, bis die Panik auch auf den Rest der Vereinigten Niederlande übergesprungen war. Verzweifelte Floristen entdeckten in einem Kolleg ums andere, in Stadt um Stadt, daß die Blumen, die nur ein, zwei Tage zuvor Tausende von Gulden wert gewesen waren, sich nun um keinen Preis mehr verkaufen ließen. Ein paar Händler bewahrten einen kühlen Kopf und versuchten neues Interesse zu wecken, indem sie Scheinauktionen organisierten oder Zwiebeln mit enormen Rabatten feilboten, aber keiner achtete darauf. An den meisten Orten brach der Schankhandel so vollständig zusammen, daß es nicht mehr darum ging, ob die Preise um ein Viertel oder ein Zehntel dessen fielen, was sie auf dem Höhepunkt der Tulpenmanie erreicht hatten, sondern daß es für Tulpen einfach keinen Markt mehr gab.

Viele Floristen werden sich in derselben Misere befunden haben wie der Weber Gaergoedt, den sein Schöpfer in den *Samenspraecken* beschrieben hat. Als der unerwartete Preisverfall Gaergoedt trifft, ist seine erste Reaktion, weiter zu kaufen und zu verkaufen. Er gewinnt sein altes Vertrauen teilweise wieder und erzählt seinem Freund Waermondt: »Mag Flora auch krank sein, sterben wird sie nicht.« Während Gaergoedts Gattin Christijntje über dessen Entscheidung jammert, daß er seinen Webstuhl und all sein sonstiges Handwerkszeug verkauft, kehrt er zurück in die Kollegien, doch nur um mit eigenen Augen zu sehen, daß der Markt wirklich zusammengebrochen und jeder Handel zum Erliegen gekommen ist. Weil er keinen einzigen Käufer für seine Tulpen finden kann und sich der vielen Schulden bewußt ist, die er sich aufgeladen hat, um Tulpen kaufen und einen Garten anlegen zu können, fragt der ratlose Weber seinen Freund, was er tun soll. Waermondts Antwort ist von schonungsloser Offenheit: Der Tulpenhandel sei tot, meint er, es gebe keine Chance, ihn wiederzubeleben, und die Floristen hätten keine andere Wahl, als in ihre alten Berufe zurückzukehren. Bestenfalls könnten sie darauf hoffen, daß man sie ehrenhaft aus ihren Schulden entließ.

Für einen Markt im Aufschwung ist Vertrauen das Wichtigste, aber die Tatsache, daß der Tulpenhandel so rapide einbrach, legt nahe, daß einige der weniger optimistischen Floristen schon ein paar Tage vor dem Crash die ständige Eskalation der Zwiebelpreise mit Besorgnis verfolgt haben werden. Zur Zeit des Tulpenwahns gab es noch keine Tageszeitungen, weshalb die Reihenfolge der Ereignisse in der letzten Januarwoche und den ersten Februartagen alles andere als gesichert ist. Unwahrscheinlich ist jedoch, daß der Zwiebelhandel ohne jegliche Vorwarnung plötzlich abbrach und vollständig zum Stillstand kam, nur weil eine einzige Auktion in einem einzigen Haarlemer Wirtshaus fehlschlug. Der Handel wird im Laufe der vorangegangenen Woche überall in Holland zunehmend komplizierter geworden sein; den Auktionatoren dürfte es immer schwerer gefallen sein, die Preise in der üblichen Geschwindigkeit in die Höhe zu treiben, und bald wird es mehr Anbieter als Käufer gegeben haben. Der Markt war ausgereizt, und vermutlich wird sich schon ein oder zwei Tage vor der fatalen Zusammenkunft in Haarlem ein Gefühl der allgemeinen Unruhe und Bangigkeit wie beklemmender Herbstnebel von der Zuidersee auf die Kollegien von Haarlem und Amsterdam gelegt haben. Die Tulpenhändler hatten darauf gewartet, daß etwas passierte, und jetzt war es passiert.

Schon Ende Dezember konnte der Apotheker und Zwiebelzüchter Henricus Munting aus der Stadt Groningen den lukrativen Verkauf von einer Handvoll Tulpen für siebentausend Gulden nur deshalb zum Abschluß bringen, weil er seinem nervösen Kunden aus Alkmaar versprochen hatte, er könne den Kauf rückgängig machen und müsse nur zehn Prozent des vereinbarten Preises bezahlen, falls im Sommer 1637 die Preise fielen. Und zwei Tage vor dem Zusammenbruch lag auf einem Fest im Haus von Pieter Wynants dessen jüngerer Bruder Henrik einer der Geladenen in den Ohren, doch ein Pfund »Switsers« für 1350 Gulden zu kaufen. Henrik hatte sich die reiche Witwe Geertruydt Schoudt auserkoren, die jedoch Bedenken geltend machte und sich nicht zum Kauf überreden ließ. Erst als ein anderer Festgast, ein einheimischer Färber namens Jacob de Block, anbot, den Preis für acht Tage zu garantieren, willigte Schoudt ein und kaufte die Zwiebeln.

Der Tulpenhandel brach nach dem 3. Februar so vollständig zusammen, daß praktisch keine Informationen mehr darüber erhalten sind, wie die Zwiebelpreise im Frühjahr 1637 ausgesehen haben. Die Vermutung liegt nahe, daß die einzigen Käufer, die dann noch auf dem Markt waren, aus wenigen echten Liebhabern und vielleicht ein paar reichen Floristen bestanden, deren Reichtum nicht ganz und gar auf Blumen beruhte, und daß nur die seltensten und auserlesensten Sorten eine Chance hatten, verkauft zu werden. Ein Zeitgenosse weiß zu berichten, daß eine Tulpe, die vor dem Zusammenbruch fünftausend Gulden wert gewesen war, später für nur fünfzig Gulden über den Tisch ging. Ein Tulpenbeet, das im Januar noch sechshundert bis tausend Gulden erzielt hätte, soll im Mai für sechs Gulden den Besitzer gewechselt haben, und eine Sammlung Zwiebeln, die während des Booms ihre vierhundert Gulden wert gewesen war, für bloße zweiundzwanzig Gulden und einen Stüver verkauft worden sein. Wenn also Tulpen überhaupt noch einen Käufer fanden, dann erzielten sie höchstens fünf Prozent ihres alten Wertes, meist sogar noch wesentlich weniger. Der Zusammenbruch war spektakulär. Selbst wenn er nicht gleichzeitig in allen von der Manie erfaßten Städten erfolgte – was wahrscheinlich der Fall war –, kann es nicht länger als drei oder vier Monate gedauert haben, bis der Tulpenhandel überall völlig zum Erliegen kam. Somit brach der Markt sehr viel schneller und flächendeckender ein als dies beim berühmtesten Finanzdesaster der Geschichte der Fall war, dem Wall-Street-Crash von 1929 und der darauffolgenden großen Weltwirtschaftskrise. Dort dauerte es mehr als zwei Jahre, bis die Aktienpreise ihren tiefsten Sand erreichten, und selbst dann behielten sie noch zwanzig Prozent ihres alten Wertes.

Wenn auch nur wenige Floristen in all der Verwirrung den Grund für den sensationellen Zusammenbruch des Tulpenhandels verstanden haben mochten, fällt es im nachhinein nicht schwer, zu erkennen, daß der Crash ganz und gar unvermeidbar war. Wie ein Feuer brannte die Tulpenmanie hell und stetig, solange sie mit Brennstoff in Form von ständigem Zwiebelnachschub genährt wurde. Doch in den Wintermonaten der Jahre 1636–37 übertraf die Nachfrage bei weitem die Versorgung mit Tulpen, und deshalb zehrte die Manie alles in ihrem Umfeld auf. Pfundware und einfarbige Tulpen drückten auf den Markt, und nachdem sich die bisher verachteten »Switsers« und »Witte Croons« für mehr als tausend Gulden das Pfund verkaufen ließen, trieben die holländischen Floristen mit jeder Zwiebel Handel, die sie in die Finger bekommen konnten.

Wurden erst einmal diese *vodderij* auf den Markt geworfen, kamen auch keine neuen Sorten mehr zu erschwinglichen Preisen in den Handel. Und weil die billigen Zwiebeln ausblieben, wurde es zugleich für neue Floristen unmöglich, in den Markt einzusteigen, denn wer konnte es sich leisten, selbst für die billigste Ware Hunderte von Gulden zu bezahlen? Eine Handvoll der bereits tätigen Händler machten überdies ihre Zwiebeln zu Geld und versuchten ihre Profite zu kassieren, so daß eine sinkende Zahl von Floristen mit begrenztem Kapital gewissermaßen einen konstanten Preisanstieg mittragen mußten. Früher oder später konnten selbst jene, die noch immer glaubten, daß der Markt im wesentlichen gesund war, die nächste Preiserhöhung nicht mehr mitmachen und zögerten, sich festzulegen. Und somit waren Anfang Februar Geld und Zwiebeln – die beiden Stoffe, die den Handel anheizten – erschöpft. Und wie ein Feuer, das seine letzten Brennvorräte verbraucht hat, loderte die Tulpenmanie noch einmal in einem letzten, irrwitzigen Handelsaufschwung auf, ehe sie dann in sich zusammenfiel.

Dies war der Grund für den Zusammenbruch, aber nicht für das ganze Ausmaß des Preisverfalls. Die Erklärung für das Desaster liegt in der außergewöhnlichen Schnelligkeit, mit der die Tulpen auf dem Höhepunkt des Booms den Besitzer wechselten. In den meisten Märkten, die auf Hausse spekulieren, gibt es auch Baissespekulanten, die ihr Kapital zurückhalten und darauf warten, daß die Preise fallen und wertvolle Bestände billig erworben werden können. Aber die meisten der in den letzten ein bis zwei Monaten der Manie gehandelten Tulpen – die Pfundware und manche der per tausend As verkauften Sorten – waren praktisch wertlos. Es gab keine Nachfrage, kein Connaisseur würde sie je einpflanzen, und Wert besaßen sie nur in den Augen der Leute, die damit handelten. Hier gab es nichts, was ein Baissespekulant hätte ausnutzen können.

Noch schlimmer scheint, daß das Tulpenfieber wirklich jeden ergriffen hatte, der in den Schankkollegien damit in Berührung gekommen war. Nur wenige Floristen hatten viel Kapital zu erübrigen gehabt, als sie in den Markt einstiegen, und jetzt gab es fast keinen, der nicht in einer der komplexen Abhängigkeitsketten gefangen war, die der Tulpenhandel geschaffen hatte. Viele hatten ihre paar Habseligkeiten beliehen, um ihre Geschäfte auf dem Zwiebelmarkt zu finanzieren. Wer sich in dieser verzweifelten Lage befand, erlitt nicht nur einen Verlust, sondern stand vor dem völligen Ruin; und das bedeutete sogar in den Niederlanden des 17. Jahrhundert nicht nur Not, sondern entweder den Gang ins Armenhaus, Hunger und schlimmstenfalls einen frühen Tod. Eine weitere Tulpe zu ersteigern wäre wirklich das letzte gewesen, was diese Leute wollten. Jetzt war jeder Florist ein Verkäufer.

Damit soll nicht gesagt sein, daß die Preise sofort und überall gleichzeitig fielen. Manche Floristen zogen von Stadt zu Stadt, aber es waren nur wenige, und so dauerte es ein, zwei Tage, bis die Neuigkeit die Runde machte. Der Tulpenhandel in Holland verteilte sich auf mehrere separate Märkte, und die Preise in der einen Stadt hinkten denen in einer anderen hinterher.

Während also der Markt in Haarlem schon zusammengebrochen war, fand anderswo noch reger Handel statt. In Amsterdam – wo die Nachricht von der Katastrophe in Haarlem die Kollegien bis zum Mittwoch erreicht haben dürfte – schien er am Freitag, dem 6. Februar noch immer lebhaft vonstatten gegangen zu sein, denn ein Pfund »Switsers« wurde in einem Kollegium, das sich in einer Schenke namens »Zur Mennonitenhochzeit« traf, noch für 1065 Gulden an den Mann gebracht. Doch der Handel in Amsterdam scheint am nächsten Tag, dem 7. Februar, einen vergleichbaren Krisenpunkt erreicht zu haben. Ein Florist namens Joost van Cuyck bot elfhundert Gulden für ein Pfund der allgegenwärtigen »Switsers«, die Andries de Bosscher verkaufen wollte. Van Cuyck scheint noch einmal in sich gegangen zu sein, denn er bat de Bosscher, ihm zu garantieren, daß der Preis nicht fallen würde. De Bosscher stellte ihm einen Kollegen namens Pieter van de Cruys vor, der einwilligte, ihm zwölfhundert Gulden für die Zwiebeln zu versprechen, aber selbst dies stellte van Cuyck nicht völlig zufrieden. Er scheint seine Zweifel gehabt zu haben, ob van de Cruys auch über die nötigen Mittel verfügte, um seine Garantie einzuhalten, und so ging er am 11. Februar mit de Bosscher zu einem einheimischen Notar und ließ die ganze Übereinkunft juristisch absichern. Dies bedeutet, daß der Handel noch Gültigkeit gehabt hätte, als acht Tage später sich Haarlems Floristen außerstande sahen, Pfundware für tausend Gulden das Pfund zu verkaufen, und zeigt auch, daß der Tulpenhandel in Amsterdam noch mindestens eine Woche nach dem ersten Einbruch weiterflorierte. Dennoch legt van Cuycks Besorgnis nahe, daß sich auch anderswo Angst und Mißtrauen breitmachten, nachdem man erst einmal die Bedeutung der Neuigkeiten aus Haarlem in vollem Umfang begriffen hatte.

Ähnlich lag der Fall im Süden, wo noch am 4. Februar in Den Haag lukrative Geschäfte abgewickelt wurden. Wir wissen von einem, in das Jan van Goyen, ein prominenter Künstler, verwickelt war, der die Landschaftsmalerei der gesamten Niederlande maßgeblich beeinflußt hat. Van Goyen war der Sohn eines Schuhmachers, und sein Erfolg als Künstler hatte ihm einen Reichtum beschert, von dem er in seiner Kindheit nicht zu träumen gewagt hatte. Sein Vater hatte es immerhin soweit gebracht, daß er ein Haus sein eigen nennen konnte, mußte aber nach einigen Wahnsinnsanfällen schließlich in ein Asyl nach Leiden gebracht werden, so daß Jan in der Lehre beim Haarlemer Meister Esaias van de Velde allein zurechtkommen und sich mit seinen Gemälden von Sanddünen und Flußlandschaften einen Namen machen mußte. Er steckte all sein verdientes Geld in die Spekulation mit Häusern und schließlich auch in die mit Tulpen. Am 27. Januar 1637 erwarb er zehn Zwiebeln von Albert van Ravensteyn, dem Bürgermeister von Den Haag, und dann acht Tage später noch vierzig weitere für den Gesamtbetrag von 912 Gulden und zwei seiner eigenen Gemälde. Bei einem zweiten Kauf, den van Goyen am Tag nach dem Zusammenbruch in Haarlem tätigte, belief sich die Summe auf 858 Gulden. Aber kurz nachdem der Maler in den Handel eingewilligt hatte, sanken auch in Den Haag die Preise, und van Goyen sah sich bald in immensen finanziellen Schwierigkeiten.

Für die meisten Floristen verschlimmerte sich die Lage noch durch den Umstand, daß sie am *windhandel* teilgenommen hatten, der sie auch nach Zusammenbruch des Marktes noch verpflichtete, die Zukunftsverträge zu erfüllen, auf die sie sich eingelassen hatten. Fast jeder Händler stand nun vor der Situation, Anzahlungen auf Tulpen geleistet zu haben, die jetzt wertlos waren, und enorme Zusatzsummen zahlen zu müssen, um den Kaufvertrag zu erfüllen, wenn die Zwiebeln in ein paar Monaten aus der Erde gehoben wurden.

Der Zusammenbruch des Tulpenhandels hatte ernsthafte Folgen selbst für jene, die ihre Zwiebeln noch vor dem großen Crash an den Mann gebracht und scheinbar gute Profite eingesteckt hatten. Zu den Betroffenen gehörten auch die Waisen von Wouter Winkel, die infolge der Auktion von Alkmaar in mindestens zwei Gerichtsprozesse hineingezogen wurden. Einer betraf einen einheimischen Händler namens Gerrit Amsterdam, der zu behaupten versuchte, daß die 563 As schwere »Verbeter de Boterman«-Zwiebel, die er für 263 Gulden erworben hatte, nichts anderes als eine gemeine »Boterman« und deshalb sehr viel weniger wert sei, als er bezahlt hatte. In dem anderen Prozeß ging es um Willem Lourisz., einen Floristen aus Heemskerk. Er hatte für die Zwiebel einer *Rosen* mit dem Namen »Anvers Vestus«, 512 Gulden geboten, die erst fällig wurden, wenn die Blume zur Zufriedenheit geblüht hatte. Anderthalb Jahre nach der Auktion hatte Lourisz. seine Schuld noch immer nicht beglichen, und Jacob van der Meer und Jacob van der Gheest, die beiden Regenten des Waisenhauses von Alkmaar, die bei den Winkel-Kindern die Vormundschaft übernommen hatten, waren schließlich gezwungen, ihn wegen Nichtzahlung gerichtlich zu belangen. Die Regenten beeidigten, daß sie den Floristen wiederholt eingeladen hatten, seine Blume zu inspizieren und seine Schuld zu begleichen. Lourisz. führte zu seiner – recht fadenscheinigen – Verteidigung an, daß er sich mit van der Meer eines Morgens im Mai 1637 vor dem Garten, in dem die Tulpe wuchs, verabredet habe, der Regent aber nicht gekommen und er nach einer halben Stunde Wartezeit gegangen sei. Van der Meer entgegnete entrüstet, daß es nie eine Verabredung gegeben, die Tulpe aber prächtig geblüht habe und deren Besichtigung mehrere Wochen lang möglich gewesen sei, weshalb die Zahlung nun, wie vereinbart, zu erfolgen habe.

Für die echten Liebhaber sah die Lager etwas besser aus, und selbst nachdem der Schankhandel zum Stillstand gekommen war, wurden vereinzelt noch weiterhin ungewöhnlich hohe Preise für Tulpen bezahlt. Am 17. März verkaufte der Haarlemer Händler Dirk Boortens ein paar Tulpenzwiebeln, darunter eine »Admirael Liefkens« und eine »Saeyblom« für 11 700 Gulden an einen Pieter van Welsen. Als van Welsen Mitte April seine Blumen in Augenschein nahm, entdeckte er, daß sie in schlechtem Zustand waren, und Boortens erklärte sich mit einem Preisnachlaß von dreihundert Gulden einverstanden. Der Zusammenbruch der Tulpenkollegien schien van Welsen offenbar kaum in Besorgnis gestürzt zu haben, denn er bestätigte, daß er die Restsumme von 11 400 Gulden gerne begleichen werde und willigte in drei Ratenzahlungen ein: 4 000 Gulden im Juni, 3 700 Ende August und die verbleibenden 3 700 Gulden am ersten Februar 1638. Dies war eine private Vereinbarung zwischen erklärten Blumenliebhabern, die die irrwitzigen Spekulationen gänzlich unbeeindruckt ließen und sich den Luxus leisten konnten, ein Vermögen auszugeben, um ein paar Wochen im Jahr eine Tulpe blühen zu sehen. Doch auch unter den wohlhabenderen Tulpenhändlern der ersten Garde war angesichts der Marktlage gelegentlich noch ein Anflug von Optimismus zu spüren. Jan Quaeckel, der reiche

Haarlemer Händler, dem die »Goldene Traube« gehörte, reiste am Tag nachdem die Preise in den Kollegien seiner Heimatstadt in den Keller gegangen waren, zu einer Auktion nach Alkmaar und war noch immer so vertrauensvoll, sich von 3 260 Gulden zu trennen, um sich ein paar von Wouter Winkels schönen Zwiebeln zu leisten.

Doch abgesehen von wenigen unverbesserlichen Tulpenenthusiasten hatten die meisten das wahre Ausmaß des desaströsen Zusammenbruchs des Marktes erkannt und nahmen die Sache ernst. Am 7. Februar, nur vier Tage nach dem Zusammenbruch in Haarlem, einigten sich die Züchter der Provinzen Holland und Utrecht darauf, ein Treffen in Amsterdam anzuberaumen, um nach Wegen zu suchen, die den durch den Preisverfall entstandenen Schaden begrenzen könnten. Selbst in einem Land von der Größe der Vereinigten Niederlande lagen manche dieser Städte zwei Tagereisen voneinander entfernt, so daß die Reaktion der Züchter erstaunlich schnell erfolgte. Dahinter kann nur die Sorge um die eigene Zukunft gestanden haben.

Mit Ausnahme von Rotterdam – dessen Züchter sich brieflich mit den Entscheidungen der Mehrheit einverstanden erklärten – hielten die Städte und Bezirke, die am intensivsten in den Tulpenhandel verwickelt waren, eigene Versammlungen ab, um Stellvertreter zu wählen, die sie zu diesem Treffen entsandten. Die meisten der großen Tulpenzüchter, darunter Francisco da Costa aus Vianen, Barent Cardoes und Willem Schonaeus aus Haarlem und François Sweerts aus Utrecht reisten neben weniger bekannten Vertretern wie W. J. Sloting aus Leiden und Claes Heertgens nach Amsterdam, letzterer als Abgesandter des Streeck, eines Tulpenanbaugebiets, das zwischen den drei westfriesischen Städten Hoorn, Enkhuizen und Medemblik lag.

Die große Versammlung der Züchter fand am 23.

Februar statt. Der Tulpenhandel dürfte sich jetzt überall in Auflösung befunden haben, denn die Delegierten scheinen kaum Zeit auf Überlegungen verschwendet zu haben, wie er wiederzubeleben war, sondern konzentrierten sich schlicht auf Möglichkeiten der Schadensbegrenzung.

In gewisser Hinsicht befanden sich die Züchter in der gleichen verzweifelten Lage wie die Floristen. Im vorangegangenen Jahr hatten sie sich mit dem Kauf von Zwiebeln und Brutzwiebeln auf beträchtliche Kosten eingelassen, ihre Gärten bestellt und ihre Geschäfte erweitert, um der heftigen Nachfrage gewachsen zu sein. Nun waren sie in der fatalen Situation, daß Kunden, die ihnen nur kleine Anzahlungen geleistet und die Tulpen inzwischen schon längst wieder an andere Händler weiterverkauft hatten, ihnen riesige Summen schuldeten. In vielen Fällen hatte man die Eigentumsrechte in einer der langen und unüberschaubaren Ketten von Käufen und Verkäufen, die während des Tulpenfiebers getätigt wurden, aus den Augen verloren. Konnte nur ein in diese Abmachungen verstrickter Florist seine Schulden nicht begleichen, so brach die ganze Kette zusammen, und die am Ende wartenden Züchter hatten nicht die geringsten Aussichten, die Restsumme zu erhalten, die ihnen für ihre Zwiebeln am Fälligkeitstag im Juni zustand.

Auf der Versammlung in Amsterdam entschloß man sich schließlich, so zu tun, als habe das Tulpenfieber nie stattgefunden. Die Mehrheit unterstützte eine Resolution, die besagte, daß Transaktionen, die vor der Pflanzzeit durchgeführt worden waren, noch immer bindend sein sollten, die Käufer aber das Recht hatten, jeden Kauf zu annullieren, der nach dem 30. November 1636 stattgefunden hatte, wofür man allerdings zum Ausgleich zehn Prozent des Verkaufspreises fordern müsse. Die Vertreter Amsterdams verweigerten als einzige die Zustimmung zu dieser Vereinbarung.

Mit dieser Lösung hatten die Züchter natürlich ihren eigenen Vorteil im Auge, schien sie doch ihre Verluste gering zu halten. Man war sich bewußt, daß die Mehrzahl der vor Ende November verkauften Zwiebeln von Liebhabern und reichen Händlern gekauft worden war, die über die nötigen Mittel verfügten, ihre Schulden vollständig zu begleichen. Erst im Dezember und Januar nämlich, als der Tulpenhandel explodierte und zum Exzeß ausartete, hatten die ärmeren Floristen den Markt überschwemmt. Und ob man von diesen sein Geld bekam, war mehr als zweifelhaft.

In den *Samenspraecken* erklärt Waermondt seinem Freund Gaergoedt, wie der Plan der Züchter in der Praxis aussah. Geht man davon aus, daß eine Zwiebel von ursprünglich dreißig Gulden dreimal verkauft wurde, für etwa sechzig, hundert und zweihundert Gulden, dann hätte der Mann, der die zweihundert Gulden geboten hatte, die Möglichkeit, das Geld zu überreichen und die Blume zu behalten. Wollte er sie nicht haben, mußte er an den Mann, der sie ihm verkauft hatte, zwanzig Gulden zahlen, damit ihre Abmachung ungültig war. Das Eigentumsrecht ging dann auf den Floristen über, der hundert Gulden geboten hatte, und er hätte ebenfalls die Wahl, entweder die Zwiebel zu behalten oder dem Mann, von dem er sie erworben hatte, einen Ausgleich von zehn Gulden zu zahlen. Was Waermondt nicht anspricht, vermutlich aber in der Absicht der Züchter lag, war die Überlegung, daß wenn einer den Vertrag voll erfüllte, auch alle, die vor ihm in der Kette waren – darunter auch der Züchter, der den Originalverkauf ausgehandelt hatte –, zu ihrem Geld kamen. Wenn hingegen keiner der Floristen die Zwiebel behalten wollte, ginge das Eigentum an den Züchter über, der als Ausgleich dann zehn Prozent vom Verkaufspreis erhielte. Er hätte dann jedes Recht, die Tulpe an einen neuen Käufer zu verkaufen, wenn sich einer fand.

Man weiß nicht, was die Züchter von Amsterdam bewogen haben mag, die Ratifizierung der Übereinkunft zu verweigern, vielleicht waren sie nicht bereit, überhaupt einen solchen Kompromiß einzugehen. Schließlich hatten sie vor den Augen des Gesetzes jegliches Recht, die vollständige Bezahlung ihrer Produkte zu fordern. Nur der blanke Pragmatismus, die Einsicht, schlicht Zeit zu verschwenden, wollte man Hunderte insolventer Schuldiger durch den Instanzenweg verfolgen, kann die Mehrheit der Züchter, die sich der Resolution anschlossen, davon überzeugt haben, freiwillig ihr Recht auf die ihnen zustehenden Gulden abzutreten, die sich in vielen Fällen bestimmt auf mehrere tausend beliefen. Und sie erhofften sich wohl, mit den geforderten zehn Prozent – womit sie ein Zehntel des ursprünglichen Verkaufspreises, nicht des Endpreises auf dem Höhepunkt des Tulpenfiebers meinten – eine reelle Chance zu haben, sich von der Katastrophe zu erholen.

Problematisch daran war nur, daß den Züchtern auch schon für diese bescheidene Teilzahlung jegliche Gesetzesgrundlage fehlte. Sie konnten ihre Kunden darum bitten, sich auf den Kompromiß einzulassen, aber nicht von ihnen fordern, ihn zu akzeptieren.

Und da die meisten Floristen nicht genug auftreiben konnten, um auch nur ein Zehntel ihrer Verbindlichkeiten abzutragen, solange sie nicht für die Zwiebeln bezahlt worden waren, die sie an andere verkauft hatten, standen die Aussichten schlecht, daß sie mit den Züchtern einig wurden. »Wenn mein Kunde mich bezahlt, bezahle ich dich«, versichert Gaergoedt einem Gläubiger in den *Samenspraecken,* nur um unheilverkündend einzuwenden: »Aber er ist nirgends zu finden.«

Somit war offenkundig, daß die Probleme des Zwiebelhandels nicht von den Zwiebelhändlern allein gelöst werden konnten. Eine höhere Autorität würde entscheiden müssen, wem die Tausende von Tulpen gehörten, die vor dem Februar 1637 gekauft und verkauft worden waren, und, was noch wichtiger war, wer für sie bezahlen sollte. Deutlich wurde auch, daß jeglicher schließlich vorgelegte Kompromiß die Kraft des Gesetzes zu seiner Durchführung brauchte.

Die Tulpenmanie war zum Problem der Gerichtshöfe geworden. Und währenddessen ergriffen die Kritiker der Blume das Wort.

13
Die Hurengöttin

Keiner in den Niederlanden liebte die Tulpen mehr als Claes Pietersz. aus Amsterdam, der wahrscheinlich berühmteste Arzt der ganzen Republik. Andere Männer mochten die Blume züchten, mit ihr Handel treiben und ein Vermögen damit machen, Pietersz. änderte ihretwegen sogar seinen Namen. Er wurde buchstäblich zu Dr. Tulpe.

Als 1621 die Tulpen gerade unter den reichen Regenten in Mode kamen, fing Claes Pietersz. an, sich Nicolaes Tulp zu nennen. Er erkor die Blume außerdem zu seinem persönlichen Emblem. Als er 1622 zum Ratsherrn von Amsterdam ernannt wurde und sich ein Wappen zulegen mußte, ließ Tulp es mit einer zarten, rotgeflammten *Rosen*-Tulpe versehen. Sein Ratsherrnstempel siegelte Hunderte offizieller Dokumente, die von ihm bewilligt wurden, mit einer roten Wachsblume. Und wenn er von einem langen Tag im Dienste der Stadt nach Hause kam, dann kehrte er auch zu einem Bild der Tulpe zurück –, einem der erlesensten Exemplare der berühmten »Admiraels« –, das ein über der Eingangstür seines vornehmen Hauses in der Prinsengracht vor- und zurückschwingendes Schild schmückte.

Im Lauf der Zeit erlangte der junge Dr. Tulp (er war Ende Zwanzig, als er seinen Namen änderte) immer größeres Ansehen. Er gewann Rembrandt zum Freund und stand Modell für eines von dessen berühmtesten Gemälden, *Die Anatomie des Doktor Tulp*, das ihn als einen vornehmen Chirurgen zeigt, der eifrig mit der Sektion eines kürzlich hingerichteten Verbrechers beschäftigt ist. Zeitgenossen kannten Tulp als Botaniker, als einen entschiedenen Befürworter des Tees – den er als Heilmittel gegen Trägheit und Krämpfe verschrieb – und als einen erfolgreichen Politiker, der viermal Bürgermeister von Amsterdam wurde. Er galt auch als strenger Calvinist, dessen prinzipielle Verachtung der im wahrsten Sinne des Wortes rauschhaften Feste, mit denen in Holland üblicherweise auch Hochzeiten begangen wurden, ihm Anlaß gab, ein Gesetz zu befördern, dessentwegen man sich seiner gelegentlich noch heute erinnert: Amsterdams »Gesetz gegen Exzesse« von 1655, das Hochzeitsfeste verbot, auf denen mehr als fünfzig Gäste geladen waren oder die länger als zwei Tage dauerten.

Es überrascht daher kaum, daß Dr. Tulp auch die Zechgelage in den Schankkollegien instinktiv verabscheute. Er blieb bis ans Ende seines langen Lebens ein echter Tulpenconnaisseur; so überreichte er etwa 1652 anläßlich seines Ausscheidens aus der Chirurgenzunft seinen alten Kollegen einen Silberhumpen in Form einer Tulpe, deren Stengel eine Eidechse erklomm, und bat, man möge diesen in Zukunft für den abschließenden Trinkspruch der zahllosen Zunftbankette verwenden. Nach 1637 jedoch zog Nicolaes Tulp es vor, in der Öffentlichkeit nicht mit der berühmten Blume in Verbindung gebracht zu werden, mit der er sich den Namen teilte. Das Schild vor seinem Haus in der Prinsengracht wurde abgehängt, das Wappen weniger auffällig zur Schau getragen. Dr. Tulp schämte sich der Exzesse des Tulpenwahns.

Tulp war nicht der einzige, der so empfand. Adolphus Vorstius, der an der Universität Leiden den ehemaligen

Lehrstuhl für Botanik von Clusius innehatte und zweimal die Woche im dortigen *hortus* über die Eigenschaften seiner Pflanzen und Heilkräuter dozierte, empfand für die Tulpenhändler und deren hysterischen Umgang mit den Zwiebeln eine so tiefe Verachtung, daß er dazu überging, jede Tulpe zu vernichten, die ihm in den Weg kam, indem er sie mit einem Stock abschlug. Selbst Außenstehende, die vom Tulpenfieber verschont geblieben waren, teilten oft die Verachtung, die die Liebhaber den Floristen entgegenbrachten. Die Mitglieder der Schankkollegien wurden gnadenlos verlacht und als »Kappisten« verspottet, was eine üble Beleidigung bedeutete, denn für einen Niederländer des goldenen Zeitalters stand dieser Name für das Bild eines Dummkopfes mit der Narrenkappe.

Nicht alle Kritiker der Tulpenmanie begnügten sich mit Scherzen und Beleidigungen. Vor allem unter den religiösen Mitgliedern der holländischen Gesellschaft nahmen einige eine strengere Haltung ein und beschuldigten die Tulpenhändler, die christlichen Prinzipien der Nächstenliebe und der Bescheidenheit über den Haufen geworfen zu haben. Und noch ehe der Tulpenmarkt schließlich zusammenbrach, hatten einige der lautesten Gegner ihre Kritik am Tulpenhandel bereits schwarz auf weiß gedruckt. Ihr Medium war die Flugschrift, und während der letzten Monate des Jahres 1636 ergoß sich aus den Druckerpressen von ganz Holland eine Schmähflut zum Thema Tulpenwahn.

Größtenteils waren diese Erzeugnisse zotige Satiren. Mit wenigen Ausnahmen hatten sie die römische Göttin Flora zur Protagonistin, die schon immer die lasterhafteste der Göttinnen gewesen war. Dem Mythos nach war Flora eine bekannte Kurtisane in den frühen Tagen Roms, die so viel von ihrem auf unsittliche Weise erworbenen Vermögen der Stadt vermacht hatte, daß die dankbaren

Römer sie dafür zur Göttin erhoben. Sie wurde sowohl die Göttin der Blumen als auch die Schutzpatronin der Prostituierten, und die holländischen Flugblattautoren genossen nichts mehr, als offensichtliche Parallelen zwischen der römischen Hure und den wertvollen Tulpen zu ziehen, die auf der Höhe des Wahns so rasch von Hand zu Hand gegangen waren. Flora, so erinnerten sie ihre Leser, hatte sich dem Höchstbietenden verkauft, und ihr Preis war ständig gestiegen, bis er so hoch war, daß kein Mann sie lange für sich behalten konnte. Da jeder ihrer Liebhaber reicher und großzügiger als der vorige war, ruinierte sie alle mit ihrer Forderung nach immer noch verschwenderischeren Beweisen ihrer Hingabe. Selbst nachdem sie ins römische Pantheon aufgestiegen war und Zephyr, den Westwind, geheiratet hatte, war sie nicht fähig gewesen, sich zu bessern. Bald schon machte sie ihren neuen Ehemann zum Hahnrei, indem sie Herkules umgarnte.

Treulose Gefährtin, habgierige Geliebte: die perfekte Metapher. In den Augen der Flugschriftenverfasser waren die holländischen Zwiebelhändler nur die letzten in der langen Reihe von Männern, die sich der Hurengöttin hingegeben hatten, nur um von ihr verraten zu werden. Viele der Publikationen spielten auf die großen finanziellen Nöte der Floristen an und begleiteten dies mit Titeln wie *Floras Krankenlager* oder, deutlicher, *Der Untergang der großen Gartenhure, der Schurkengöttin Flora*. In anderen tauchten fiktive Klagen von Händlern auf, die sich von einem falschen, heidnischen Idol hatten versklaven lassen. In einer Attacke erzählt ein Weber wütend davon, wie Flora ihn verführt hat. In einer anderen, mit dem enthüllenden Titel *Anklage gegen die heidnischen und türkischen Tulpenzwiebeln*, verfügen Flora und die anderen Erdgeister, daß die Tulpen und alle anderen Kräuter und Pflanzen zu ihrem Ursprungsort im Schöpfungsplan zurückkehren sollen, und drohen mit Ungeziefer und

Faulwetter, wenn sie im Land blieben. Der allgemeine Tenor ist ein bitterer Antagonismus gegenüber einer Göttin, die alles versprochen, diejenigen aber, die dumm genug waren, ihr zu glauben, mit weniger als nichts zurückgelassen hatte.

Zeitgleich mit den gallige Verse spuckenden Flugschriften tauchte das erste einiger denkwürdiger Kunstwerke auf, die sich detailliert mit dem Tulpenhandel befaßten und einiges von dem Spott ahnen lassen, den die am Boden zerstörten Floristen nach dem Zusammenbruch über sich ergehen lassen mußten. Es war ein Gemälde von Pieter Nolpe (das später von Cornelis Danckerts in Kupfer gestochen wurde) mit dem schwerfälligen Titel: *Floras Narrenkappe oder Szenen aus dem denkwürdigen Jahr 1637, als ein Narr den nächsten ausbrütete, die müßigen Reichen ihren Wohlstand und die Weisen ihren Verstand verloren.* Nolpes Arbeit zeigt Tulpenhändler, die sich in einer Schenke mit dem Namen »Im Zeichen der Dummen Zwiebeln« versammelten, die in Wirklichkeit aber eine riesige Narrenkappe war. Das Schild vor dem Wirtshaus zeigt zwei miteinander kämpfende Männer. Im Vordergrund sind andere mit Körben und Schubkarren gerade damit beschäftigt, die jetzt wertlosen Zwiebeln auf den Misthaufen zu werfen; drei Gärtner stehen dabei und sehen zu, während direkt dahinter der mit einer Angelrute bewaffnete Beelzebub wertlose Tulpenverträge an Land zieht. In seiner rechten Hand hält der Teufel ein Stundenglas, um zu zeigen, daß die Zeit für den Tulpenhandel gerade abläuft. Im Hintergrund des Bildes sieht man ein verfallenes Haus und die Göttin Flora, die auf einem Esel vorbeireitet und einer wütenden Menge durch Gesten zu verstehen gibt, ihr doch aus dem Weg zu gehen. Sie wird, wie der Text darunter erklärt, »wegen ihrer hurenhaften Verderbtheit« davongejagt.

In den Jahren danach erschienen noch ähnlich pointierte Angriffe auf die Exzesse des Zwiebelhandels, weshalb dieses künstlerische Beweisstück die Behauptung stützt, daß die Manie selbst auf jene, die keinen aktiven Anteil daran hatten, immensen Einfluß ausübte. 1640 brachte Chrispijn van de Passe (der nämliche van de Passe, dessen *Hortus Floridus* zwanzig Jahre früher dazu beigetragen hatte, die Tulpe in Mode zu bringen) einen berühmten Kupferstich mit dem Titel *Floraes Mallewagen*, »Floras Narrenwagen«, heraus. Darauf ist die Göttin als blühendes junges Mädchen mit geschürztem Kleid zu sehen, die einen üppig geschmückten Segelwagen fährt, vollgeladen mit zechenden *kappisten*, die Narrenkappen auf dem Kopf. Über diesen allegorischen Figuren sind Beschriftungen wie »Eitle Hoffnung«, »Schluckspecht« und »Raffzahn« zu lesen. Der Segelwagen selbst wird über den Strand vor Haarlem gezogen und ist mit den Wirtshausschildern der einheimischen Schenken bestückt, die in den Tulpenwahn verwickelt waren – »Weißes Wams«, »Zum Hähnchen« und einige andere. Ein Affe klettert auf den Mast und entleert sich über den Floristen unter ihm. Flora, die pompös im Heck des Kahns sitzt, hält in ihrer Hand einen Strauß der begehrtesten Tulpen: »Generael Bol«, »Admirael van Hoorn« und natürlich die »Semper Augustus«, während im Sand andere, darunter eine »Gouda« und eine kostbare »Viceroy« darauf warten, unter die Räder des Sandwagens zu geraten. Das Vehikel steuert direkt aufs Meer zu, doch eine Menge von Möchtegern-Tulpenhändlern rennt dahinter her, um bei der rasanten Jagd in die Vernichtung dabeizusein. Es sind Weber, und in ihrer Hast zertrampeln sie unter ihren Füßen sämtliche Werkzeuge ihres alten Berufs. In den vier Ecken des Kupferstichs hat van de Passe kleine Illustrationen eingefügt. Eine zeigt den berühmten Garten des Zwiebelzüchters Henrik Pottebacker in Gouda, auf den anderen sind Schankszenen aus Haarlem und Hoorn zu sehen. Das schnell auf Sand segelnde Schiff im Mittelpunkt des Stiches ist eine aussagekräftige Metapher für den fatalen Windhandel.

Im selben Jahr, als van de Passe seinen »Narrenwagen« schuf, malte Jan Brueghel der Jüngere ein kühnes Werk mit dem Titel *Allegorie der Tulpenmanie*. Brueghel war der einflußreichste Blumenmaler, den das goldene Zeitalter hervorgebracht hat, und seine Bilder bestechen durch Lebendigkeit und eine liebevolle Freude am Detail. Die *Allegorie* ist ein ungewöhnlich lebhaftes Stück, das zwei Dutzend Affen als Floristen zeigt, die in allen Ritualen porträtiert wurden, die mit dem Zwiebelhandel zu tun haben. Einer deutet auf einige blühende Tulpen; ein zweiter hält in einer Pfote eine Blume und in der anderen einen Sack Geld. Dahinter streitet sich eine Gruppe Affen darum, wer für die jetzt wertlosen Zwiebeln zahlen soll, und ein Spekulant wird in sein frühes Grab getragen. Auf der rechten Bildseite nimmt ein Affenpaar an einem der bei den Floristen üblichen Bankette teil, während ein anderer vor den Magistrat geschleppt wird, weil er seine Schulden nicht beglichen hat. In einer Ecke uriniert ein besonders verstimmter Affe in ein Blumenbeet voller Tulpenzwiebeln.

Diese anzüglichen Satiren blieben bestimmt nicht ohne Wirkung. Die Tulpenmanie hatte eine auffällige Narbe auf der Nationalpsyche der Niederländer hinterlassen, die noch nach hundert Jahren nicht verheilt war. Es ist nicht zuletzt den Flugschriftenverfassern und Malern des goldenen Zeitalters zu verdanken, daß die bloße Vorstellung, Blumenzwiebeln je für so enorme Summen gehandelt zu haben, heute völlig lächerlich erscheint. Nichtsdestotrotz ziehen die Flugschriften zur Tulpenmanie ihre Bedeutung nicht allein aus dem, was sie waren – oft genug nur kurzlebige Einzelblätter, mit einem minderwertigen Holzschnitt illustriert, rasch und billig auf schlechtem Papier gedruckt und dann für ein paar Stüver das Stück von Straßenhändlern verhökert –, sondern aus den Gründen, derentwegen sie produziert wurden. Viele dienten schlicht nur der Unterhaltung; und da in den Vereinigten Niederlanden außerordentlich viele Menschen des Lesens und Schreibens kundig waren, bedeuteten Flugschriften einen sinnvollen und profitablen Nebenerwerb für Männer wie Adriaen Roman, den offiziellen Drucker der Regierung in Haarlem. Roman, der auch die drei Dialoge zwischen Waermondt und Gaergoedt veröffentlicht hatte, konnte bei einer typischen Schmähschrift mit einer verkauften Auflage von tausend bis 1250 Exemplaren rechnen, und Bestseller wie die *Samenspraecken*, die immer wieder nachgedruckt wurden, erreichten sogar 15000 Menschen. Die meisten wurden jedoch speziell gedruckt, um die öffentliche Meinung zu beeinflussen.

Flugschriften der letzteren Sorte wurden im allgemeinen von wohlhabenden Männern finanziert, die mangels eigener Fertigkeiten andere zur Feder greifen ließen. Sie engagierten einen Schreiberling, der ihre Ansichten in Versform brachte, und Drucker, welche diese Ergüsse dann veröffentlichten und unters Volk brachten. Die eigentlichen Autoren dieser Werke – Männer wie etwa Stephen van der Lust, ein Stückeschreiber aus Haarlem, dem vier Flugschriften zur Tulpenmanie aus der Feder flossen, und Jan Soet, ein Satiriker, dessen boshafter Witz zwei zu verantworten hatte – waren oftmals verarmte Schriftsteller, deren Reime oder Dialoge laut vor dem in Schenken und anderswo versammelten Publikum vorgelesen wurden und den einfachen Mann ansprechen sollten. Ihre sich im Hintergrund haltenden Auftraggeber hingegen waren meist Regenten oder Patrizier, die ihr ganz eigenes Programm vertraten.

So betrachtet wird deutlich, daß eine Anzahl der im Frühjahr 1637 in den Niederlanden veröffentlichten Flugschriften von religiösen Motiven bestimmt war. Den Auftraggebern dieser Schmähschriften galt der Zwiebelhandel als gottlos und unmoralisch, und sie verdammten all jene, die an dieser wahnwitzigen Raserei beteiligt gewesen waren, wegen ihrer sündigen Profitgier. Ein kleinerer Teil der Flugschriften verfolgte offenbar die Absicht, die alten Züchter und Blumenliebhaber zu unterstützen, die der Tulpenwahn ebenso entsetzt hatte wie seine strengsten Kritiker. Diese Schriften trugen aufschlußreiche zurückhaltendere Titel wie *Ein neues Lied über die Connaisseurs, die keine Schenke aufsuchen und deswegen mit den Floristen nicht in einen Topf geworfen werden wollen,* und versuchten zu verdeutlichen, daß die wahren Tulpenliebhaber keine Verantwortung für die Massenhysterie trugen und noch immer Respekt verdienten. Alles in allem dürften jedoch ihre Argumente in den Ohren jener hohl geklungen haben, die voller Abscheu auf den Zwiebelhandel herabsahen, und die haßerfüllteren Attacken den reißenderen Absatz gefunden haben.

Während die Schriftsteller und Künstler ihren Spott über diejenigen ergossen, die ihre ganze Habe an den Tulpenwahn verloren hatten, bahnte sich bei den Behörden der Republik langsam eine Lösung für das Problem einer Abwendung der finanziellen Katastrophe an.

Zunächst stand eine Entscheidung darüber an, wer die unzähligen noch offenen Tulpenverträge einlösen sollte. Sicher war nur, daß die meisten dieser Vereinbarungen annulliert werden mußten; in fast allen Fällen hatten die potentiellen Käufer kein Interesse oder, entscheidender, kein Geld mehr, um sie zu erfüllen. Aber ob die Verträge nun nach den Vorschlägen der Züchter aufgehoben werden sollten – zehn Prozent vom vereinbarten Verkaufspreis – oder man sich für eine von den Floristen bevorzugte Lösung entschied (die darauf hofften, gar nichts zahlen zu müssen), stand auf einem anderen Blatt.

Unter normalen Umständen hätte die Entscheidung bei den Regenten jeder der in die Tulpenmanie verstrickten Städte gelegen. Was aber deren Statthalter betraf, erwies sich die Manie als besonders verzwicktes Problem, auf das sie offenbar keine eindeutige Antwort finden wollten.

In Haarlem, worüber wir am meisten wissen, billigte der Stadtrat im Zeitraum von kaum mehr als einem Monat drei voneinander unabhängige Resolutionen, die für die Auseinandersetzungen zwischen den Floristen natürlich auch dreierlei verschiedene Lösungswege empfahlen. Das am 7. März erlassene erste Dekret annullierte jede Transaktion, die nach dem Oktober letzten Jahres innerhalb der Gerichtsbarkeit der Stadt stattgefunden hatte, ohne offenbar eine wie auch immer geartete Ersatzleistung als Entschädigung für die Verkäufer vorzusehen. Kaum fünf Wochen später legten die Stadtväter in einer zweiten Resolution, mit der die erste praktisch aufgehoben war, fest, daß »diejenigen Personen, die Tulpen in Gasthäusern gekauft haben, dazu verpflichtet sind, ihre Geschäfte zu bezahlen«. (Die Ratsherrn gaben keine Anhaltspunkte, wo die Scharen nominell bankrotter Floristen das Geld dazu hernehmen sollten.) Doch eine Woche nach Erscheinen dieses Dekrets änderten die Regenten von Haarlem ihre Meinung ein drittes Mal. Anstatt aber einen anderen Vorschlag zu unterbreiten, beschlossen sie diesmal, sich an dieser Angelegenheit die Finger nicht weiter schmutzig zu machen. Sie übertrugen das ganze Problem an die nächsthöhere Instanz, die Ständevertretung von Holland, die in Den Haag saß, und baten um eine Entscheidung, wobei sie vorschlugen, man möge den Kompromiß übernehmen, der von den Züchtern auf ihrer Zusammenkunft am 23. Februar ursprünglich ausgehandelt worden war.

Eine derartige Unentschlossenheit war ungewöhnlich für die nüchternen Statthalter von Haarlem, und man darf wohl davon ausgehen, daß der Gesinnungswandel in der Politik der Stadt die Folge lautstarker Beeinflussung durch die verschiedenen Interessenverbände war: der Züchter, die ihr Recht auf volle Bezahlung einforderten, der um Entlastung bettelnden Floristen. Während des ganzen Frühjahrs 1637 scheint dieses Thema endlos diskutiert worden zu sein, wobei die Tulpenhändler den Ratsherren wiederholt mit der von ihnen favorisierten Lösung des Problems in den Ohren lagen. Ihre Enttäuschung spiegelt sich in einem Beschluß vom 17. März, der sowohl den Druck als auch den Verkauf von Hetzschriften über die Tulpenmanie verbot und die Buchverkäufer und Drucker der Stadt aufforderte, ihren Vorrat an Schmähschriften zu verbrennen. Die Bereitwilligkeit, mit der die Regenten die Angelegenheit an eine höhere Instanz weiterleiteten, läßt darauf schließen, daß sie die Unmöglichkeit erkannt hatten, einen für alle akzeptablen Kompromiß hervorzuzaubern.

Wahrscheinlich kam es auch anderswo zu ähnlichen Protesten, und andere holländische Städte zogen mit Haarlem gleich und wandten sich mit der Petition an die Ständevertretung Hollands, eine Lösung zur Verlustminimierung für Züchter wie für Floristen zu finden. Mitte März baten die Bürgermeister von Hoorn ihre Abgeordneten in Den Haag alles in ihrer Macht stehende zu unternehmen, um den Entscheidungsprozeß voranzutreiben. Aber auch der Ständevertretung wurde bald klar, daß es sich hier um ein ganz neues Problem handelte, das sorgfältige Abwägung erforderte. Die Abgeordneten wußten kaum, worauf sie eine Lösung gründen sollten;

am Beispiel Haarlems wird deutlich, daß nur zwei der vierundfünfzig Regenten, die in den Jahren 1636–37 Regierungsverantwortung trugen, im entferntesten an der Manie beteiligt gewesen waren, direkte Beteiligung am Zwiebelhandel dürfte auf kaum einen zugetroffen haben, und die spärlichen Berichte, die von den Städten nach Den Haag weitergeleitet wurden, lieferten nur unzureichende Einzelheiten.

Über einen Monat, von Mitte März bis Ende April, verharrten alle von der Manie Betroffenen – Züchter und Floristen – in erwartungsvoller Spannung. Tulpen, die noch vor wenigen Wochen ein Vermögen wert gewesen waren, standen jetzt überall in Blüte und brachten Farbe in den feuchten holländischen Frühling, doch während sie blühten, zehrte an Hunderten von Floristen die Angst vor dem Bankrott, und Tausende von Abmachungen im Wert von Millionen Gulden blieben unbezahlt.

Besonders drückend empfanden wohl alle Betroffenen die Frage, wie sie die bevorstehende finanzielle Katastrophe überstehen konnten. Doch sie wollten auch begreifen, warum der Markt zusammengebrochen war. Kaum einer gestand sich gerne ein, selbst die Verantwortung für sein Unglück zu tragen, und die meisten zogen die Opferrolle vor und fanden Erklärungen, die sie von der Schande freisprachen.

Viele sahen sich als gefoppte Leidtragende eines großen Schwindels, glaubten, von ihren Floristenkollegen betrogen worden zu sein oder hingen der Überzeugung an, daß der Tulpenhandel als solcher eine einzige Verschwörung war. Ein anonymer Autor stellte die Behauptung auf, der Markt sei von einer im verborgenen agierenden Kamarilla der zwanzig reichsten Züchter und Händler geschaffen und kontrolliert worden, welche die Preise zu ihrem Vorteil absichtlich manipuliert hätten. Wie eine solche Gruppe ihre Aktivitäten in den Dutzenden von der Manie erfaßten Städten hätte koordinieren können, wurde nicht erklärt.

Die Schuld am Tulpenwahn wurde also anderswo gesucht. Der nämliche Autor, der auf die Existenz einer konspirativen Gruppe hingewiesen hatte, behauptete auch, daß einige der schlimmsten Exzesse des Tulpenhandels das Ergebnis von Manipulationen seien, für die Bankrotteure, Juden und Mennoniten verantwortlich zu machen seien, drei Randgruppen, die sich nicht in die übrige Gesellschaft einfügten und deshalb zum Sündenbock wie geschaffen waren. Da die Bankrotteure, die dem geheiligten holländischen Prinzip, sich innerhalb seiner Verhältnisse zu bewegen, zuwidergehandelt hatten, gezwungen worden waren, für ihre Verstöße zu zahlen, argwöhnte man ihre Rache. Die in den Niederlanden zwar wesentlich besser als in Deutschland oder Frankreich behandelten Juden wurden doch auch hier in der allgemeinen Vorstellung mit Geldverleih und anderen Formen der Beutelschneiderei in Verbindung gebracht, außerdem hatte man lange verhindert, daß sie sich zu freizügig mit dem Rest der Bevölkerung vermischten; so riet man etwa den Männern ernsthaft davon ab, sich mit holländischen Frauen auf ein Gespräch einzulassen, und es war ihnen verboten, christliche Bedienstete einzustellen. Auch die Mennoniten waren Außenseiter. Sie gehörten zu einer Wiedertäufersekte und waren gegen die Kindstaufe – für den strenggläubigen Holländer eine moralische Verpflichtung und in Zeiten hoher Kindersterblichkeit eine absolute Notwendigkeit – und überzeugte Pazifisten, die sich weigerten, eine Waffe in die Hand zu nehmen. In einer Zeit, als die Republik sich noch immer im Krieg mit Spanien befand, reichte dies aus, um sie unbeliebt zu machen.

Keine dieser Anklagen hält einer genaueren Prüfung stand; es gibt tatsächlich keinen Beweis dafür, daß irgendeine Gruppe – bis auf vielleicht die Tulpenzüchter selbst – den Tulpenwahn befördert hatte, um sich daran zu bereichern. Es stimmt, daß auch einige Mennoniten am Tulpenhandel beteiligt gewesen waren; einer von ihnen, Jacques de Clerq, ein Händler, der mit den Ostseeländern und Brasilien Geschäfte machte, hatte schon im Winter 1635 mit Zwiebeln für vierhundert Gulden das Stück gehandelt. Viele andere seiner Glaubensbrüder jedoch standen dem Tulpenhandel kritisch gegenüber und zwangen jene, die sich da hineinziehen ließen, die Finger davon zu lassen. Das gleiche galt für viele Juden, von denen zwar einer – der bekannte portugiesische Züchter Francisco da Costa – im Tulpenhandel kräftig mitmischte, jedoch ein Mann von untadeligem Ruf war.

Wenn auch nicht alle Floristen an solche Verschwörungstheorien glaubten, wurden doch immer wieder einzelne Händler der Preistreiberei zum Zwecke der Profitmaximierung verdächtigt. Man bezichtigte sie, die Preise durch vorgetäuschte Auktionen festzulegen, indem sie an ihre »Komplizen« Zwiebeln zu Rekordpreisen »verkauften«, um den Handel anzustacheln und andere dazu zu bringen, zu überzogenen Preisen zu kaufen.

Auch den Züchtern schob man die Schuld in die Schuhe und warf ihnen vor, das Interesse an Tulpen geschürt zu haben, indem sie mit der Garantie verkauft wurden, sie im nächsten Jahr zu einem höheren Preis zurückzukaufen. Andere, so wurde behauptet, hätten wertlose *vodderij* als kostbare Zwiebeln an den Mann gebracht. Einen Züchter aus Amsterdam beschuldigte man, an den von ihm verkauften Zwiebeln herumgepfuscht und sie durch Nadelstiche so geschädigt zu haben, daß sie nicht blühten und seinen Schwindel enthüllten. Der Mann wurde schließlich gefaßt, als ein verstimmter Käufer seine Tulpen genau untersuchte und dabei winzige Einstiche auf der Zwiebeloberfläche entdeckte.

Es ist gut möglich, daß gelegentlich tatsächlich mit Methoden dieser Art gearbeitet wurde, aber gewiß nicht so vorsätzlich und regelmäßig, um wesentlichen Einfluß auf die Zwiebelpreise zu nehmen. Bei der eklatanten Diskrepanz zwischen der Nachfrage nach Zwiebeln und dem begrenzten Vorrat reichten Gier, Unerfahrenheit und Kurzsichtigkeit der Floristen allein schon aus, um den Tulpenhandel zur Tulpenmanie ausarten zu lassen.

In der letzten Aprilwoche hatte das Gericht von Holland endlich seine Prüfung abgeschlossen. Acht Wochen waren ins Land gegangen, seit sich die Züchter in Amsterdam versammelt hatten, um ihren Weg aus der Krise vorzuschlagen, drei Monate war es her, seit in der ganzen Provinz der Blumenhandel zusammengebrochen war. Doch als die erfahrenen Richter ihre Erkenntnisse an die Ständevertretung weiterleiteten, mußten sie gleich von vornherein zugeben, daß sie noch immer nicht ganz verstanden, was das Zwiebelfieber nun eigentlich verursacht hatte, und warum alles derartig aus dem Ruder gelaufen war.

In einem Punkt allerdings war man sich in Den Haag einig: Man wollte so wenig wie möglich mit den verworrenen und schwer lösbaren Streitigkeiten zu tun haben, und so empfahl das Gericht, die Auseinandersetzungen zwischen Käufern und Verkäufern, Floristen und Züchtern wieder zurück an die Städte zu verweisen, um sie wo immer möglich vor Ort zu klären. Die Stadtverwaltungen hatten sich um detaillierte Informationen über den Blumenhandel zu kümmern und sollten sich die Streitfragen erst dann anhören, wenn sie ein besseres Verständnis von den Geschehnissen in ihrer Stadt gewonnen hatten. Während man die nötigen Daten sammelte, sollten alle Kaufverträge für Zwiebeln zeitweilig außer Kraft gesetzt sein. Fälle, die nicht auf lokaler Ebene verhandelt werden konnten, durften nach Den Haag weitergeleitet werden, was aber, so der Hinweis, nur die Ausnahme sein sollte. Das Urteil des Gerichtshofes war eindeutig: Die Städte waren selbst für die Lösung ihrer Probleme verantwortlich.

Nachdem der Ständevertretung von Holland wenigstens eine definitive Richtlinie an die Hand gegeben war, vergeudete sie keine Zeit, diese in die Tat umzusetzen. Am 27. April, nur zwei Tage nachdem der Gerichtshof seine Vorschläge gemacht hatte, stimmten die Volksvertreter in Den Haag einer Resolution zu, die die grundsätzlichen Empfehlungen beinhaltete, und erklärten sie für die Städte der Provinz für rechtsverbindlich. Per Eilboten ging eine Erklärung der Resolution in alle Städte Hollands, und somit hatten die Bürgermeister all der in die Tulpenmanie verstrickten Städte am 28. April endlich Anweisungen zur Hand, wie bei den unzähligen Streitigkeiten, die der Lösung harrten, zu verfahren war.

Der Angelpunkt war dabei die Empfehlung des Gerichtshofs von Holland, sämtliche Verkaufsverträge für Zwiebeln in der Schwebe zu lassen, solange die einzelnen Fälle untersucht wurden. Diese Empfehlung war ursprünglich als temporäre Maßnahme gedacht, und der Gerichtshof räumte damit eigentlich ein, daß die Stadtverwaltungen, waren sie erst einmal anständig informiert, durchaus den in den Kollegien ausgehandelten Verträgen Geltung verschaffen konnten. In diesem Fall, so hieß es, sollte es den verärgerten Verkäufern erlaubt sein, die säumigen Kunden zur Zahlung zu zwingen. Doch die Zeit verstrich, und die Städte unterließen es, die vom Gerichtshof geforderten genauen Informationen zu sammeln, und Den Haag unternahm auch keine weiteren Schritte mehr.

Für die Floristen bedeuteten das gute Nachrichten. Die meisten Städte setzten die Resolution der Ständevertretung dahingehend um, daß sie Weisung erteilten, sich möglichst aus allem rauszuhalten, was mit der Tulpenmanie zu tun zu hatte. Das sah in Haarlem beispielsweise so aus, daß die Regenten der Stadt die Anwälte und Notare dazu aufforderten, keine von den Tulpenhändlern geforderten Vorladungen mehr vorzunehmen, und die Boten, die normalerweise die Einsprüche und Vorladungen zustellten, bekamen Anweisung, alle diejenigen außer acht zu lassen, die in den Tulpenhandel verstrickt gewesen waren. Ähnlich verfuhr man in Gouda und den drei westfriesischen Städten Enkhuizen, Medemblik und Hoorn.

Die Floristen in diesen Städten, die sich außerstande glaubten, ihren Verpflichtungen Folge leisten zu können, mußten jetzt keine Vergeltungsmaßnahmen mehr befürchten, und Hunderte armer Handwerker, die sich schon halb bankrott gesehen hatten, nutzten ihr Glück weidlich aus. Einige waren auch reich und ehrlich genug, ihren Pflichten nachzukommen, darunter der Mann aus Alkmaar, der von Henricus Munting Zwiebeln im Wert von siebentausend Gulden erworben hatte und nun sein Recht anwandte, nur siebenhundert Gulden zu zahlen und den Vertrag aufzulösen, indem er die Tulpen ihrem ursprünglichen Besitzer zurückgab. Aber Floristen wie dieser waren selten, wie der Haarlemer Anwalt Adriaen van Bosvelt zynisch bemerkte. »In ganz Holland«, schrieb van Bosvelt, seien »sehr viele Personen nicht bereit zu zahlen oder sich auf einen Kompromiß einzulassen.« Selbst jene, die anboten, wenigsten einen Teil ihrer Schulden zu begleichen, machten kaum die zehn Prozent locker, welche die Züchter gefordert hatten. Die Handvoll, die einen kleinen Teilbetrag zahlte, bot nicht mehr als »ein, zwei, drei, vier, ja sogar fünf von Hundert, was aber schon das höchste war«.

Das pauschale Verbot, Tulpengeschäfte gerichtlich zu

klären, erzielte rasch die gewünschte Wirkung. Züchter und Floristen waren gezwungen, ihre Unstimmigkeiten untereinander zu regeln, und die Regenten wurden nicht länger mit den verheerenden Folgen der Manie behelligt. Es war ein langer Weg, ehe der letzte Streit beigelegt war. Wir wissen, daß sich beispielsweise in Haarlem der Auflösungsprozeß von 1637 bis Ende 1638 hinzog, nicht zuletzt deshalb, weil sich einige Tulpenzüchter weniger bereitwillig zeigten, ihre Streitigkeiten beizulegen, als man erhofft hatte.

Viele vom Tulpencrash Betroffenen fanden jedoch eigene Lösungen, ganz wie von den Regenten erwünscht. Ein Großteil der Vereinbarungen wurde mit Zustimmung aller Beteiligten annulliert; in Alkmaar scheint man sogar sämtliche Tulpenverträge auf diese Weise aufgelöst zu haben. Die Züchter setzten alles daran, ihre Verluste damit wettzumachen, daß sie Tausende von Zwiebeln, die nie eingefordert worden waren, zum Verkauf anboten. (Dabei überrascht es nicht, daß das Interesse daran eher gering war, aber ein paar der selteneren Zwiebeln fanden schließlich doch zu bescheidenen Preisen einen Liebhaber.) Und der unglückliche Haarlemer Färber Jacob de Block, von dem man verlangte hatte, daß er seiner Garantieverpflichtung gegenüber Geertruydt Schoudt nachkam, nahm sein Pfund unverkäuflicher »Switser« mit nach Amsterdam, wo er hoffte, sie loszuwerden.

Einige jedoch waren entschlossen, um ihren verlorenen Reichtum zu kämpfen, wobei die größte Aussicht auf Erfolg diejenigen hatten, die ihre Zwiebeln in den Kollegien von Amsterdam gehandelt hatten, denn dort war es – offenbar einzigartig unter allen betroffenen Städten – noch immer erlaubt, Tulpenprozesse zu führen, und schon nach wenigen Wochen nutzen einige Züchter diesen Dispens, um ihre früheren Kunden zu verklagen.

Einer der aktivsten Prozeßgegner war Abraham de

Goyer, der Nachfahr einer alten Regentenfamilie und ein Züchter, dem mindestens zwei Gärten gehörten: einer auf dem Cingel vor Amsterdams Reguiersspoort, der andere auf dem Walepadt an der Stadtmauer. Am 10. Juni forderte er von Abraham Wachtendonck 950 Gulden für vier Zwiebeln der »Late Bleyenburch« und ein Pfund der »Oudenaers«, die Wachtendonck im vergangenen Herbst erworben hatte. Tags darauf führte de Goyer eine Verhandlung gegen Liebert van Acxel, der sich am 1. Oktober mit dem Kauf von Brutzwiebeln der Sorte »De Beste Juri« und einer »Bruyn Purper« für 1100 Gulden und einer »Purper Wit van Quaeckel« (eine der alten *Violetten*-Schöpfungen von Jan Quaeckel) für 750 Gulden einverstanden erklärt hatte. Um seinen Fall abzusichern, bat der Züchter einen Notar namens Verbeeck, ihn zu seinem Garten auf dem Walepadt zu begleiten, wo die beiden Männer sämtliche Zwiebeln ausgruben und bestätigt fanden, daß die »Purper en Wit van Quaeckel« und die »Bruyn Purper« jeweils zwei Brutzwiebeln angesetzt hatten. De Goyer scheint damit gerechnet zu haben, daß ihm noch ein weiterer Kunde Ärger machte, denn er bat Verbeeck auch zu bestätigen, daß er eine »Admirael Liefkens« mit einer Brutzwiebel im Garten eines Mannes namens Willem Willemsz. aus der Erde geholt hatte.

Und noch ein paar andere Züchter, die Geschäfte mit Amsterdam gemacht hatten, nutzten die Gelegenheit, ihre Rechte einzuklagen. Hans Baert aus Haarlem trieb hundertvierzig Gulden für die zweitausend As der »Groote Gepumaseerde« ein, die er an Hendrick van Bergom aus Amsterdam verkauft hatte. Jan Admirael, der sich soviel Mühe gegeben hatte, Paulus de Hooge zum Kauf seiner Zwiebeln zu überreden, schlug einen anderen Ton an, als de Hooge ihm sein Geld schuldig blieb, und holte sich Rat bei seinem Anwalt. Und Willem Schonaeus aus Haarlem forderte fast sechstausend Gulden von François Koster, die Restzahlung der Summe, die der glücklose Koster noch für eine große Menge *vodderij* und eine Handvoll Stückgut schuldete, die er am 3. Februar bestellt hatte:

Vier Pfund »Switsers«	6 000 Gulden
2000 As »Maxen«	400 Gulden
1000 As »Porsmaeckers«	250 Gulden
	6 650 Gulden

Auch in Städten wie Haarlem versuchte der eine oder andere Florist, seinen Streitfall doch noch vor Gericht zu bringen. So hatte zum Beispiel der einheimische Züchter Pieter Caluwaert in der eitlen Hoffnung, sein Geld zurückzubekommen, bis auf den letzten Augenblick gewartet, ehe seine Zwiebeln wieder in die Erde mußten, und klopfte mit über einem Pfund »Witte Croons«, zwei Pfund »Switsers«, fünf »Oudenaers« und drei »Maxen«, die er vor fast einem Jahr gekauft hatte, an die Tür des Händlers Jacques de Clerq. Weil de Clerq sich vor seinem früheren Kollegen verleugnen ließ, strengte Caluwaert einen Prozeß gegen ihn an, den er vermutlich damit begründete, daß dieser sich geweigert habe, die Lieferung entgegenzunehmen.

Alles in allem jedoch kam selbst in Amsterdam nur eine verschwindende Anzahl von Tulpenfällen je vor Gericht. Und dies aus einem einfachen Grund: Nur die wenigsten Floristen besaßen so viel Geld, daß ein Prozeß sich lohnte. De Goyer, Admirael und Baert forderten die Bezahlung von reichen Kunden ein, die über die nötigen Mittel verfügten. Die große Mehrheit der von der Manie betroffenen Floristen waren nicht so gut gestellt, und es hätte wenig Sinn gehabt, gegen diese Menschen vor Gericht zu ziehen.

Trotzdem waren Ende Januar 1638, ein ganzes Jahr nach dem Zusammenbruch, noch immer Hunderte von Fällen ungelöst. Diese Streitereien erwiesen sich als höchst störend; sie belasteten die Beziehungen zwischen Leuten, die einst Kollegen oder Freunde gewesen waren, und erinnerten ständig und peinlich an die Exzesse des Wahns, einen Alptraum, den die Holländer nur allzugern schnell vergessen hätten. Die Aussichten, jemals eine Lösung zu finden, waren jedoch gering, solange die Behörden vor Ort nicht wieder in Aktion traten.

Deshalb stellten die Statthalter von Haarlem am 30. Januar eine Schlichtungskommission auf, um sich der verbliebenen Tulpenfälle anzunehmen. Gremien ähnlicher Art existierten bereits seit einigen Jahren in der ganzen Republik; die Schlichter traten in einzelnen Streitfällen auf den Plan und wurden im allgemeinen »Freundschaftsstifter« genannt. Wie sich Sir William Brereton bereits 1634 auf seiner Reise durch Holland hatte vergewissern können, waren sie in den meisten holländischen Städten anzutreffen und speziell aufgrund ihrer Integrität und ihres gesunden Menschenverstands ausgewählt worden. Die Freundschaftsstifter, stellte Brereton fest, »verfügten über die Autorität, jeden einzuberufen, der in einen Prozeß oder Streit verwickelt ist; sie sollen auf freundliche Weise vermitteln und eine Schlichtung herbeiführen und Differenzen beilegen und beenden«. Darüber hinaus hatten sie noch den Vorteil, daß sie ihre Dienste, anders als die üblichen Gerichte, umsonst anboten.

Anhand noch vorhandener Akten eines ähnlichen Schiedsgerichts, das man in Amsterdam einberufen hatte, kann man sehen, welcher Art die Urteile waren, zu denen die Freundschaftsstifter kamen. In einem Fall, im Streit zwischen Jan Admirael und Wilhelmus Tyberius, dem Rektor der Lateinschule von Alkmaar, legten die

Schlichter fest, daß Admirael 375 Gulden an Tyberius zahlen mußte, um den Streit beizulegen. Doch die Schlichtungsbedingungen wurden sehr generös gehandhabt: So hatte der Amsterdamer Züchter zehn Monate Zeit, um sein Geld zurückzuzahlen, und wurde milde dazu aufgefordert, die Angelegenheit damit auch auf sich beruhen zu lassen.

Anfangs gewährten die Bürgermeister von Haarlem ihren Freundschaftsstiftern nur sehr eingeschränkte Rechte für die Lösung ausstehender Tulpenfälle. Das neue, aus fünf Mitgliedern bestehende Gremium tagte mindestens zweimal die Woche und konnte Zeugen vorladen, die nicht freiwillig erschienen. Aber seine Entscheidungen waren nicht bindend, und viele streitsüchtigen Floristen zögerten, die ihnen empfohlenen Kompromisse anzunehmen. Nach den erhaltenen Belegen sieht es so aus, als habe man bei den noch nicht erledigten Streitfällen in Haarlem keine großen Fortschritte gemacht.

Erst im Mai 1638 nahmen die Regenten der Stadt die Angelegenheit richtig in die Hand und erließen – zum ersten Mal seit dem fehlgeschlagenen Treffen der Züchter vor fast achtzehn Monaten – feste Richtlinien zur Lösung der noch ausstehenden Dispute. Käufer, die sich ihrer Verpflichtungen entledigen wollten, so beschloß der Stadtrat, konnten ihre Verträge auflösen, wenn sie drei bis fünf Prozent des ursprünglichen Verkaufspreises zahlten. Das Eigentumsrecht an den Zwiebeln ging dann an die Züchter zurück. Dies war der einzig mögliche und praktikable Kompromiß, der je vorgeschlagen wurde, und der Stadtrat stützte ihn durch die Regelung, daß die Urteile der Freundschaftsstifter in Zukunft in allen Fällen bindend sein sollten. Der Kompromiß bedeutete, daß selbst Floristen, deren Schulden sich auf Tausende von Gulden beliefen, ihre Verpflichtungen abgelten konnten, indem sie hundert Gulden oder weniger zahlten, einen Betrag, den selbst die Ärmsten in Ratenzahlung aufbringen konnten.

Somit endete die Tulpenmanie nicht in teuren, in aller Eile durchgezogenen Gerichtsprozessen, sondern in einem zähneknirschend akzeptierten Kompromiß. Am Ende beschränkte sich die Katastrophe auf die Armen und Ehrgeizigen, die – entgegen der allgemeinen Auffassung – praktisch keinen Einfluß auf die holländische Wirtschaft hatten. In ihrem Gefolge kam es zu keiner allgemeinen Rezession, und die große Mehrheit der Floristen kam aus der Liquidation zwar erschüttert und geläutert heraus, stand aber kaum besser oder schlechter da als vor Ausbruch des Tulpenfiebers. Ihre Gewinne und Verluste auf dem Papier hielten sich die Waage, und selbst die reichsten Floristen wurden nie offiziell dafür belangt, ihren Verpflichtungen nicht nachgekommen zu sein.

Am meisten verblüfft jedoch, daß es in den wenigen Fällen, die in die Hände von Anwälten der Provinz gelangten, keine berühmten Verfahren, keine Urteile und keine Berichte von Schuldsprüchen gab. Die Züchter und ihre Kunden legten ihre Differenzen ausnahmslos außergerichtlich bei. Selbst in Amsterdam war die Aufarbeitung der Tulpenmanie keine Rechtsangelegenheit, sondern ein Prozeß, bei dem die Floristen selbst sich auf Kompromisse und Aussöhnung einigten.

Der letzte bekannte Fall im Zusammenhang mit dem Tulpenfieber wurde am 24. Januar 1639, fast drei Jahre nach dem Crash, aus Haarlem berichtet. Ein Züchter namens Bruyn den Dubbelden forderte von seinem Kunden Jan Korver aus Alkmaar 2100 Gulden für ein Pfund »Geele Croons« zu 800 Gulden und zwei Pfund »Switsers« im Wert von 1300 Gulden. Es ist kein Urteil überliefert. Das bedeutet vermutlich, daß den Dubbelden, wie die anderen Züchter auch, aufgefordert worden war, sich mit drei bis fünf Prozent zufriedenzugeben, und ein Vertrag, der einmal den Gegenwert von sieben Jahren Handwerkerlohn bedeutet hatte, für 73 Gulden, zehn Stüver aufgelöst wurde.

Selbst jetzt noch blieben, aus Gründen, die nicht überliefert sind, einige wenige Fälle ungelöst. Der glücklose Künstler Jan van Goyen gehörte zu den wenigen Pechvögeln, die noch immer an ihrer Vergangenheit als Tulpenhändler zu knabbern hatten. Bis zum Ende seines Lebens verfolgte ihn der Bürgermeister van Ravensteyn und forderte alles ein, was er diesem schuldete. Van Goyen bezahlte mit einem der versprochenen Gemälde, aber er hatte fast sein gesamtes Kapital in Tulpen investiert und nach dem Preisverfall keinerlei Aussicht mehr, seine Schulden begleichen zu können. Da er zudem in den drei Jahren, in denen er sich der Spekulation und dem Zwiebelgeschäft verschrieben hatte, kaum ein Bild gemalt hatte, war der Maler gezwungen, an seine Staffelei zurückzukehren.

Der bloße Druck, für den Lebensunterhalt seiner Familie zu sorgen, erlaubte es van Goyen nicht, die Schulden bei van Ravensteyn abzutragen, und als der Bürgermeister 1641 starb, hatte er den Großteil seines Geldes noch nicht bekommen. Aber selbst dann war dem Künstler keine Ruhe vergönnt; jetzt pochten van Ravensteyns Erben auf Bezahlung. Van Goyen geriet noch mehr in Bedrängnis und war wegen akuten Geldmangels mindestens zweimal gezwungen, seine Werke in öffentlichen Auktionen anzubieten.

Jan van Goyen starb erst 1656, zwei Jahrzehnte nach dem großen Tulpencrash, der ihn ruiniert hatte, und war selbst dann noch zahlungsunfähig. Neben einem Schuldenberg von 897 Gulden hinterließ er mehrere ausgezeichnete Landschaften, von denen viele vermutlich nicht

gemalt worden wären, wenn er sein Glück im Tulpenhandel hätte machen können.

Er war das letzte bekannte Opfer des Tulpenfiebers.

14
Am Hof des Tulpensultans

Als Anfang 1639 der letzte Fall endgültig gelöst und unter die holländische Tulpenmanie ein Schlußstrich gezogen worden war, stieß die einst so reizvolle Blume zumeist auf entschiedene Ablehnung. Wenn diese Episode auch vereinzelten Sammlern kostbarer Zwiebeln nicht die Freude daran nehmen konnte und sie auch in den nächsten hundert Jahren noch hohe Preise für einzelne Tulpen zahlten, war doch kein schnelles Geld mehr mit der Blume zu machen, und das Interesse versiegte in den Niederlanden.

Doch die Welt hatte noch nicht das letzte Tulpenfieber erlebt. Wie die Beulenpest war es eine merkwürdige Krankheit, die eine Weile wütete und dann wieder zu verschwinden schien, obwohl sie – wie die Pest – in Wirklichkeit nur ruhte. Und wie diese konnte sie auch kilometerweit entfernt und Jahrzehnte später so heftig wie je zuvor zum Ausbruch kommen.

Diesmal traf es das Osmanenreich. Während der ersten Hälfte des 17. Jahrhunderts hatte die Tulpe für die Türken einiges von ihrem Glanz verloren. Das Interesse an ihr schwand, als 1595 ein Frauenliebhaber auf den Sultansthron kam. Mehmet III. schenkte Blumen wenig Beachtung, er verführte lieber seine Haremsdamen. Die Herrscher in Mehmets Gefolge – von dem erklärten Weiberfeind Mustafa I., der das Ende seiner Regentschaft als eine Art »Strafe« in Gesellschaft zweier nackter Sklavinnen in einem Kerker verbracht haben soll, bis zu dem unglücklichen Osman II., der einen qualvollen Tod »durch Zusammendrücken seiner Hoden« von der Hand seiner eigenen Soldaten erlitt – waren allesamt entweder grausame Schlächter oder ungeeignet und daher nur kurz an der Macht. Bestenfalls zeigten sie vorübergehendes Interesse an den Gärten des Topkapi.

Erst unter dem Sultanat von Mehmet IV., der von 1647 bis 1687 die Geschicke seines Reiches lenkte, kehrte einigermaßen Stabilität ins Osmanenreich zurück. Wenngleich auch sein Vater, Ibrahim der Wahnsinnige (ein Libertin, der einmal sämtliche 280 Frauen seines Harems ertränken ließ, um in den Genuß zu kommen, sie ersetzen zu dürfen), für seine Tulpenliebe bekannt war, kam mit Mehmet nach einem halben Jahrhundert wieder ein Sultan auf den Thron, der sich der Gartenkunst tatsächlich mit Hingabe widmete. Er war der erste, der im vierten Hof seines Palastes einen kaiserlichen Garten anlegte, der allein den Tulpen vorbehalten war, die auf seinen Erlaß hin allesamt registriert und klassifiziert wurden. Um diesen Prozeß zu überwachen, stellte der Sultan ein regelrechtes Floristengremium ein, das über neue Kulturformen zu Gericht saß, deren Besonderheiten untersuchte und den makellosesten Exemplaren poetische Namen verlieh, wie sie die Türken liebten – »Granatapfellanzen« und »Zarte Kokette«.

Leider bereitete die Beherrschung seines Reiches Mehmet mehr Probleme als die seiner Blumen. Die letzten Jahre seiner Regentschaft zeichneten sich durch eine Reihe militärischer Niederlagen auf dem Balkan aus, die seine Autorität entschieden schwächten. Noch schlimmer aber wirkte sich die durch Vervierfachung des Brotpreises in der Hauptstadt entstandene Unruhe aus, und Ende

1687 sorgten seine Minister schließlich dafür, daß er abgesetzt und von einem fügsamen Halbbruder ersetzt wurde.

Es gab gute Gründe dafür, warum die Türken mit der langen Reihe verrückter oder grausamer Sultane geschlagen waren, die im ganzen 17. Jahrhundert mehr oder weniger den Untergang des Osmanenreiches beförderten. Seit den Tagen Süleymans des Prächtigen hatte sich in Istanbul vieles verändert. Die türkische Herrscherlinie hatte schon viel von ihrer Kraft verschwendet, als es sich schließlich als notwendig erwies, die alten Wege zur Sicherung der Herrschaftsfolge zu verlassen. Seit der Zeit von Beyazid, dem Sieger der Schlacht auf dem Amselfeld, war das Sultanat immer an den Prinzen übergegangen, der als erster danach griff; und so leistete jeder Anwärter auf den Thron Beyazids blutigem Beispiel Folge und ließ seine Brüder hinrichten, damit keiner planen konnte, die Macht an sich zu reißen. Unter Mehmet dem Eroberer war diese todbringende Tradition regelrecht zum Gesetz erhoben worden, so daß man 1597 bei der Machtergreifung Mehmets III. ganze neunzehn Geschwister des neuen Sultans, manche noch Säuglinge, aus dem Harem zerrte und mit seidenen Tüchern erdrosselte – jedoch nicht, ohne sie zuvor zu beschneiden, um ihnen ein Willkommen im Paradies zu sichern. Die Grausamkeit dieses Systems brachte natürlich eine Reihe tapferer, unbeirrbarer Sultane hervor, die für ihre Erbarmungslosigkeit berühmt waren. Im Jahre 1607 jedoch ertrug der regierende Sultan Ahmet I. die Aussicht nicht länger, daß eines seiner geliebten Kinder alle anderen ermorden sollte. Auf seinen Erlaß hin wurde die alte Politik des legalen Brudermords abgeschafft, und die unerwünschten Brüder wurden in einem kleinen Bezirk des Harems eingesperrt, den man *kafes*, »Käfig«, nannte.

Der Käfig war eine Zimmerflucht im Westen des vierten Palasthofes mit verlockendem Ausblick über Feigengärten, die osmanischen Paradiesgärten und den Bosporus. In der Gesellschaft von Eunuchen und unfruchtbaren Konkubinen führten die unerwünschten Prinzen dort ein Leben in unsäglicher Langeweile und der ständigen Furcht, zu guter Letzt doch hingerichtet zu werden. Starb ein Osmanenherrscher, wurde sein ältester Sohn aus dem Käfig geholt, worin er sein ganzes Leben verbracht hatte, und zum neuen Sultan ausgerufen, während die anderen Männer der kaiserlichen Linie wieder zu den wenigen Beschäftigungen zurückkehrten, die ihnen erlaubt waren – Stickerei und die Herstellung von Elfenbeinringen –, und in stiller Verzweiflung dahinvegetierten.

Zu Beginn des 18. Jahrhunderts ging die Nachfolge schließlich auf Ahmet III., Sohn Mehmets IV., über, der die ersten neunundzwanzig Jahre seines Lebens im goldenen Käfig verbracht hatte. Es stellte sich heraus, daß Ahmet nicht nur der gelehrteste und kultivierteste Sultan seit der Herrschaft von Süleyman dem Prächtigen war, sondern ohne Frage auch der größte Tulpenfanatiker, den die Geschichte kennt. Schon sein Vater hatte ihn mit seiner Liebe zur kaiserlichen Blume angesteckt, und nachdem er sein ganzes Leben lang voll Verlangen vom marmornen Balkon seines Käfigs auf die geheimsten Gärten des Osmanenreiches geblickt hatte – ohne sich je darin ergehen zu dürfen –, sah sich Ahmet bei seiner Thronbesteigung auf einmal vor unbegrenzten Möglichkeiten, seine Lust zu befriedigen.

Auch der gierigste Zwiebelhändler der Haarlemer Kollegien hätte es wohl kaum mit Ahmets Tulpenbegeisterung aufnehmen können. Der neue Sultan war so vernarrt in diese Blume, daß seine Regierungszeit völlig unter dem Zeichen der Tulpe stand, und der türkische Historiker Ahmet Refik sich bewogen sah, dieser Periode den Titel *lale devri*, »Tulpenära«, zu geben. Mit Ahmets Thronbesteigung im Jahre 1703 brach das Tulpenfieber erneut aus und sollte nahezu drei Jahrzehnte in der türkischen Hauptstadt wüten.

Diesmal diente die Tulpenzeit in Wirklichkeit dazu, die unangenehme Wahrheit zu vertuschen, daß das große Weltreich der Osmanen dem Verfall entgegendämmerte. Überall schwand die Macht der Türken, von den Küsten Afrikas bis hin zu den ständig vom Krieg erschütterten Balkanländern, wo der 1699 unterzeichnete Friede von Karlowitz Ungarn und Transsilvanien Österreich zuerkannte und die europäische Expansionspolitik der Osmanen beendete. Die Blumenfeste, die der Tulpenära ihr Gepräge gaben, und der damit verbundene Pomp waren Zerstreuungen, welche die Minister des Sultans anordneten, um das Volk von den Realitäten der politischen Situation und ihren Herrn von der Sorge um ein untergehendes Reich abzulenken.

Nichtsdestotrotz war Ahmets Regierungszeit von einem selbst für türkische Verhältnisse einzigartigen Hedonismus geprägt. »Laßt uns lachen«, schrieb des Sultans engster Freund, der Hofdichter Nedim, und umriß damit die Philosophie seiner Regentschaft. »Laßt uns spielen, laßt uns in vollen Zügen die Freuden dieser Welt genießen.« Drei Jahrzehnte lang gaben sich die einst so kriegslüsternen Osmanen dem Vergnügen hin und ergötzten sich an zahlreichen Festen, die Tage, manchmal auch Wochen dauerten und mit geradezu dekadenter Raffinesse begangen wurden.

So hatte beispielsweise Ahmet zur Hochzeit seiner Lieblingstochter die höfischen Zuckerbäcker eßbare Gartenlauben aus Zucker spinnen lassen, in denen die Hochzeitsgäste sitzen und von den Blättern naschen konnten. Zu anderen Anlässen lustwandelten die Gäste durch Gärten, in denen nicht nur Jongleure, Ringkämpfer und

Zwerge für Zerstreuung sorgten, sondern auch die berühmten *nahils*, bis zu zwanzig Meter hohe künstliche Bäume aus Silber, die mit Spiegeln, Blumen und Juwelen geschmückt waren, das Auge erfreuten.

Als das wohl prachtvollste Fest im Osmanenreich galt das zu Ehren der rituellen Beschneidung der Erben des Sultans. Es dauerte mehrere Wochen und gipfelte darin, daß der jeweiligen Mutter des Prinzen auf goldenen Tellern die abgetrennte Vorhaut ihres Sohnes präsentiert wurde. 1720 feierte Ahmet III. ein solches Fest zu Ehren der Beschneidung von vier Söhnen. Es dauerte fünfzehn Tage und Nächte, für jeden Prinzen waren vierundvierzig *nahils* errichtet worden, zugleich wurden fünftausend weitere türkische Knaben beschnitten, und weil keiner die Feierlichkeiten verpassen wollte, lagen im Bosporus die Schiffe so dicht nebeneinander, daß über die dazwischen gespannten Seile Kutschen fahren konnten. Nachdem nun aber keine Töchter mehr zu verheiraten und keine Söhne mehr zu beschneiden waren, widmeten sich Ahmet und seine Minister verstärkt den jährlichen Tulpenfesten, die in den Gärten des innersten Hofes des Topkapi stattfanden.

Die Tulpenfeste fanden im April zur Tulpenblüte statt und erstreckten sich über zwei aufeinanderfolgende Vollmondabende. Am ersten Abend nahm der Sultan, in seinem Ornat in einem Kiosk inmitten des Gartens sitzend, die Huldigungen seiner Minister entgegen, während die anderen Gäste – deren Gewänder strikt im Einklang mit den Blumen zu stehen hatten– zwischen den Tulpenbeeten flanierten, die von Kerzen auf dem Rücken sich langsam vorwärts bewegender Schildkröten beleuchtet wurden. Am zweiten Abend wurde unter Ausschluß der Männer gefeiert, und der Sultan unterhielt die Damen seines Harems mit einer Schatzsuche zwischen den Blumen, die mit Süßigkeiten und kostbaren Steinen belohnt wurde. Am Ende jedes Abends verteilte der weiße Obereunuch – ein christlicher Sklave, der als Kammerherr des Palastes fungierte, während sein abessinischer Amtskollege, der schwarze Obereunuch, sich um den Harem kümmerte – Geschenke in Form von Gewändern, Juwelen und Münzen an all jene, die sich in der Gunst des Sultans sonnten.

Ahmets Tulpenbegeisterung – es waren nicht die von den Niederländern begehrten Sorten, sondern schlanke Istanbul-Tulpen, deren Blütenblätter spitz nach oben zuliefen – wirkte so ansteckend, daß die Blume rasch unter allen Bevölkerungsschichten der Hauptstadt neue Freunde fand. Barbiere und Schuhmacher kultivierten ebenso Zwiebeln wie der *sheikh-ul-islam*, das Oberhaupt der religiösen Gelehrten im Osmanenreich. Die Nachfrage nach den erlesenen Tulpen war groß – eine einzige Zwiebel der Kulturform *Mahbub,* »Geliebte«, konnte für tausend Goldmünzen den Besitzer wechseln –, doch vielleicht hatte Ahmed von den Niederländern etwas gelernt, denn er vermied einen Handelsrausch, indem er bestimmte, wie viele Floristen in der Hauptstadt arbeiten durften, und durch kaiserliches Dekret die Preise für die begehrtesten Blumen festlegte. Man ergriff auch noch strengere Maßnahmen, um möglicher Spekulation im Reich einen Riegel vorzuschieben, und bestrafte den Handel mit Tulpenzwiebeln außerhalb der Stadtmauern von Istanbul mit Verbannung.

Jahrhundertelange Anstrengungen hatten bis in Ahmets Zeit zu einer verblüffenden Tulpenvielfalt geführt. Eine der offiziellen Preislisten, die den Wert der bekanntesten Kulturformen festlegten, führte mehr als achthundertzwanzig Sorten auf, und während seiner ganzen Regenschaft wurden ständig neue Züchtungen hervorgebracht. Die Tulpe hatte wieder einmal die Herzen erobert, so daß dem ersten Auftauchen einer neuen Kulturform oftmals in Gedichten gedacht wurde, sogenannten Chronogrammen, die das Datum des glücklichen Ereignisses im Schlußvers festhielten.

Da aber die Tulpe im 17. Jahrhundert so vernachlässigt worden war, hatten die Osmanen schon vor Ahmets Thronbesteigung längst ihre Vorreiterrolle als Tulpenzüchter verloren, so daß die Türken, denen Europa die Tulpe eigentlich verdankte, jetzt jedes Jahr Tausende von Zwiebeln aus den Niederlanden und Frankreich bezogen. Dennoch bewahrten sich die Osmanen ziemlich feste Vorstellungen davon, was genau die ideale Blume ausmachte. Das von Ahmets Obergärtner Seyh Mehmet Lalezari verfaßte Manuskript *Mizanu 'l-Ezhar*, »Das Blumenhandbuch«, listet zwanzig Kriterien zur Beurteilung der Schönheit einer Tulpe auf. Der Stil solle lang und kräftig sein, schrieb Seyh Mehmet, und die sechs Blütenblätter glatt, fest und von gleicher Länge. Die Blätter dürften nicht die Blüte verdecken, und diese solle aufrecht stehen; auch solle sich die Blume nicht mit dem eigenen Pollen verunreinigen. Geflammte Blumen sollten ihre Farben auf einem rein weißen Hintergrund zeigen.

Diese schlichte Beschreibung wird jedoch der poetischen Ader eines echten osmanischen Blumenliebhabers nicht gerecht. Ein weitere Handschrift Lalezaris, die in den Archiven von Berlin überdauert hat, trägt den Titel *Anerkannt und schön* und beschreibt die ideale Tulpe als »gebogen wie die Neumondsichel, ihre Farbe gleichmäßig verteilt, sauber und wohlproportioniert; mandelförmig, nadelspitz, geschmückt mit wohlgeformten Strahlen, ihre inneren Blätter ein Quell, so wie es sein soll, ihre äußeren Blätter ein wenig geöffnet, wie es sein soll; dann sind die weißen, geschmückten Blätter absolut makellos. Sie ist die Erwählte der Erwählten.« Man darf gewiß sein, daß die seltenen Sorten, die diesen Kriterien genau entsprachen, ihren Weg in Ahmets Gärten gefunden haben.

Dem Hofstaat des Sultans schien es bald ratsam, dessen Leidenschaft für die Blume mitzutragen, und so avancierten viele seiner Bediensteten zu ernst zu nehmenden Enthusiasten. Mustafa Pasha etwa, der Admiral der osmanischen Flotte, züchtete vierundvierzig neue Sorten. Ehrgeizige kleine Beamte entdeckten, daß sie sich mit Bestechungsgeschenken in Form erlesener Tulpen ihren Weg in höhere Ämter ebnen konnten. Auch war es nicht gerade klug, dem Herrscher aller Herrscher eine Blume zu verweigern, nach der es ihn besonders verlangte, und als einmal eine seltene Zwiebel – das Geschenk eines schlauen europäischen Botschafters – abhanden gekommen war, schickte der Großwesir Boten durch Istanbuls schmale Gassen, die hohe Belohnungen versprachen, wenn sie heil wieder zurückgebracht werde.

Schon in den Anfangsjahren seiner Herrschaft hatte Ahmet III. sich dem Beispiel seiner Vorgänger angeschlossen und ließ sich bei seinen Regierungsgeschäften von einer Reihe kurzlebiger Wesire beraten. Einer dieser Wesire war Fazil Pasha: ein ehrlicher, harter Arbeiter, letzter Sproß einer berühmten Familie kaiserlicher Diener, doch auch ein Exzentriker, den beispielsweise die Vorstellung verfolgte, ihm sitze eine Fliege auf der Nasenspitze, die sich nicht verscheuchen ließ. Im Jahre 1718 jedoch ernannte der Sultan einen Mann namens Ibrahim Pasha Kulliyesi zum Großwesir der Osmanen. Ibrahim wußte sehr geschickt die höfischen Intrigen für sich zu nutzen und setzte alles daran, eine enge Beziehung zum Sultan zu erreichen. Sein bedeutendster Coup gelang ihm mit der Heirat von Ahmets ältester Tochter, der ihm den Spitznamen Damat, »Schwiegersohn«, einbrachte. In einem Land, in dem die Stellung des Wesirs meist eine kurze Amtsdauer und einen gewaltsamen Tod bedeutete, hielt Damat Ibrahim sich über ein Jahrzehnt lang an der Macht.

Der Schwiegersohn verfolgte eine Politik der kleinen Schritte – genau das, was ein im Untergang begriffenes und noch immer überaus konservatives Reich brauchte. Ibrahim ist es zu verdanken, daß Ahmet türkische Botschaften in Europa einführte, um über die Fortschritte im Westen informiert zu werden, er stellte die erste Feuerwehr auf die Beine und genehmigte die erste Druckerpresse, um Bücher über Wissenschaft und Geographie herzustellen. Er erhob neue Steuern, stockte die kaiserliche Schatzkammer auf und sorgte fast überall im Reich für Frieden. Um sich der nötigen Gunst des Sultans für sein Reformprogramm zu versichern, trug der Großwesir auch Ahmets Liebe zu den erlesenen Blumen entsprechend Rechnung.

Und so beschrieb der französische Gesandte Jean Sauvent de Villeneuve ein nächtliches Schauspiel, das in Ibrahims Tulpengarten stattfand:

»Neben jeder vierten Blume brennt eine Kerze in derselben Höhe wie die Blüte, und die Alleen säumen Käfige mit Vögeln aller Art. Die Spaliere sind mit unendlich vielen Blumen geschmückt, die man in Töpfe gestellt hat und von unzähligen Glaslampen in den verschiedensten Farben beleuchtet werden. Lampen hängen auch an den grünen Zweigen der Sträucher, die man eigens für das Fest aus den benachbarten Wäldern umgepflanzt und hinter das Gitterwerk gestellt hat. Die Wirkung all dieser verschiedenen Farben und Lichter, die sich in den zahllosen Spiegeln brechen, ist zauberhaft.«

Diese Illuminationen wurden, wie Villeneuve hinzufügte, auf Damat Ibrahims eigene Kosten allnächtlich fortgesetzt, »solange die Tulpen blühten«.

Begeistert von den Berichten, mit denen der türkische Gesandte den Großwesir über die französischen Königsschlösser in Fontainebleau und Marly informierte, baute sich dieser eine Villa in Anlehnung an die europäischen

Vorbilder. Sie stand direkt oberhalb der türkischen Hauptstadt am Bosporus, und als Damat Ibrahim Ahmet im Frühjahr 1721 dorthin einlud, befahl der beeindruckte Sultan sofort den Bau eines neuen Palastes in ähnlichem Stil. Er wählte dafür einen Platz, an dem zwei Flüsse, die als die Süßen Wasser Europas bekannt waren, durch Wiesen hinab ins Meer strömten. Hier errichteten Ahmets Architekten in nur drei Monaten ein prächtiges Lustschloß, das den Namen Sa'adabad, »Ort des Glücks«, tragen sollte. Vielleicht zum ersten Mal in der Geschichte des Osmanischen Reiches legte man die Gärten im eher strengen Stil der Europäer an, mit auf achsial ausgerichteten Alleen und reglementierten Tulpenbeeten. Die Süßen Wasser wurden in marmorne Kanäle geleitet, die Springbrunnen und Kaskaden um einen zentral gelegenen künstlichen See speisten.

Da es Damat Ibrahim gelang, das Volk von Istanbul mit billigem Brot zu speisen und den Sultan mit Festen zufriedenzustellen, blieb er die ganzen zwanziger Jahre hindurch im Amt. Doch schließlich verließ ihn das Glück. Weit entfernt von Sa'adabads Gärten gerieten ihm die Ereignisse außer Kontrolle: Eine extreme Besteuerung, die notwendig geworden war, um nicht nur den Pomp des Hofes, sondern auch einen Krieg gegen die Perser zu finanzieren, der Anfang der dreißiger Jahre ausgebrochen war, sorgte in Verbindung mit einer Hungersnot in den Provinzen des Reiches für Aufruhr. Zu allem Unglück fielen bald schon die türkischen Truppen an der Ostfront zurück und lösten sich auf, und die verhaßten Perser eroberten Gebiete zurück, die ihnen die Türken Anfang des Jahrhunderts abgenommen hatten. Als die Nachricht dieser Niederlagen Istanbul erreichte, war die in den Gassen und Basaren zunächst verhalten geäußerte Unzufriedenheit in lauthals vorgebrachte Forderungen nach einer Veränderung umgeschlagen.

Nicht einmal der Großwesir konnte dem Sultan derart schlechte Neuigkeiten verheimlichen; und nicht einmal Ahmet III. konnte es sich leisten, sie zu ignorieren. Als im Herbst 1730 schließlich der Pöbel der Stadt – angeführt von einem albanischen Lumpenhändler namens Patrona Halil – auf den Topkapi-Palast zumarschierte und einen Sündenbock verlangte, wußte Ahmet, daß seiner Regentschaft die Gefahr eines verfrühten Endes drohte und sein Leben verwirkt war, falls es ihm nicht gelang, die Menge zu besänftigen. In dieser unerwarteten Krise war dem Tulpensultan das eigene Hemd am nächsten, und er befahl der Heerschar seiner Henkersgärtner, den *bostancis*, ihm die Köpfe von Damat Ibrahim und Mustafa Pasha zu liefern, den Ministern, die am stärksten mit der unpopulären Politik der Verwestlichung und Reformen in Verbindung gebracht wurden.

Den Großwesir fand man in seinem Regierungspalast stranguliert und enthauptet. Anschließend machten sich die *bostancis* auf den Weg zu Mustafas Villa am Wasser neben dem Sa'adabad. Sie überraschten den Großen Admiral und Tulpenzüchter in seinem Garten, wo er in völliger Unkenntnis des plötzlichen Stimmungswechsels in der Hauptstadt seelenruhig seine Tulpenzwiebeln umsetzte. Vielleicht hielten die Gärtner einen Moment inne, bevor sie die seidene Schlinge um den Hals des Opfers legten, und warfen einen kenntnisreichen Blick auf die über vierzig neuen Tulpensorten, die dieser geschaffen hatte. Was sie bestimmt nicht ahnen konnten, als Mustafa Pasha seine Reise in die Gärten des Paradieses antrat, war, daß dies das Anfang vom Ende und die Zeit der Tulpen für immer vorbei sein würde.

Ahmet hatte zur Rettung seines Thrones zu wenig unternommen und viel zu spät gehandelt. Der Mob wollte sich nicht auflösen, und die Stellung des Sultans wurde langsam kritisch. Vielleicht hätte ein resoluterer Monarch, dessen Fähigkeiten eher auf militärischem Gebiet denn auf dem der Organisation von Tulpenfesten lagen, noch immer einige loyale Truppen zusammenziehen und sich selbst retten können. Aber Ahmet war kein General, und als der Aufruhr Istanbul zu überrollen drohte und ihm die Kontrolle über die Hauptstadt entglitt, machte man ihm unmißverständlich klar, daß sein Hals nur durch eine Abdankung zu retten war.

Man holte einen Neffen, Mahmut, aus dem Käfig und setzte ihn an Ahmets Statt auf den Thron. Diese Machtübernahme stellte sowohl für das Reich als auch für die Tulpe einen Wendepunkt dar, denn obwohl Mahmut schon sehr bald mit den Aufrührern grausam ins Gericht ging, die seinen Onkel entthront hatten und durch die Stadt gezogen waren, um die Holzkioske niederzubrennen, die das Symbol von Ahmets Regentschaft waren, lagen die Neigungen des neuen Sultans doch anderswo. Er liebte es, sich im Harem hinter einem Gitter zu verbergen und die Schönen des Palastes auszuspionieren. Angeblich hat er sogar die Nähte der dünnen Gewänder, welche die Frauen im Bad trugen, heimlich auftrennen und statt dessen mit Klebstoff verbinden lassen, wohl wissend, daß sich dieser in der Hitze des Dampfbads auflösen und alle Frauen nackt seinem Blick ausgesetzt wären.

Ein solcher Herrscher konnte einer bloßen Blume niemals den übertriebenen Respekt darbringen, den sie zur Zeit von Ahmet III. genossen hatte. Obwohl man weiterhin jedes Frühjahr Blumenfeste feierte, verliefen sie sehr viel bescheidener als zur Zeit der *lale devri*, und so setzte in der Türkei mit Mahmut I. ein zweiter Niedergang der Tulpe ein. Am Ende erwies sich dieser als so endgültig, daß die ganze herrliche Palette der Istanbuler Tulpen – sämtliche dreizehnhundert Sorten, wenn nicht mehr – aus den Gärten des Reiches und der Erinnerung der Menschen verschwanden. Heute lebt kein einziges Exemplar mehr davon.

Und was wurde aus dem Sultan, unter dessen Herrschaft die Tulpe zum letzten Mal blühte? Er durfte leben, aber nur, weil es so Sitte war. Der Tulpensultan Ahmet wurde in seinen Käfig zurückgebracht, von wo aus er wieder die osmanischen Feigenhaine überblicken konnte – und sich seine Nächte mit Träumen von ins Vollmondlicht getauchten Blumen vertrieb, deren dolchförmige Blütenblätter nadelspitze Schatten auf die geheimen Gärten des Hauses der Glückseligkeit warfen.

15

Späte Blüte

Das war das Ende des Tulpenfiebers. Als sich die Tür des osmanischen Käfigs endgültig hinter Ahmet III. schloß, verblaßte die Blume in den Geschichtsbüchern. Ihre große Zeit war vorbei; nie mehr sollte sie einen Herrscher derart bezaubern oder eine halbe Nation mit dem Versprechen auf leicht verdientes Geld versklaven. Im Lauf der Zeit fragten die Menschen sich, wie es überhaupt zu einer solch verrückten Manie hatte kommen können.

Wenn die Tulpe auch keine öffentliche Begeisterung mehr auszulösen vermochte, blieb sie doch für viele eine private Leidenschaft. Man wäre im Irrtum zu glauben, daß der Zusammenbruch des Tulpenhandels jeglichem Interesse an Tulpen ein Ende setzte oder auch daß die Preise fielen und dann als Reaktion auf die Exzesse in Holland und im Osmanischen Reich gleichförmig niedrig blieben. Im Gegenteil, noch immer wurden ungeheure Summen für Zwiebeln der sehr seltenen und hoch geschätzten Sorten verlangt.

Der holländische Tulpenhandel brauchte nur ein, zwei Jahre, um wieder in eine Art Gleichgewicht zu kommen. Die Spekulanten waren verschwunden, aber noch immer gab es einen Markt: Die Käufer waren jene Sammler, die sich vom Schankhandel ferngehalten hatten, und die Tulpe weiterhin aus rein ästhetischen Gründen schätzten.

Schon im Sommer 1637, weniger als sechs Monate nach dem Preissturz, zahlte der Haarlemer Connaisseur Aert Huybertsz. 850 Gulden für eine einzige Zwiebel der erlesenen *Rosen*-Sorte »Manassier«. Jacques Bertens, der Händler, dem er die Tulpe abgekauft hatte, hatte selbst nur 710 Gulden für die Blume gezahlt und somit einen Gewinn in Höhe von 140 Gulden gemacht, was einem Gegenwert von etwa sechs Monaten Handwerkerlohn entsprach.

Unter den Tulpenliebhabern war es in den Jahren nach dem Tulpenfieber Mode, einzelne Exemplare von so vielen verschiedenen Tulpen wie möglich zu züchten, was bedeutete, daß es nach wie vor eine geringe Nachfrage für viele der attraktivsten Tulpensorten gab. Paradoxerweise aber war der schlechte Ruf, der der Tulpe dank der Ausschweifungen der letzten Jahre anhaftete, auch hilfreich; denn jetzt hatte ganz Europa von der Tulpe gehört, und viele Menschen wollten mit eigenen Augen die Blume sehen, die solche Leidenschaften zu entfachen imstande war. Die holländischen Züchter konnten deshalb die Katastrophe im eigenen Land durch die Entwicklung eines Exporthandels ausgleichen. Viele hatten damit auch recht guten Erfolg, und die Vorherrschaft, die Holland im internationalen Blumenhandel noch heute innehat, geht zurück auf die erste Hälfte des 17. Jahrhunderts.

Nachdem der allgemeine Tulpenhandel so gut wie zum Erliegen gekommen war, war das beständige Exportgeschäft für die Gärtner von Haarlem von unschätzbarem Wert, und aus verstreuten Hinweisen wird deutlich, daß die Zwiebelzüchter ihr Möglichstes taten, um den Nachschub der begehrtesten Sorten gering zu halten. Somit hielten sie die Preise jahrelang auf einem konstanten Niveau und widerstanden schlau der Versuchung, mit zu vielen Züchtungen den noch verbliebenen, begrenzten Markt zu überschwemmen.

Für die Jahre nach 1637 liegen vergleichsweise wenig

Angaben zu Tulpenpreisen vor. Peter Mundy, der 1640 die Vereinigten Niederlande bereiste, bemerkte, daß noch immer »unglaubliche Preise« für, wie er es nannte, »Tulpenwurzeln« bezahlt wurden, lieferte jedoch keine Beispiele. Aber die Summen, die der wohlhabende Kaufmann Mundy für unglaublich gehalten haben dürfte, waren mit Sicherheit weitaus geringer als jene, die man 1636 und 1637 verlangt hatte. Eine »Admirael van der Eijck«, die man in Alkmaar im Durchschnitt für etwa 1345 Gulden pro Stück verkauft hatte, kam 1643, als der Besitz eines anderen Züchters versteigert wurde, für bloße 220 Gulden unter den Hammer, und eine »Rotgans«, die einmal 805 Gulden wert gewesen war, für nur 138 Gulden. Ohne das genaue Gewicht der jeweiligen Zwiebeln zu kennen, läßt sich unmöglich ein direkter Vergleich anstellen, aber in diesen beiden Fällen waren die Preise auf nur ein Sechstel dessen gefallen, was sie auf dem Höhepunkt der Manie erzielt hätten – ein durchschnittlicher jährlicher Wertverfall von 35 Prozent.

Wenn schon die seltenen Exemplare so wenig kosteten, dann erging es – wie erwartet – den billigeren Tulpen noch viel schlechter. Man hatte sie erst spät schätzen gelernt, und dies auch erst dann, als der Vorrat der begehrteren Zwiebeln erschöpft zu sein schien. »Witte Croonen«, die man im Januar 1637 für 64 Gulden das halbe Pfund verkauft hatte und die dann in Alkmaar die schwindelerregende Höhe von 1668 Gulden das halbe Pfund erreicht hatten, bekam man fünf Jahre später für nur 37 Gulden, zehn Stüver. Damit war ihr Wert im Durchschnitt um 76 Prozent im Jahr gefallen.

Derartige Summen reichten nicht aus, um all die zu unterhalten, die sich als Tulpenzüchter versucht hatten. In den Folgejahren der Manie schrumpfte die noch in den Kinderschuhen steckende Blumenindustrie, und die meisten der neuen und unerfahrenen Züchter, die sich von der Aussicht auf üppige Profite hatten hineinziehen lassen, stiegen mehr oder weniger freiwillig aus dem Geschäft aus. Die Tulpenzucht kehrte buchstäblich wieder zu ihren Wurzeln in die fruchtbaren Sandböden rund um Haarlem zurück; die Stadt entwickelte sich jetzt zum führenden Zentrum des Zwiebelhandels, wie sie es in den guten Zeiten, als jeder Tulpen anbaute, nie gewesen war. Ende des 17. Jahrhunderts hatten selbst die Türken ihr Primat im Tulpenhandel an die Pflanzschulen der Stadt abgetreten, und unter der Regentschaft von Ahmet III. verschifften die Gärtnereien von Haarlem Zehntausende von Zwiebeln an den osmanischen Hof in Istanbul. Die Stadt wurde in einen so engen Zusammenhang mit den Blumen gebracht, daß die wenigen Floristen, die sich abseits der Stadt niederließen, routinemäßig ihre Adresse mit »bei Haarlem« angaben, wenn sie Kataloge und Preislisten verschickten. Sie wußten, daß ansonsten ihre Produkte als zweitklassig abgetan würden.

Der Handel war sehr viel vernünftiger und reglementierter geworden. Die Zwiebeln, für die man hohe Preise fordern konnte, wurden für den Rest des 17. Jahrhunderts weiterhin in Haarlem versteigert. Dabei handelte es sich meist um neue Sorten, die erst vor kurzem gezüchtet worden und noch so selten waren, daß sie einen Aufschlag rechtfertigten. Innerhalb weniger Jahre verloren dann auch diese Novitäten ihren Glanz, und die Liebhaber wandten sich anderen Neuzüchtungen zu. Und so wurden die einstmals gesuchten Zwiebeln allmählich zu relativ gewöhnlicher Massenware, die die Züchter an Laufkundschaft oder auf Bestellung über Kataloge verkauften, die auf ein Publikum mit schmalerem Geldbeutel abzielten. Dank der gewaltigen Tulpenkäufe eines deutschen Tulpophilen – dem Markgrafen Karl von Baden-Durlach – liegen uns noch heute Listen vor, wonach die 1712 gemäß Katalog lieferbaren Zwiebeln mit wenigen Ausnahmen durchschnittlich für einen Gulden pro Stück zu bekommen waren. Ein Jahrhundert später hatten sich Auswahl wie auch Vorräte noch einmal bedeutend vergrößert. Eine Inventurliste von der Sammlung des Markgrafen belegt, daß er 1736 nicht nur 4796 verschiedene Tulpen besaß, sondern auch achtzigtausend Zwiebeln einer einzigen Sorte.

Die Vorlieben hatten sich nicht sehr verändert, und die Blumen des Markgrafen wären als Abkömmlinge der in den Jahren des Tulpenfiebers gezüchteten Exemplare zu erkennen gewesen. Das Mosaikvirus war noch immer nicht entdeckt, und in prächtigen Farben geflammte Tulpen erfreuten sich weiterhin großer Beliebtheit. Was bei den meisten der begehrten Sorten wünschenswert erschien, wäre auch einem Blumenhändler von 1630 sehr vertraut gewesen: In seinem um 1700 erschienenen Werk *Der holländische Gärtner* legte Hendrik van Oosting fest, daß die ideale Tulpe Blütenblätter haben solle, die oben abgerundet sind und nicht gekräuselt sein dürfen ... was die Flammung angehe, solle diese schwach am Blütenboden der Blume beginnen und dann das Blütenblatt hochklettern und in Form einer Muschel am Rand der Blume enden ... der Blütenboden solle von zartestem Himmelblau sein, und die Staubfäden sollen an Schwarz erinnern, in Wirklichkeit aber von tiefstem Blau sein. Zu den Merkmalen, die eine erlesene Tulpe auszeichne, gehöre ein hoher Stil, ein gut proportionierter Blütenkelch und lebhafte Farben, vorzugsweise auf weißem Grund.

Doch selbst eine Tulpe, die diesen hohen Wertmaßstäben entsprach, konnte nicht hoffen, für immer in Mode zu bleiben. Die Geschmäcker veränderten sich, und andere Blumen hatten etwas anderes zu bieten. Wenn auch die Franzosen im 18. Jahrhundert und die Engländer im 19. Jahrhundert eine Leidenschaft für die Tulpe entwickelten, wurde sie doch immer häufiger in die zweite

Reihe zurückgedrängt, wenn andere Arten für kurze Zeit in Mode kamen und gelegentlich eigene Manien im kleinen Stil hervorbrachten.*

Von allen Schwindelgeschäften weist vielleicht der Landboom des Jahres 1925 in Florida die größte Ähnlichkeit mit den Auswirkungen des Tulpenwahns auf. Wie der Tulpe haftete auch dem Staat Florida im Jahre 1925 der Reiz des Exotischen an. Es war ein Staat, der schwer zu erreichen und zugleich klimatisch ungesund und sumpfig war. Nach und nach gewann er jedoch durch den Bau neuer Straßen und Eisenbahnlinien und die Trockenlegung von Sumpfland in Verbindung mit der Garantie schönen Winterwetters immer mehr an Attraktivität, und einige reiche Amerikaner investierten in Ferienhäuser in der Gegend um Miami. Auch ärmere Leute ließen sich von ihrem Beispiel mitreißen, und die Immobilienmakler vor Ort reagierten rasch auf die steigende Nachfrage nach Grundbesitz.

Geschichten von den phantastischen Profiten, die sich durch Kauf und Verkauf von Land in Florida erzielen ließen, machten die Runde. Der berühmte Anwalt William Jennings Bryan kaufte sich 1912 ein Winterdomizil in Miami und verkaufte es 1920 mit einem Profit von 250000 Dollar. Später erzielten Parzellen, die erst für

* Es wäre falsch, die holländische Tulpenmanie als etwas Einzigartiges anzusehen. Vergleichbare Booms – worunter Ökonomen einen ungewöhnlich raschen Preisanstieg verstehen – und Schwindelgeschäfte (Booms, bei denen der Preis für eine Ware ihren tatsächlichen Wert bei weitem übertrifft, wenn dies die Spekulanten auch nicht so sehen), hat es im Verlauf der letzten vierhundert Jahre in der ganzen Welt gegeben. Die Objekte, mit denen spekuliert wurde, waren oft sehr unterschiedlich; es konnte sich um Aktien und Anleihen, Land, Öl oder völlig Ungewöhnliches handeln. So kam es in den Niederlanden zum Beispiel zu einem Boom beim für den Passagierverkehr gebauten Kanalsystem, eine 1630 begonnene und eigentlich sehr nützliche Entwicklung des Transportsystems, bei dem viele reich wurden, und während der siebziger Jahre des 17. Jahrhunderts zu einem Schwindel, bei dem es um kunstvolle Uhren ging, die niederländische Händler öffentlich als Statussymbole aufstellten.

1 200 Dollar verkauft worden waren, nach ein paar Monaten schon 5 000 Dollar. Eine Parzelle für 2 500 Dollar wurde für 7 800 Dollar, dann für 10 000 Dollar, 17 500 Dollar und schließlich für 35 000 Dollar verkauft – wobei der letzte Käufer auch derjenige war, der die Parzelle für gerade einmal 2 500 Dollar verkauft und dies dann bereut hatte. Am Snapper Creek Canal mußten für Land, das 1913 noch für vier Dollar der Hektar verkauft wurde, 1925 schon 500 Dollar bezahlt werden, und direkt in Miami wurde Grundbesitz, der einmal 7,5 Dollar der Hektar gekostet hatte, dann für 19 000 Dollar weiterverkauft. Schließlich lagen die Bodenpreise in Miami höher als an der Fifth Avenue in New York. In den meisten Fällen leisteten die Spekulanten eine kleine Anzahlung und verkauften das Land dann weiter, ehe die nächste Rate fällig wurde.

Das Geld floß in den Staat. In einer Periode von nur zwölf Monaten stieg das Bankclearing ab Herbst 1924 von 212 000 Dollar auf über eine Million, und die Landverkäufe verdreifachten sich. Eine im Sommer 1925 erschienene Ausgabe der *Miami Daily News* war 504 Seiten stark, fast alles Immobilienanzeigen – ein echter Weltrekord in der damaligen Zeit. Es soll allein in Miami zweitausend Immobilienmakler gegeben haben, die ein Heer von 25 000 Verkäufern beschäftigten.

Der Crash erfolgte im Herbst, wie das bei Zusammenbrüchen oft der Fall ist. Die Spekulanten hatten die tatsächliche Nachfrage nach Land bei weitem überschätzt. Die Zahl der Winterbesucher, die in den Staat kamen, machte nur ein Zehntel des Vorhergesagten aus. Die Leute kamen ihren Ratenzahlungen nicht nach, und wer Land für drei Dollar den Hektar verkauft und spätere Käufer vier Dollar, 7,5 Dollar und 15 Dollar hatte zahlen sehen, mußte bestürzt feststellen, daß sie alle nicht mehr als die erste Anzahlung geleistet hatten, so daß das

Land wieder an den Erstverkäufer zurückfiel. Vom Sommer 1926 an gingen viele Banken Floridas bankrott, denn die Clearings fielen von einer Milliarde Dollar im Jahr 1925 auf 633 Millionen Dollar ein Jahr später und schließlich 1928 auf lächerliche 143 Millionen Dollar. In jenem Jahr schrieb *The Nation*: »Miami wird der billigste Platz zum Leben in den Vereinigten Staaten ... Eines der protzigsten Gebäude am Strand, bei dem sich die Monatsmiete auf 250 Dollar belief, wird jetzt für 35 Dollar vermietet ...«

Eine ähnlich eindrucksvolle Affäre war der Hyazinthenhandel, der im ersten Drittel des 18. Jahrhunderts in den Niederlanden aufblühte. Wie die Tulpe kam auch die Hyazinthe im 16. Jahrhundert aus dem Osmanenreich nach Westeuropa. Clusius kannte sie und sorgte für die Verteilung der Zwiebeln, und sie wurde in den Niederlanden einige Jahrzehnte lang im kleineren Stil angebaut, ohne bei den Blumenliebhabern je große Begeisterung zu erwecken. Dann kam der Zufall ins Spiel. Im Lauf der Jahre hatten die ständig um neue Sorten bemühten Züchter versehentlich ein paar Doppelhyazinthen, oder gefüllte Hyazinthen hervorgebracht – Blumen mit doppelt so vielen Blütenblättern wie üblich. Weil diese Pflanzen keine Samen produzierten, wurden sie immer wieder vernichtet, und die Hyazinthen rangierten im Pantheon der Floristen erst hinter der Tulpe und der Nelke. 1684 jedoch wurde der Haarlemer Zwiebelzüchter Pieter Voorhelm krank und konnte sich eine Zeitlang nicht um seinen Garten kümmern. Als er sich erholt hatte und einige der zur Vernichtung bestimmten gefüllten Hyazinthen wegwerfen wollte, entdeckte er, daß eine besonders schöne der doppelten geblüht hatte und seine Kunden sie kaufen wollten. Nicht nur das; sie waren bereit, für diese neue Blume mehr zu zahlen als für die einfachen Hyazinthen, die er sonst hervorbrachte.

Voorhelm widmete sich nun der neuen Sorte, und da die Nachfrage allmählich stieg, züchtete er mehr gefüllte Hyazinthen. Andere Züchter folgten seinem Beispiel, bis um etwa 1720 die Hyazinthe richtig in Mode war und die Tulpe an Beliebtheit sogar übertraf.

Hyazinthen waren jetzt der letzte Schrei, und der Run auf sie wies starke Ähnlichkeit mit der Tulpenmanie auf und nahm mehr oder weniger genau ein Jahrhundert nach der Tulpenmode seinen Lauf. Er begann langsam und erreichte seinen Höhepunkt erst 1736, ein halbes Jahrhundert nachdem Voorhelm seine erste gefüllte Hyazinthe gezüchtet hatte. Schon relativ früh erzielten die begehrtesten Sorten für die einzelnen Zwiebeln Preise von dreißig oder vierzig Gulden, und ehe die Mode wieder abflaute, brachte die »Semper Augustus« der Hyazinthenzeit – eine Doppelte namens »Koning van Groot Brittanië«, zu Ehren Wilhelms von Oranien – tausend Gulden ein.

Man begeisterte sich für die Hyazinthen aus genau denselben Gründen, aus denen die Tulpen die Phantasie angeregt hatten. Es dauerte eine vergleichbar lange Zeit – fünf Jahre –, um eine blühende Zwiebel hervorzubringen, was zur Folge hatte, daß neue Hyazinthensorten einige Zeit eine Rarität blieben. Die neuen Sorten waren sehr vielfältig, brachten unendlich viele Farbkombinationen hervor, überwiegend Blau- und Violett-Töne, und waren so schön, daß der Händler Egbert van der Vaert damit prahlte, daß Zeus, hätte er nur seine letzte Errungenschaft gekannt, sich bestimmt eher in eine Hyazinthe als in einen Schwan verwandelt hätte, als er vom Olymp herabstieg, um Leda zu verführen. Und im Gegensatz zur Tulpe betörten sie auch noch mit ihrem schweren, exotischen Duft.

Während der zwanziger Jahre des 18. Jahrhunderts stiegen die Zwiebelpreise. Da die Kultivierung von Zwiebeln jetzt ein weitaus professionelleres Geschäft war als ein Jahrhundert zuvor, und die neuen Sorten der gefüllten Hyazinthen bald den Markt überschwemmten – insgesamt wurden schließlich zweitausend produziert –, mutet diese Entwicklung sonderbar an. Mit der Hyazinthenmenge hätte die Nachfrage befriedigt und der Ausbruch einer regelrechten Manie verhindert werden können, aber die Zwiebelzüchter von Haarlem hatten inzwischen auch eine tiefere Einsicht in die kaufmännische Seite ihres Geschäfts gewonnen und wußten, daß sie ihre Profite in die Höhe treiben konnten, indem sie den Nachschub der begehrtesten Sorten gering hielten.

Um 1730 hatten die Hyazinthenpreise zur Freude der Händler ein beachtliches Niveau erreicht. Der Zwiebelgarten Voorhelms, der jetzt von Pieters Enkel Joris geleitet wurde, war marktführend, aber auch die anderen Haarlemer Züchter wurden mit den Hyazinthen reich. Zwischen 1733 und 1736 hatten die Preise ihren Höhepunkt erreicht, ehe sie 1737 tief in den Keller gingen. Und dies geschah aus dem gleichen Grund wie 1637: die Preise standen auf derart hohem Niveau, daß die begehrtesten Zwiebeln gar nicht mehr zu bekommen und die weniger beliebten Sorten so gefragt waren, daß sie weitaus mehr kosteten, als sie jedem echten Blumenliebhaber wert waren. Zwiebelkataloge, die zwei Jahre nach dem Höhepunkt des Fiebers erschienen, zeigen, daß wertvolle gefüllte Sorten wie die weiße »Staaten Generaal«, die man für 210 Gulden verkauft hatte, jetzt nur noch 20 Gulden erzielte; die »Miroir« fiel von 142 Gulden pro Zwiebel auf 10 Gulden, die »Red Granaats« von 66 auf 16 und die »Gekroont Salomon's Jewel« von 80 auf 3.

An diesen Zahlen läßt sich schon ablesen, daß die während des Hyazinthenfimmels erzielten Preise in einem sehr viel bescheideneren Rahmen angesiedelt waren als die während des Tulpenfiebers. Eine »Staaten Generaal« wurde für zweihundert Gulden verkauft, wo eine »Admirael van der Eijck« an die zweitausend erzielt hätte, und die höchsten Preise, die für gefüllte Hyazinthen aktenkundig wurden, lagen um etwa sechzehnhundert Gulden pro Zwiebel und erzielten somit bestenfalls ein Drittel dessen, was die besonders gefragten Tulpen ein Jahrhundert davor eingebracht hatten. Die einzelnen Spekulanten scheinen auch ein wenig vorsichtiger gewesen zu sein als ihre Vorfahren. Die einzig bedeutsame Neuerung des Hyazinthenhandels war die weitverbreitete Praxis, sich Anteile an besonders wertvollen Zwiebeln zu kaufen. Es muß ein frustrierendes Geschäft gewesen sein, da die Anteilseigner ein Jahr oder länger warten mußten, bis ihre Blume Brutzwiebeln angesetzt hatte und sie damit rechnen konnten, selbst eine ganze Blume ihr eigen zu nennen, doch es war eine billige Möglichkeit, an Hyazinthen zu kommen. Ein zeitgenössisches holländisches Gedicht, *Flora's Bloemwarande*, beschreibt den neuen Handel und erwähnt einen Floristen namens Jan Bolt, der einem zögernden Kunden den halben Anteil an einer seiner Zwiebeln mit nur zehn Prozent Nachlaß verkaufte.

Es gab verschiedene Gründe, weshalb der Hyazinthenhandel niemals solche Ausmaße annahm wie der Tulpenhandel. Zum einen sind Hyazinthen sehr viel schwerer zu züchten als so robuste Gebirgsblumen wie die Tulpen, was die Zahl der Gartenliebhaber schon einmal einschränkte und die Nachfrage auf einem niedrigeren Niveau als in den Jahren des Tulpenfiebers hielt. Außerdem erzielten die Hyazinthen längst keine so große Aufmerksamkeit, wie das bei den Tulpen der Fall gewesen war, weshalb die Anzahl der sich für den Handel begeisternden Spekulanten ebenfalls gering blieb. Am Auffälligsten ist jedoch, daß es kaum Belege für Termingeschäfte mit den Hyazinthen gibt; ein paarmal wird erwähnt, daß Zwiebeln gekauft und dann an Dritte weiterverkauft wurden, aber dabei blieb es auch.

Aber offenbar haben sich doch ein paar Enthusiasten in Haarlem und Den Haag in den Hyazinthenwahn hineinziehen lassen und versucht, die Blumen selbst zu züchten. Und als die Manie dann ihren Höhepunkt erreicht hatte, brachte man dieser neuen Mode Ablehnung entgegen. Offenbar waren Erinnerungen an den Tulpenwahn lebendig geblieben, denn ein wagemutiger Verleger veröffentlichte einen Nachdruck der drei *Samenspraecken*, wobei er die Dialoge zwischen Gaergoedt und Waermondt mit einem Vorwort versah, das die zeitgenössischen Spekulanten in ihrer Gierigkeit mit ihren Vorfahren gleichsetzte und ihnen vorwarf, für den billigen Schwindel der listigen alten Hure Flora nicht weniger anfällig zu sein. Andere brachten neue Traktate heraus, die vor den Exzessen des Hyazinthenhandels warnten. Besonders bemerkenswert ist jedoch, daß sich diese neue Mode überhaupt hatte durchsetzen können, da die schreckliche Lektion des Tulpenwahns doch in den Köpfen noch ganz lebendig sein mußte.

Wie sich die Geschichte der Tulpe bis heute darstellt, läßt sich in wenigen Worten beschreiben. Der Handel lag weiterhin in der Hand holländischer Züchter. Im 18. Jahrhundert beherrschte eine kleine Gruppe von einem Dutzend Haarlemer Floristen den gesamten Markt, und selbst als während der Napoleonischen Kriege ihr Oligopol durchbrochen wurde, tat das dem Ruf der holländischen Züchter keinen Abbruch. Als dann immer mehr Leute den Garten als Hobby entdeckten und weltweit die Nachfrage nach Blumen aller Art in die Höhe schnellte, wuchs auch das Gebiet um Haarlem, das für die Zwiebelzucht ausgewiesen war. Zuerst entstanden Gärtnereien in Bloemendaal und Overveen, gleich im Westen der Stadt; dann dehnten sich die Anbaugebiete auch nach Süden in Richtung Hillegom und Lisse aus, wo Mitte des

19. Jahrhunderts die Trockenlegung des Haarlemmermeers neues Land bereitgestellt hatte. In dieser Zeit expandierten auch die Tulpenfarmen und sorgten so für die ersten riesigen Tulpenfelder, die heute eines der beliebtesten Postkartenmotive Hollands sind. In einem nächsten Schritt – nachdem fast das gesamte fruchtbare Land um Haarlem an die Blumen abgetreten war – wanderte ein Teil des Zwiebelhandels ganz ab aus der Stadt. Heute werden mehr Tulpen auf den Feldern von Nordholland produziert als in Haarlem.

Es fanden auch andere tiefgreifende Umwälzungen statt. Die Zwiebelzüchter beherrschten inzwischen die für eine ganzjährige Tulpenzucht notwendigen Techniken. Indem man die Tulpen bei niedrigen Temperaturen in einem Zustand vorübergehender Leblosigkeit hält, ist es möglich, ihre Blütezeit zu bestimmen. Die lange Wartezeit bis zur nächsten Tulpenblüte, während der sich die Blumenliebhaber jahrhundertelang gedulden mußten, gibt es nicht mehr, und somit ist auch einem Phänomen wie der Tulpenmanie eine ganz wesentliche Grundlage entzogen.

Vor allen Dingen aber hat sich die Tulpe selbst verändert. Inzwischen haben die holländischen Züchter viele radikal veränderte Sorten in die Gärten gebracht, von den Papageientulpen mit verdrehten Blättern und riesigen, an Schnabelspitzen erinnernden Blütenblätter über gefüllte Tulpen mit zusätzlichen Blütenblättern zu den *Darwins* – Hybridriesen, die man erstmals im 19. Jahrhundert gezüchtet hatte. Die »gebrochenen«, viruell veränderten Tulpen, die einstmals so berühmt waren, sind hingegen völlig ausgestorben. Geschwächt durch das Mosaikvirus, war den ursprünglichen Formen – darunter auch den berühmtesten wie der »Viceroy« und der »Semper Augustus« – das Schicksal beschieden, nur kurze Zeit zu blühen, aber selbst ihre Nachfolgerinnen gibt es schon lange nicht mehr. Seit Jahren sind nur noch geflammte Tulpen im Handel, die durch sorgfältige Kreuzung ihre Vorgängerinnen imitieren.

Die Industrie rund um die Blumenzwiebel sieht in der Zerstörung des Mosaikvirus eine ihrer stolzesten Leistungen, und dies aus gutem Grund. Sie ist gleichbedeutend mit der Ausrottung der Pocken. Doch es kann nicht geleugnet werden, daß in diesem gewonnenen Kampf auch etwas verlorenging. Die unendliche Vielfalt, die jede der »gebrochenen« Tulpen zur Schau stellte, ist verschwunden und mit ihr auch sehr viel von ihrer Faszination und der ehrfürchtigen Bewunderung, die man der Tulpe entgegenbrachte.

Heute überschlägt sich der Zwiebelhandel mit einem riesigen und immer noch wachsenden Angebot verschiedenster Tulpen. Der Blumenfreund zu Clusius' Zeiten konnte sich nur an einer Handvoll Sorten erfreuen, aber bis heute sind fast sechstausend verschiedene Tulpen gezüchtet, beschrieben und katalogisiert worden. Diese verwirrende Vielfalt ist gewiß beeindruckend, doch sie schwächt zweifellos die Bedeutung der einzelnen Blume. Die heutige Vorliebe für eine Vielzahl uniformer und einfarbiger Tulpen empfände der Liebhaber des 17. Jahrhunderts als ziemlich vulgär, und sicher studiert kein moderner Gärtner eine einzelne Tulpe mit der gleichen leidenschaftlichen Intensität wie ein Tulpophiler der alten Schule.

Was jedoch den Tulpenwahn betrifft, so kam dieser einem ansteckenden Fieber gleich, das sich aus ganz menschlichen Emotionen wie der Hingabe an die Schönheit und der Gier nach Geld nährte. Das Virus ist nie ganz verschwunden, und so bricht das Fieber immer wieder aus. So grassierte zum Beispiel in Frankreich um 1838 die Leidenschaft für Dahlien. Wie die Tulpe zwei Jahrhunderte zuvor, war diese Blume ein Neuling in Europa, nachdem sie 1790 aus Mexiko eingeführt worden war. Bald schon stürzten sich die Gärtner auf sie, um zahlreiche neue Sorten zu züchten. Die Schönheit der neuen Kulturformen gewann weitverbreitete Anerkennung, und man zitierte sie sogar, um Rousseaus Überzeugung zu widerlegen, daß in den Händen der Menschen alles degeneriere. Für kurze Zeit erzielten Dahlien hohe Preise; angeblich soll ein Blumenbeet für siebzigtausend Francs den Besitzer gewechselt haben und eine einzige Dahlie gegen einen reinen Diamanten eingetauscht worden sein. Die Moden änderten sich, und die Dahlie verschwand wie die Tulpe aus den Geschichtsbüchern. 1912 war für die holländische Gladiole die Zeit gekommen, sich eines ähnlichen – aber gleichermaßen kurzlebigen – Booms zu erfreuen.

Das letzte Mal machte sich das alte Virus bisher 1985 bemerkbar, als in China eine Manie ausbrach, die fast genau der Schablone des Tulpenfimmels folgte. In diesem Fall konzentrierte sich die Spekulation jedoch auf eine andere Zwiebelpflanze, die *ju zi lan*-Pflanze oder *Lycoris radiata*, die rote Spinnenlilie. Diese Lilie entwickelt kleine trichterförmige Blütenblätter, die sich wie verheddeerte Wollstränge zusammenrollen. Lange, gebogene Staubfäden überragen die Blütenblätter und verleihen der Blume ein zerbrechliches Aussehen. Die Spinnenlilie stammt ursprünglich aus Afrika, wurde aber in den dreißiger Jahren des 19. Jahrhunderts nach China eingeführt und dort in der mandschurischen Stadt Changchun in großem Stil gezüchtet. Zuerst war sie die Lieblingsblume der alten Herrschaftsschicht der Stadt gewesen, und eine Zeitlang zeugte es von Vornehmheit, wenn man möglichst viele verschiedene Sorten der *ju zi lan* anpflanzte. Die Machtübernahme durch die Kommunisten bedeutete für den kleinen Markt, der sich Ende der vierziger Jahre für diese Zwiebeln entwickelt hatte, das Ende, aber die Spinnenlilie blieb sehr populär und wurde schließlich zur offiziellen Blume von Changchun erklärt. Man schätzt, daß um 1980 die Hälfte aller Familien dieser Stadt sie anbauten.

Doch erst einige Jahre später, als die chinesische Regierung ein paar bescheidene ökonomische Reformen erlaubte, brach eine ernsthafte *ju zi lan*-Manie aus. Die Situation in Changchun war der in Holland um 1630 sehr ähnlich. Das Unternehmertum wurde gefördert, doch während alle darauf warteten, Geld zu machen, und die dazu benötigte Energie im Übermaß vorhanden war, fehlte es an Möglichkeiten, übriges Bargeld zu investieren. Unter diesen Umständen machten sich die Züchter von Spinnenlilien in Changchun die wachsende Nachfrage aus den benachbarten Regionen zunutze, und als die Preise unweigerlich nach oben gingen*, ließ die Spekulation mit *ju zi lan*-Zwiebeln nicht lange auf sich warten.

Im Jahre 1981 oder 1982 wurden Spinnenlilien für hundert Yuan, etwa dreißig Mark, verkauft. Das war schon eine recht erhebliche Summe angesichts der in China üblichen Niedriglöhne. Aber 1985 wurden Zwiebeln der gesuchtesten Sorten angeblich für die astronomische Summe von zweihunderttausend Yuan, etwa sechzigtausend Mark, verkauft, ein Betrag der selbst die auf der Höhe des holländischen Tulpenfiebers üblichen Summen in den Schatten stellt. Während also die »Semper Augustus« auf ihrem Höhepunkt zwischen fünf- und zehntausend Gulden die Zwiebel erzielen konnte, was das

---

* Selbst die gebräuchlichsten und profansten Gegenstände können unter gewissen Umständen selten und kostbar werden. So setzten etwa im Zweiten Weltkrieg, als der militärische Nachschub natürlich Vorrang hatte, Militärangehörige alles mögliche daran, an eine Flasche Coca-Cola zu kommen. In einem Fall wurde eine einzige Flasche im Wert von fünf Cent an der italienischen Front für viertausend Dollar versteigert, um sie zu trinken.

vier- bis achtfache Einkommen eines gut verdienenden Kaufmanns war, entsprachen die höchsten für eine *ju zi lan* erzielten Preise dem dreihundertfachen Jahresverdienst eines durchschnittlichen chinesischen Hochschulabsolventen; eine wahrhaft atemberaubende Summe.

Unter solchen Umständen überrascht es nicht, daß die Obsession von der Spinnenlilie selbst gemessen an den anderen Blumenmanien nur von kurzer Dauer war. Im Sommer 1985 erfolgte der Zusammenbruch, offenbar weil das Vertrauen in den jungen Markt durch eine Reihe von Zeitungsartikeln unterminiert worden war, worin die Spekulation mit Blumenzwiebeln als Wahnsinn bezeichnet wurde. Der ganze Lilienzwiebelmarkt wurde rasch von panisch verängstigten Händlern überschwemmt, die nur noch verkaufen wollten, und die Zwiebelpreise fielen auf der Stelle. Und so wie der chinesische Boom die Jahre der Tulpenmanie bereits an Höhe übertroffen hatte, war auch der Zusammenbruch dann sehr viel gravierender. Als der Markt für Spinnenlilien sich schließlich wieder etabliert hatte, waren die Preise bis zu 99 Prozent gefallen.

Changchun liegt im Norden Chinas, gleich nördlich des vierzigsten Breitengrades und nur knappe viertausend Kilometer von den Tälern des Tien-shan entfernt. Das Fiebervirus war endlich heimgekehrt.

Danksagung

Von all jenen, denen ich Dank schulde, gebührt gewiß meinem unermüdlichen Assistenten bei der Recherche, Henk Looijesteijn aus Amsterdam, Erwähnung an erster Stelle. In seiner Doppelfunktion als Spezialist für die frühe Geschichte der Neuzeit und Sohn einer langen Reihe von Zwiebelzüchtern hätte Looijesteijn nicht besser qualifiziert sein können, für mich die Recherche an den Originalen in den Archiven von Haarlem, Amsterdam und Den Haag zu übernehmen und mich durch die zahlreiche holländische Literatur zu diesem Thema zu leiten. *Tulpenwahn* hätte ohne ihn nicht geschrieben werden können.

Die Bekanntschaft mit Herrn Looijesteijn verdanke ich Henk van Nierop von der Universität Amsterdam, selbst ein hervorragender Historiker auf diesem Gebiet. Außerdem standen mir in den Niederlanden Jaap Looijesteijn, Zwiebelzüchter aus Breezand, und Daan de Clercq aus Amsterdam zur Seite, dem ich Informationen über seinen Vorfahr Jacques de Clercq verdanke.

Nicht zuletzt bin ich meinem Agenten Patrick Walsh für seine Hilfe und Beratung dankbar sowie meiner Lektorin Sara Holloway, die Vertrauen in die Idee hatte und aus dem anfänglichen Gedankenwust rettete, was zu retten war. Tina Walsh übersetzte einige besonders schwer verständliche Passagen aus dem Altniederländischen für mich. Die Person jedoch, die am längsten und härtesten daran mitgearbeitet hat, dieses Buch zu einem Abschluß zu bringen, war Penny, der ich dafür mit all meiner Liebe danke. Dieses Buch ist ihres ebenso wie meines.

Anmerkungen

Allgemein

Es überrascht, wieviel über die Geschichte der Tulpe bekannt ist, was sich dem glücklichen Umstand verdankt, daß sie zum einen sehr geschätzt wurde und die Begeisterung für sie außerdem mit dem ersten Höhepunkt der Gartenliteratur zusammentraf. Neben frühen Abrissen wie Sir Daniel Halls *The Book of the Tulip* sind auch einige seltene, aber ausgezeichnete Regionalstudien erschienen, vor allem Michiel Rodings und Hans Theunissens *The Tulip: a Symbol of Two Nations,* und Sam Segals Broschüre *Tulips Portrayed: the Tulip Trade in Holland in the Seventeenth Century.* Die ausführlichste Abhandlung jedoch ist zweifellos Anna Pavords *The Tulip.*

Auch für die an der Geschichte der Niederlande im 17. Jahrhundert Interessierten ist gut gesorgt, als neueste Veröffentlichung sei auf Jonathan Israels hochgelobten Überblick *The Dutch Republic: Its Rise, Greatness and Fall, 1477–1806* verwiesen. Für sozialhistorisch Interessierte empfiehlt sich Simon Schamas eher kontroverse Abhandlung *The Embarrassment of Riches: an Interpretation of Dutch Culture in the Golden Age,* dt.: *Überfluß und schöner Schein,* und A. T. van Deursens umfassendes Werk *Plain Lives in a Golden Age: Popular*

Culture, Religion and Society in Seventeenth Century Holland.

Der Geschichte des Tulpenwahns selbst jedoch wird keine besondere Beachtung geschenkt, und sie ist bisher noch nicht Thema einer umfassenden wissenschaftlichen Untersuchung geworden, die Nutzen aus dem in den holländischen Archiven im Übermaß vorhandenen Rohmaterial gezogen hätte. Viele der kurzen Abhandlungen über dieses Thema beruhen auf sehr fehlerhaften populärwissenschaftlichen Studien, vor allem auf Charles Mackays unterhaltsamem, aber in die Irre führendem Werk *Memoirs of Extraordinary Popular Delusions and the Madness of Crowds,* dt.: *Außergewöhnliche, populäre Illusionen und Wahnsinnsspekulationen großer Menschenmassen,* das bereits 1841 erschienen ist. Sehr viel zuverlässiger, wenn auch noch immer auf Sekundärquellen beruhend, ist die wirklich moderne Analyse von Joseph Bulgatz, veröffentlicht in *Ponzi Schemes, Invaders From Mars & More Extraordinary Popular Delusions and the Madness of Crowds,* die jedoch nur wenig Beachtung gefunden hat.

Abgesehen von zeitgenössischen Broschüren, die E. H. Krelage in *De Pamfletten van den Tulpenwindhandel 1636–1637* zusammengetragen hat, bestehen die wertvollsten holländischen Quellen aus juristischen Akten, die in den meisten der in die Tulpenmanie verstrickten Städten noch immer zur Verfügung stehen und nicht nur von einigen der (vergleichsweise seltenen) rechtlichen Vereinbarungen für den Kauf von Tulpenzwiebeln Zeugnis ablegen, sondern auch von den Verfahren, die als Folge des Preisverfalls 1637 in die Wege geleitet wurden. Die bereits erschienenen Auszüge, wie jene von A. van Damme in *Aanteekeningen Betreffende de Geschiedenis der Bloembollen: Haarlem 1899–1903* (eine Sammlung von Artikeln, die zur Jahrhundertwende erschienen sind und

schließlich zusammengetragen und 1976 in Leiden veröffentlicht wurden), und die von Nicolaas Posthumus,
der sowohl diese Druckschriften als auch einiges zeitgenössische Quellenmaterial veröffentlicht hat (»De speculatie in tulpen in de jaren 1636 en 1637«, Teile 1–3,
in: *Economisch-Historisch Jaarboek)*, sind keineswegs
ausführlich; van Damme behauptet sogar, die von ihm
veröffentlichten Akten seien eher zufällige Entdeckungen
als Ergebnisse systematischer Nachforschung.

Die bei weitem umfassendste Abhandlung über diese
Zeit bleibt Krelages Opus *Bloemenspeculatie in Nederland: De Tulpomanie van 1636–37 en de Hyacintenhandel 1720–36*, worauf große Teile des vorliegenden
Buches basieren, das in einigen Punkten jedoch überholt
ist. Nach Sichtung des vorhandenen Materials glaube ich,
daß sich, selbst bei aller gebotenen Vorsicht hinsichtlich
der Zuverlässigkeit der Gemeindebücher, Historiker und
besonders Wirtschaftswissenschaftler vorwerfen lassen
müssen, die tatsächliche Bedeutung und das Ausmaß der
Tulpenmanie zu übertreiben.

Einführung

Erfolg gleichbedeutend mit... Zumthor, S. 354 f.
In gemütlicher Runde hören... Garber, S. 535.

Prolog: Tulpenfieber

Die vornehmliche Informationsquelle für die Ereignisse
im Februar 1637 in Alkmaar ist A. van Damme, *Aanteekeningen...* Zum äußeren Erscheinungsbild und Verhalten der holländischen Tulpenhändler siehe sowohl
Zumthor und die neuere Analyse von A. T. van Deursen.

Wert einer Tulpe Peter Garber, *Tulipmania,* S. 537f.
meint, daß 1637 jeder Gulden 0,856 Gramm Gold enthielt. Ein Gramm Gold war somit 1,17 Gulden wert. Eine
auf der Auktion in Alkmaar versteigerte »Viceroy«, die
am 5. Februar 146 Gulden pro Gramm einbrachte, ergab
einen Wert, der 125mal höher war als ihr Gewicht in Gold.

1 DIE TÄLER DES TIEN-SHAN

Die frühe Geschichte der Tulpe liegt weitgehend im dunkeln. Auf ihre asiatischen Ursprünge wird bei Turhan
Baytop, »The Tulip in Istanbul during the Ottoman period« in: Michiel Roding und Hans Theunissen, *The Tulip,*
eingegangen, und die Begeisterung für die Wildtulpen in
Persien wird von Wilfried Blunt, *Tulipomania,* gestreift.

Asiatische Ursprünge der Tulpe Baytop, S. 50–56.
Frühe Wertschätzung der Tulpen Gewiß haben schon die
Hetither, die zweitausend Jahre vor Christi Geburt
Kleinasien beherrscht haben, die Schönheit der wilden
Zwiebelpflanzen zu schätzen gewußt. Alte Inschriften
belegen, daß im Einflußbereich der Hetither der Früh-
lingsanfang jedes Jahr mit dem Fest *An.tah.sum-sar*
gefeiert wurde, das mit »Zwiebelfest« übersetzt werden
kann und zur Krokusblüte stattgefunden haben muß.
(Noch heute feiern viele Anatolier im Mai ein ähnliches
Fest, genannt *Hidrellez,* das mit einem Picknick ein-
hergeht, zu dem es ein Gericht aus Bulgur und zer-
stampften Krokuszwiebeln gibt.) Womöglich hatte die
Tulpenblüte für die Steppenbewohner eine ähnliche Bedeutung, denn sie erlebten ungleich rauhere Winter als
im Krokusland Kleinasien und dürften die Ankunft des
Frühlings noch sehnsüchtiger erwartet haben. Siehe
Baytop, S. 51.

Die Tulpe in Persien Hall, S. 44; Blunt, S. 22f.; Schloredt, S. 62.

Babur und die türkische Tradition des Gartenbaus Pallis, S. 198.

Geschichte der Türken Die Geschichte der Tulpe in osmanischer Zeit ist weitaus besser dokumentiert als die sehr frühe Geschichte. Als Zusammenfassung der türkischen Geschichte dieser Periode sei auf Inalcik, *The Ottoman Empire...* verwiesen.

Die Tulpe in der osmanischen Geschichte bis 1453 Demiriz in: Roding und Theunissen, S. 57–75.

Die Geschichte von Hasan Efendi ibid., S. 57.

Die Tulpe als religiöses Symbol Die Türken waren nicht das einzige Volk, das die Blume als religiöses Symbol ansah. Unter den Pennsylvaniadeutschen – deutschen Emigranten, die seit Anfang des 17. Jahrhunderts an die Ostküste Amerikas kamen – wurde das Motiv von stilisierten Tulpen mit drei Blütenblättern zum Symbol der Heiligen Dreieinigkeit. Man verwendete es häufig zum Schmuck von offiziellen Schriftstücken, wie etwa Geburtsurkunden. Schloredt, S. 43.

2 UNTER DEM DACH DER GLÜCKSELIGKEIT

Die besten Führer zur Geschichte der Tulpe in der Türkei sind Berichte über Istanbul, darunter in erster Linie Philip Mansel, *Constantinople: City of the World's Desire, 1453–1924*. Für die osmanischen Paläste ist Barnette Miller, *Beyond the Sublime Porte: The Grand Seraglio of Stambul* eine unverzichtbare Quelle. Dr. Miller war vermutlich die erste westliche Besucherin, der Zutritt in die Innenhöfe des Topkapi gewährt wurde, und dies zu einer Zeit, zu Beginn des 20. Jahrhunderts, als sie ihrem ursprünglichen Erscheinungsbild noch ähnlicher waren. Unter großen Anstrengungen rekonstruierte sie Einrichtungen wie den Harem und die Gärten, die nicht mehr benützt wurden und dem Verfall preisgegeben waren. Millers Arbeit wurde zur Grundlage aller folgenden Beschreibungen des osmanischen Palastlebens.

Schlacht auf dem Amselfeld Malcolm, S. 58–80.

Beyazid Inalcik, S. 14–18; Norwich, S. 400–405, 414ff.

Beyazids Hemd Über das Alter dieses Kleidungsstückes besteht Uneinigkeit. Das Museum für Türkische und Islamische Kunst datiert es auf circa 1400, aber Yildiz Demiriz, S.71, geht anhand des Stils davon aus, daß es aus der Zeit um 1550 stammen muß. Deshalb kann die Tradition nicht nachgewiesen werden – doch selbst wenn Demiriz recht haben sollte, läßt sich nicht ausschließen, daß Beyazid ein ähnliches Hemd getragen haben könnte.

Konstantinopel und Sultan Mehmet Mansel, Kapitel 1.

Sultan Mehmets Gärten Wheatcroft, S. 26-29; Mansel, S. 57f.

Sultan Süleyman und die Tulpen von Istanbul Baker, S. 240; Baytop, S. 2f. Demiriz, S. 57f, 74f. Einige Forscher behaupten, daß die Istanbuler Tulpen nicht vor der 2. Hälfte des 17. Jahrhunderts gezüchtet wurden (Pavord, S. 39, 45); was aber nicht bewiesen ist.

Floristen in Istanbul Baytop, S. 51.

Sultan Selim und die Blumenzwiebeln aus Persien und Syrien ibid. S. 53, Baker S. 238–40.

Die Paläste und Gärten des Sultans Demiriz, S. 59, 67; Mansel, S. 60f., 71, 73–75, 221f.; Miller, S. 4–21, 151–156; N. M. Penzer, S. 40, 252–260; Cassels, S. 53f., 57 f.

Die bostancis Mansel, S. 74f, 221f; Cassels, S. 53; Penzer, S. 62, 185.

Die Jagd des Obergärtners Man scheint nicht zu wissen,

von wann genau dieser seltsame Brauch datiert. Miller, S. 145 und 250.

3 DIE FREMDE AUS DEM OSTEN

Die frühe Geschichte der Tulpe in Europa – soweit sie bekannt ist – wurde erstmals gründlich von Hermann, Graf zu Solms-Laubach in *Weizen und Tulpe und deren Geschichte* dokumentiert und später von Sir Daniel Hall in *The Book of the Tulip* zusammengefaßt. Neuere Recherchen hat vor kurzem Sam Segal in *Tulips Portrayed: the Tulip Trade in Holland in the Seventeenth Century* vorgelegt.

Lopo Vaz de Sampayo Vaz' Verbindung zur Tulpe erwähnt auch Blunt, S. 8. Einzelheiten seiner Laufbahn siehe Whiteway, S. 208–13, 221–23. Nunho da Cunha war übrigens der Sohn von Tristao da Cunha, der seinen Namen einer winzigen Insel im Atlantik gab, die noch immer einen der Außenposten des Britischen Empire darstellt.

Monstereul Charles de la Chesnée Monstereuls Buch war das erste ganz der Tulpe gewidmete Werk und hat deshalb unter den Erforschern der Geschichte dieser Blume einiges Gewicht.

Dauer der Seereisen nach Portugal Whiteway, S. 26.

Tulpe als Novität... Hall, S. 36.

Belege für Tulpen in Europa vor dem 16. Jahrhundert Hall, S. 17, 36f.

Busbecq Baytop, S. 53; von Martels, *Augerius Gislenius Busbequius: Leven en Werk van de Keizerliijke Gezant ann het hof van Süleyman de Grote*, S. 152, 440–52. Für eine genaue Datierung Busbecqs erster Begegnung mit der Tulpe siehe von Martels, S. 449–50.

George Sandys Zitiert in Anna Pavord, S. 35f.

Busbecqs Briefe Gemeint sind *Legationis Turcicae episto-lae quatuor* (Antwerpen 1581), damals ein Bestseller.

Busbecq und die Einführung der Tulpe Man darf mit gutem Grund zweifeln, ob der Gesandte persönlich für die Einführung der Tulpe in Europa verantwortlich war, denn Busbecq brüstete sich häufig damit, der erste gewesen zu sein, der die Feige in den Westen gebracht hat. Angesichts des Ruhms, dessen die Tulpe sich bereits 1591, zur Zeit seines Todes, erfreute, wäre es unglaubhaft, wenn er sich nicht auch diese Entdeckung zur Ehre hätte gereichen lassen, sofern er wirklich der erste war. Von Martels, S. 450–52.

Conrad Gesner Hall, S. 39, Segal, S. 15f.

Conrad Gesner 1516–1565; zur mysteriösen Epidemie siehe Bondeson. Der *Catalogus plantarum* wurde übrigens erst zwei Jahrhunderte nach Gesners Tod veröffentlicht; seine Beschreibung der Tulpe erschien erstmals in einem Anhang zu einem Buch seines Freundes Valerius Gordus, das 1561 erschien.

Tulipa turcarum Obgleich man lange Zeit geglaubt hatte, bei der Tulpensorte, die zu Ehren Gesners dessen Namen trug, habe es sich um die in Augsburg entdeckte gehandelt, sieht es eher danach aus, als wäre diese in Herwarths Garten gefundene Spezies eine *T. suavenolens* und gar keine *T. Gesneriana* gewesen – siehe Murray, S. 19.

Die von Johann Kentmann in Italien gesehene Tulpe Segal, S. 3, 21. Kentmann gab seiner Blume den Namen *T. turcica*, doch es scheint sich um ein Exemplar der Spezies *T. sylvestris* gehandelt zu haben.

Die Gärten der Fugger Ehrenberg, S. 38. Siehe auch Freiherr von Polnitz, *Die Fugger*. Anton Fugger, Sohn des Gründers des Fuggerimperiums, bot sowohl Gesner als auch Clusius Arbeit an, letzterer hat vermutlich nicht zuletzt wegen religiöser Skrupel abgelehnt (weil die Bank der Fugger in der Gegenreformation eine wichtige Rolle spielte).

Erste Tulpen in England und Europa Hall, S. 40. Jacob, S. 3; Blunt, S. 10f.

Garret and Gerard Blunt, S. 10f.; Pavord, S. 104–105.

4 CLUSIUS

Die umfangreichste Biographie über Clusius ist das zweibändige Werk von F. W. T. Hunger, *Charles d'Escluse (Carolus Clusius), Nederlandsche Kruidkundige 1526–1609*, auf das sich dieses Kapitel vor allem stützt. Die populärwissenschaftliche Biographie von Johan Theuniz, *Carolus Clusius: Het Merkwaardige Leven van een Pionier der Wetenschap*, fügt ein paar Details hinzu, vor allem aus den frühen Jahren von Clusius. Clusius' verstreute Arbeiten zur Tulpe – die, wie noch einmal betont werden muß, auch nicht im entferntesten im Mittelpunkt seiner Arbeit stand – sind erfreulicherweise in englischer Übersetzung zusammengetragen worden von W. van Dijk, *A Treatise on Tulips by Carolus Clusius of Arras*.

Anekdote vom flämischen Händler Diese Geschichte war ursprünglich von Clusius selbst erzählt worden, erwähnt wird sie bei van Dijk, S. 8.

Und so kam es, daß im Frühling 1563 … Dieser Teil des Berichts ist eine Spekulation meinerseits, denn wenn der Händler die Blumenzwiebeln tatsächlich für Gemüsezwiebeln gehalten hat, dürfte erst zur Blütezeit entdeckt worden sein, was sie wirklich waren.

Hinrichtung von Clusius' Onkel Dabei handelte es sich um Mathieu d'Escluse, der tatsächlich im April 1567

verbrannt wurde, als Herzog Alba in den Habsburgi-
schen Niederlanden den Protestantismus auszurotten
versuchte. Hunger, I, S. 97.

Ausmaß von Clusius' Korrespondenz Die Schätzung von
viertausend Briefen basiert auf einer Kalkulation von
Hunger, I, S. 98.

Clusius zur Tulpe Clusius erwähnte die Blume erstmals
in einem Anhang zu seinem Buch über die Flora Spaniens, *Historia stirpium per Hispanias observatorum*,
veröffentlicht 1576 (S. 510–15), obwohl die Blume in
diesem Land gar nicht heimisch war. Das läßt darauf
schließen, daß er während seines Aufenthalts in Spanien erstmals von van Rye von ihr hörte. Auf ihre botanischen Merkmale ging er dann in seinem Werk über
die Flora von Österreich detaillierter ein, *Historia stirpium Pannoniae*, veröffentlicht 1583 (S. 145–69), und
dann wieder in seinem Meisterwerk, *Rariorum Plantarum Historia* von 1601 (S. 137–52).

Experimente in Frankfurt Dies war 1593. Murray, S. 19.

Clusius' Charakter und Veranlagung Hunger, I, S. 323.

Marie de Brimeus Kompliment Ders., II, S. 217.

Clusius' Armut, Hunger, I, S. 111, 122.

Pflanzenhandel zwischen den Osmanen und Wien Theunisz, S. 68.

Clusius und Busbecq Clusius hatte bereits 1569 an von
Krafftheim geschrieben und ihn um Pflanzen von Busbecq gebeten. Hunger, I, S. 108, 139.

Busbecqs Samen Van Dijk, S. 32

Blumendiebe Hunger, I, S. 158; II, S. 115, 135; Theunisz, S. 50, 78.

… hatte sämtliche Zähne verloren Hunger, I, S. 180, 240.

Die Biographien von Hunger und Theunisz sind auch für Clusius' Laufbahn in Leiden die wichtigsten Quellen. Zum Verlauf des Aufstands der Niederlande und zum historischen Hintergrund der Zeit des Tulpenwahns an der Universität Leiden vergl. Jonathan Israels eindrucksvolle Arbeit. Die Universität und vor allem ihr berühmtes Anatomieseminar wurde immer wieder von ausländischen Besuchern erwähnt, und die Berichte von Sir William Brereton, *Travels in Holland, the United Provinces etc...* *1634–1635*, und John Evelyn, *The Diary of John Evelyn*, II, sind eine höchst interessante Lektüre. In Fragen der Botanik beziehe ich mich auf Daniel Hall und E. van Slogteren, »Broken Tulips«, in: *The Daffodil and Tulip Yearbook*.

Clusius in Frankfurt Hunger, II, S. 153f, 164f, 167, 172–75.

Ankunft in Leiden Hunger, I, S. 210–13.

Leiden Israel, S. 308, 328.

Der Aufstand der Niederländer Israel, S. 169–75, 181–82.

Universität von Leiden Israel, S. 569-72; Schama, S. 57, 175; Brereton, S. 41-2; Evelyn, S. 51-4.

Der »hortus« von Leiden Hunger, I, S. 189–94, 214–18; Hunger, II, S. 4; Israel, S. 571f, 1043; Brereton, S. 42.

Der wahre Herr der Blumen Aus einem Brief vom 28. Februar 1602, zitiert bei Hunger, I, S. 269.

Walich Ziewertsz. Nicolaes van Wassenaer, *Historisch Verhael* IX, section April–October 1625, S. 10; Hensen, S. 187.

Clusius über Tulpen van Dijk, S. 7–32.

Botanik der Tulpe Segal, S. 5–12; Hall, S. 99–110; Murray, S. 21–23.

Brutzwiebeln John Mather, *Economic Production of Tulips and Daffodils*, S. 44.

Rosen, Violetten und Bizarden Tulpen E. H. Krelage *Bloemenspeculatie in Nederland: De Tulpomanie van 1636–37 en de Hyacintenhandel 1720–36*, S. 33, verweist darauf, daß diese Kategorien erst im 19. Jahrhundert eingeführt wurden, weil sie aber so gebräuchlich sind, verwenden wir sie hier. Die *Violetten*-Sorten werden übrigens auch manchmal als *bybloemen* Tulpen bezeichnet.

»Höchst erlesen« und »gewöhnlich« Krelage, S. 21.

Versuche, das »Brechen« zu reproduzieren Pavord, S. 11.

Lösung für das Problem des »Brechens« Hall, S. 104–06.

Clusius und die Nachfrage nach Tulpenzwiebeln Hunger, I, S. 214, 237.

Tulpendiebstahl Theunisz, S. 120; Hunger, I, S. 237f, 241; Hunger, II, S. 197.

»... die siebzehn Provinzen über ausreichende Vorräte verfügten« Zitiert in Blunt, S. 9.

6 SCHMUCK FÜRS DEKOLLETÉ

Die frühe Geschichte der Tulpe in den Vereinigten Niederlanden und in Frankreich ist nicht besonders gut dokumentiert. Die wesentlichen hier dargestellten Einzelheiten sind aus Krelages Büchern und aus den Werken zeitgenössischer Gärtner wie Abraham Munting, *Waare Oeffening der Planten* (1671) zusammengetragen, so wie aus Murray und Segal, dessen Arbeit auch einen sehr nützlichen Abriß über Tulpenbücher aus dem 17. Jahrhundert enthält.

Monstereuls Eloge Zitiert bei Segal, S. 4.

Lobelius Der latinisierte Name von Mathias de l'Obel,

dessen Arbeit über Tulpen in einem französischen Kräuterbuch von 1581 veröffentlicht wurde. Segal, S. 3.

Tulpensorten Segal, S. 4; Murray, S. 21. Diese Angaben schließen die türkischen Sorten nicht mit ein, die im 18. Jahrhundert allein schon 1300 ausmachten.

Frühe Tulpenliebhaber Krelage, *Bloemenspeculatie*, S. 23–24; Krelage, *Drie Eeuwen Bloembollenexport*, S. 6, 17.

Die Tulpe in Frankreich Krelage, *Bloemenspeculatie*, S. 29; Munting, S. 907–11; Garber, S. 543. Wenngleich sich zeitgenössische Gartenautoren damit befaßt haben, liegt dieser frühe Tulpenwahn in Frankreich doch noch weitgehend im dunkeln und verdiente eine eigene Untersuchung.

Die Tulpenconnaisseurs Chrispijn van de Passe, S. 4; Krelage, *Drie Eeuwen*, S. 6.

Paulus van Beresteyn Van Beresteyn u.a., S. 134.

Jacques de Gheyn Van Regteren Altena, S. 2f, 14, 38, 40, 59, 66, 69f, 131f, 153.

Guillelmo Bartolotti Leonhardt, S. 14f, 39f; Israel, S. 348.

Das goldene Zeitalter J. L. Price, *Culture and Society in the Dutch Republic During the 17th Century*; Israel S. 547–91.

Der Garten von Lord Offerbeake Brereton, S. 44f.

Holländische Landsitze Schama, S. 317–320; Krelage, *Bloemenspeculatie*, S.7, 27f.

Scherze in der Kirche Cotterell, S. 119. Die übliche Strafe waren sechs Stüver pro Scherz.

Jacob Cats Schama, S. 318, 465.

De Moufe-Schans Hondius. Über die wahren Besitzverhältnisse des Moufe-schans, das oftmals fälschlicherweise als Hondius' eigenes Haus bezeichnet wird, siehe *Nieuw Nationaal Biographisch Woordenboek*, VIII, S. 812f.

Der Garten des Prinzen von Oranien Brereton, S. 34f.

Meine Erörterung der »Semper Augustus« beruht, wie alle anderen Besprechungen auch, auf der Chronik von Nicolaes Jansz. van Wassenaer. Van Wassenaer, der Sohn eines Amsterdamer Arztes, unterrichtete an der Lateinschule von Haarlem und dann in Amsterdam, ehe er sich nach 1612 hauptberuflich aufs Schreiben verlegte (und nebenbei als Arzt praktizierte). Seine Chronik, *Historisch Verhael aller Gedencwaerdiger Gheschiedenissen*, V–IX (1624–25), ist die zuverlässigste und grundlegendste Informationsquelle zu dieser Blume.

Die Passagen über den Fortschritt der Tulpenmanie beruhen wieder auf den Werken von Krelage, ergänzt durch die Arbeiten von Nicolaas Posthumus, »Die speculatie in tulpen in de jaren 1636 en 1637« parts 1–3, *Economisch-historisch Jaarboek* 12 (1926) S. 3–19; 13 (1927) S. 1–85; 18 (1934) S. 229–40, und der englischen Übersetzung »The tulip mania in Holland in the years 1636 and 1637«, erschienen in W. C. Scoville und J. C. LaForce (Hrsg.), *The Economic Development of Western Europe*, vol. II., außerdem Garber, S. 535–60. Informationen über holländische Gärten in dieser Zeit beruhen auf den Werken von Paul Zumthor und Simon Schama.

Informationen zu den Tulpenbüchern verdanke ich Sam Segal und E. H. Krelage, *Bloemenspeculatie*. Dem *Hortus Floridus* von Chrispijn van de Passe galten mehrere Forschungsarbeiten: Spencer Savage, »The ›Hortus Floridus‹ of Crispijn vande Pas«. *Transactions of the Bibliographic Society*, Series Ii, 4 (1923), S. 181–206, und Eleanour Rohde, *Crispian Passeus's »Hortus Floridus«*. Die englische Übersetzung von Savage erschien in den siebziger Jahren: *Hortus Floridus: The Four Books of Spring, Summer, Autumn and Winter Flowers, Engraved by Crispin van de Pas.*

Adriaen Pauw Israel, S. 159, 319, 458f, 518f, 522–33; de Boer u.a. *Adriaan Pauw (1585–1653); Staatsman en Ambachtsheer*, S. 20–27. Heute ist nur noch ein kleiner Teil des Gutes Heemstede zu sehen; der Rest ist von Haarlem verschluckt worden und bildet jetzt einen der südlichsten Vororte der Stadt.

Pauws Spiegelgarten Van Wassenaer, V, S. 40 und verso. Es ist gut möglich, daß die bei Krelage in *Bloemenspeculatie* erwähnte *Violetten*-Sorte »Pauw« von ihm gezüchtet oder zumindest nach ihm benannt wurde.

»Semper Augustus« Van Wassenaer, V, S. 40 verso und 41; VII, S. 111 und verso; IX, S. 10; Krelage S. 32f, Garber, S. 537; Segal, S. 8f.

Der Eigentümer der »Semper Augustus« In den vergangenen Jahren haben verschiedene Fachleute ganz zuversichtlich behauptet, Eigentümer der »Semper Augustus« sei kein anderer als Adriaen Pauw gewesen, doch sie haben van Wassenaers Arbeit nicht sorgfältig genug studiert. Obwohl der Chronist Exemplare dieser Sorte selbst gesehen und auch den Garten von Heemstede besucht hat, bringt er die beiden nie in Verbindung, und die Beschreibung, die er von Pauws einzelnem Tulpenbeet liefert, deutet eher nicht darauf hin, daß die »Semper Augustus« – eine Blume, die jeder Connaisseúr in einsamer Pracht gepflanzt hätte – dort wuchs.

Es gibt einige nicht belegte Anekdoten, die behaupten, daß auch andere »Semper Augustus«-Zwiebeln verkauft worden seien, aber bis dies nicht anhand von zeitgenössischen Schriftstücken nachgewiesen werden kann, sollte man dies nicht unbesehen übernehmen. Bei Krelage, S. 65f, heißt es, ein Amsterdamer habe einem Haarlemer die Blume unter der Bedingung verkauft, daß keiner der beiden eine weitere Zwiebel der »Semper Augustus« verkaufen dürfe, ohne sich gegenseitig davon in Kenntnis zu setzen. Der Amsterdamer Connaisseur erlag dann aber später der Versuchung in Form von 3 000 Gulden und einer Vitrine im Wert von 10 000 Gulden für eine einzige Zwiebel. Als der Liebhaber aus Haarlem von diesem Betrug Wind bekam, verkaufte er im Gegenzug drei Zwiebeln zu 30 000 Gulden. Munting, der etwa fünfunddreißig Jahre nach der Zeit des Tulpenwahns schrieb, zitiert in ähnlicher Weise den Eintrag eines nicht näher genannten Buchhalters: »An N.N. eine 123 As schwere »Semper Augustus« verkauft, für die Summe von 4 600 Florins[*]. Zu dieser Summe eine neue und gut gebaute Kutsche und zwei grau gesprenkelte Pferde mit sämtlichem Geschirr, die in zwei Wochen geliefert wird, das Bargeld mit sofortiger Fälligkeit.« Er behauptet auch, daß eine Zwiebel auf einer öffentlichen Auktion für 5 500 Florin versteigert wurde. Siehe Munting, S. 907–11.

Baltahasar und Daniël de Neufville Van Gelder de Neufville, S. 6–8; Krelage S. 129, 140. Diese Sorten trugen den verstümmelten Namen »de Novil«.

Tulpenzüchter Hunger, I, S. 241; II, S. 251.

Henrik Pottebacker Segal, S.8; Krelage S. 127, 138.

Rhizotomi und Apotheker Hunger I, S. 303–06; Krelage, *Drie Eeuwen*, S. 17. Zur Unzuverlässigkeit von Apothekern siehe Zumthor, S. 91, 180.

Die Tulpe als Aphrodisiakum Sam Segal und Michiel Roding, S. 22. Der zeitgenössische englische Gartenschriftsteller John Parkinson erwähnt die vermuteten aphrodisischen Eigenschaften der Blume in *Paradisus terrestris* (1629), gesteht aber ein: »Zu den geschlechtlichen Qualitäten jedoch kann ich nichts sagen ... da ich nicht sehr viele gegessen habe.« Zitiert nach Blunt, S. 10f.

---

[*] Ein Florin hatte den gleichen Wert wie ein Gulden.

Gärten außerhalb Haarlems Temminck u.a., *Haarlem-merhout 400 Jaar.* »*Mooier is de Wereld Nergens*«, S. 98f.

Tulpennomenklatur Krelage, S. 33–37, 128.

Pieter Bol und Barent Cardoes Krelage, S. 42; Schama, S. 384. Cardoes starb Ende 1657 (Haarlemer Sterberegister 72, fol. 100), aber das von ihm begründete Geschäft existierte bis ins 18. Jahrhundert.

Francisco da Costa Es überrascht nicht, daß Costas Geschäft ausgezeichnet lief, solange die Manie überlebte und mindestens bis 1645 existierte. Krelage, S. 42f, 55; Krelage, »Het manuscript over den tulpenwindhandel uit de verzameling Meulman«, S. 30.

Zwiebelexporte Heute werden zwei Drittel der holländischen Tulpen exportiert, und der größte Einzelproduzent, Germaco, verschifft an die 35 Millionen Zwiebeln im Jahr in alle Welt.

Emanuel Sweerts Krelage, S. 25.

Tulpenbücher Das erste bekannte Blumenbuch stammt von 1603 und ist in Frankreich erschienen. Bücher, in denen nur Tulpen vorgestellt werden, gab es erst, als der Tulpenwahn sich langsam abzeichnete; das älteste stammt etwa aus der Zeit um 1635. Segal und Roding, S. 78–81; Segal, S. 17–20, Taylor, S. 10–12.

Van Swanenburghs Tulpenbuch Dieses Buch befindet sich heute in den Archiven des Nederlandsche Economisch-Historisch Archief in Amsterdam. Die Preisnotierungen scheinen vom – unbekannten – ursprünglichen Besitzer des Buches eingetragen worden sein.

Cos' Tulpenbuch Dieses Manuskript, dessen korrekter Titel *Verzameling van een Meenigte Tulipaanen* ... lautet, war 1637 verfaßt worden. (Seltsamerweise scheint es keine anderen Unterlagen zu einem Floristen namens Cos in den Gemeindearchiven zu geben, obwohl Krelage das Vorhandensein einer Sorte namens »Kos«

angibt.) Heute befindet sich das Manuskript in der Universiteitsbibliotheek in Wageningen.
Reisende Zwiebelverkäufer Pavord, S. 53.

8 Floristen

Zur Sozialgeschichte der Vereinigten Niederlande in ihrem goldenen Zeitalter siehe A. T. van Deursen. Einzelheiten aus dem Alltagsleben ergänzt Paul Zumthor. Unter den zeitgenössischen Autoren wird als bedeutendste Autorität allgemein Sir William Temple angesehen, dessen *Observations Upon the United Provinces of the Netherlands* aber leider erst 1673 erschienen sind, eine ganze Zeit nach dem Tulpenwahn. Diese knappe Abhandlung basiert auf den Beobachtungen des Autors während seiner Besuche um 1652, und da Temple einige Zeit der englische Gesandte in den Vereinigten Niederlanden war und sich deshalb schon von Berufs wegen dafür interessierte, weshalb die Niederländer so erfolgreich waren, ist seine Arbeit weitaus durchdachter und analytischer und längst nicht so oberflächlich wie die wirren Eindrücke, welche andere Reisende wiedergaben.

Zur Geographie der Niederlande Temple, S.95, 113f; Israel, S. 1–3, 9–14.
»einen einzigen Morast...« Der hier zitierte Engländer war der Propagandist Owen Felltham, dessen Arbeit erschien, als der Antagonismus zwischen England und den Niederlanden Mitte des 17. Jahrhunderts seinen Höhepunkt erreicht hatte. Fellthams Auffassungen müssen in diesem Kontext gesehen werden. Zitiert nach Schama, S. 60.
Der englische Gesandte Temple, S. 95, 113f.

Die Schichten der niederländischen Gesellschaft Israel,
S. 330, 337–53, 630–38; van Deursen, S. 4–8, 13, 32,
47f, 194; Zumthor, S. 251–262, Schama, S. 16, 19,
192, 604.

Gilden und der Arbeitstag Van Deursen, S.5, 11; Zumthor S. 69.

Population Israel, S. 328.

Baudartius und der Druck der Übervölkerung Van Deursen, S. 3f, 8.

Verbreitung der Gartenmode in den Niederlanden Cotterell, S.88, 131; Brereton, S. 38; Mundy, IV, S. 75;
Segal, S. 8; Bulgatz, S. 86.

Die Ersparnisse der Holländer Temple, S. 102.

Die Spielleidenschaft Van Deursen, S. 67f, 105f; Schama, S. 331f, 371ff; Zumthor 94f.

9 DER BOOM

Der Verlauf der Manie wird am besten in Krelages *Bloemenspeculatie* beschrieben. Eine allgemeine Zusammenfassung der Ereignisse und zusätzliche Interpretation
findet sich bei N. W. Posthumus, *The tulip mania*, in:
W. C. Scoville und J. C. LaForce, S. 138–49.

Hoorn Israel, S. 317f.

Das Tulpenhaus Van Damme, S. 23f. Bei van Damme
heißt es, das Haus sei 1755 renoviert worden, und
dabei habe man die Tulpen eingemeißelt, um an die
Manie zu erinnern. Irgendwann in den späten achtziger oder frühen neunziger Jahren des 19. Jahrhunderts
ist das Haus niedergerissen worden, und die steiner-
nen Tulpen wurden von J. H. Krelage, einem der
führenden Tulpenzüchter und Vater von E. H. Krelage, dem Tulpenhistoriker, erworben und in die Wand

seiner Bibliothek eingelassen. Van Damme nennt als Chronisten, dem er viele Details verdankt, Velius, aber Velius' Arbeiten datieren nur bis 1630. Demnach muß er eine Weiterführung der Originalchronik gemeint haben. Somit ist die Zuverlässigkeit nicht ganz klar. Der Kontext, in dem der Chronist das Tulpenhaus erwähnt, legt nahe, daß es sich nicht um einen zeitgenössischen Passus handelt.

Die Entwicklung des Tulpenwahns Posthumus, S. 140ff. Krelage, *Bloemenspeculatie*, S. 42, 49–52.

»Ein zeitgenössischer Chronist…« van Aitzema, S. 504. Wie viele der von den mit der Tulpenmanie befaßten Historikern angegebenen Preise scheinen auch die von Aitzema den fiktionalen *Samenspraecken* entnommen zu sein, den drei 1637 erschienenen Flugschriften, die Gespräche zwischen einem Tulpenhändler und seinem Freund wiedergeben. Einzelheiten siehe unten und Kapitel 10.

»Generael der Generaelen van Gouda« Krelage, S. 35, 49. Schama behauptet, die »Gouda« sei eine der billigsten und unauffälligsten Sorten gewesen, was aber nicht stimmt.

Preise, die für eine »Semper Augustus« erzielt wurden Krelage, S. 32f, 68; Garber, S. 57; Segal, S. 8f.

Land im Schermerpolder; Kaufmann mit der Rosen-Zwiebel Krelage, S. 30 zitiert hier eine der Flugschriften, die während des Tulpenfiebers erschienen.

Anekdote über den Matrosen Die Geschichte des Seemanns wird bei J. B. Schuppius als Erinnerung an seine Jugend in Holland erzählt – siehe: Solms-Laubach, S. 76. Peter Garber hat den Wahrheitsgehalt dieser Anekdote grundsätzlich in Zweifel gezogen, vgl. S. 537f.

Rezession in den Niederlanden Israel S. 314ff.

Weber Zu denjenigen Autoren, welche die Vorherrschaft

der Leinenarbeiter unter den Tulpenbesessenen betonen, gehört Posthumus, »The tulip mania«, S. 143.

Verkauf pro Zwiebel und pro Beet ibid., S. 141.

Geschäfte von Jan Brants und Andries Mahieu Posthumus, (1927), S. 13f.

Verkäufe zwischen April und August Die ersten Tulpengeschäfte haben alle zwischen April und August stattgefunden. Ibid., S. 11–15; Posthumus »The tulip mania«, S. 141.

Der Windhandel Schama 387ff.

Termingeschäfte Hart u.a., S. 53f; Schama, S. 366, 381; Jan de Vries und Ad van der Woude, *The First Modern Economy: Success, Failure and Perseverance of the Dutch Economy 1500–1815*, S. 151.

Verbote der Termingeschäfte t'Hart u.a., S. 55.

Verkauf nach As Krelage, S. 46ff.

Gerrit Bosch Alkmaar notarial Archive vol. 114, fol.71vo–72vo, 23. Juli 1637 (Kopie in der Posthumus-Sammlung, Niederländisches Archiv der Wirtschaftsgeschichte).

Profite im Gewürzhandel Israel, S. 320.

David Mildt Posthumus (1927), S. 16.

Henrick Lucasz. und Joost van Haverbeeck Posthumus (1927), S. 19f.

Jan Admirael Posthumus (1927), S. 17f, 21f.

Der Wert der Zwiebeln Die besten Daten besitzen wir von der Auktion, die im Februar 1637 in Alkmaar abgehalten wurde und auf der mehrere Zwiebeln derselben Sorte, aber unterschiedlichen Gewichts im Verlauf eines einzigen Tages an die immer gleichen Bietenden versteigert wurden. Vgl. van Damme, S. 92f.

Tulpengesellschaften Posthumus (1927), S. 26, 32–36.

Zwiebeln nach As und nach tausend As Van Damme, S. 92f.

Zum Einpflanzen und für den Handel bestimmte Zwiebeln Posthumus (1927), S. 24f.

»Sie kamen aus allen Schichten und Berufen...« Posthumus, (1926), S. 3–99.

Die Samenspraecken Diese drei wichtigen Flugschriften wurden bei Posthumus im *Economisch-Historisch Jaarboek* (1926), S. 20–99, abgedruckt. Krelage hat sie sowohl in *Bloemenspeculatie* ..., S. 70–73, als auch in *De Pamfletten* ..., S. 2ff behandelt, vgl. auch Murray, S. 25ff, Jacob, S. 10ff, Segal, S. 13ff, Schama, 387f. Keine dieser Darstellungen deckt sich übrigens mit den anderen in der Frage, wie die in den *Samenspraecken* gegebenen Informationen interpretiert werden sollen, ein stummes Zeugnis also für die Unverständlichkeit des Flugschriftentextes.

Bezahlungen in Form von Wie erwähnt entstammen auch diese Beispiele den *Samenspraecken*. Zitiert nach Bulgatz, S. 97.

Aert Ducens Posthumus (1927), S. 38. 1643 erschien van de Heuvels Eheweib vor einem Notar und bestätigte, daß diese Übereinkunft nach dem Einbruch des Tulpenmarktes aufgehoben worden war.

Jeuriaen Janz. Posthumus (1927), S. 27f. In diesem Fall wird der Name des Verkäufers mit »Cresser« angegeben, aber die Berichte zur Manie wimmeln von falsch geschriebenen Nachnamen, und so wird vermutlich Creitser gemeint gewesen sein.

Cornelis Guldewagen Posthumus (1927), S. 61–65; 72ff.

Abraham de Goyer Posthumus (1934), S. 231f.

»Null und nichtig...« Posthumus (1927), S. 85.

Fälle von Täuschung und Betrug Segal, S. 12; Murray, S. 25.

»aus allem, was sich Tulpe nannte...« van Aitzema, S. 504.

Meine Darstellung des holländischen Schanklebens setzt sich aus vielen Sekundärquellen zusammen, als wichtigste sind hier van Deursen und Schama zu nennen. Die englischen Reisenden Fynes Moryson, William Brereton und Peter Mundy gehen alle auf dieses Thema ein und bringen mit ihren persönlichen Erfahrungen Farbe in die allgemeinen Beschreibungen der Sozialhistoriker. Das Brauereiwesen von Haarlem wird in S. Slive (Hrsg.) *Frans Hals* beschrieben. Die Tavernen von Haarlem streift die Abhandlung von S. Groenveld, E. K. Grootes, J. J. Temminck u.a., *Deugd Boven Geweld. Een Geschiedenis van Haarlem 1245–1995*, die zu lesen sich eher lohnt als die englische Übersetzung mit dem vielversprechenden Titel »Virtue Above Violence«; die Bordelle von Haarlemmerhout werden von Temminck u.a. in *Haarlemmerhout ...* mehr oder weniger übergangen. Dankenswerterweise liefert uns Geoffrey Cotterells anekdotenreiche Geschichte Amsterdams ein paar unterhaltsame Details über die Rolle, die Essen und Trinken im Leben der Holländer spielten.

Die Amsterdamer Börse t'Hart u.a., S. 53–56. Cotterell, S. 85f, Schama, S. 375ff, Brereton, S. 55f.

De la Vega über die Kleinaktionäre Schama, S. 377. Die Beschreibungen des Händlerverhaltens stammen aus der Zeit kurz nach dem Tulpenwahn – um 1680 –, weshalb es in den dreißiger Jahren durchaus ruhiger zugegangen sein kann.

Allgegenwart der Kneipen Van Deursen, S. 101f.

Prostitution Van Deursen, S. 97–100.

Anfänge des Schankhandels Posthumus (1927), S. 19.

In den Tulpenwahn verwickelte Schenken Zu den Schenken von Haarlem, von denen man definitiv weiß, daß

sie dazugehört hatten, gehörten »Van de Sijde Specxs«
(Speckseite), »De Vergulden Kettingh« (Zur Goldenen
Kette), »'t Oude Haentgen« (Zum alten Hühnchen),
»Toelast« am Grote Markt und »De Coninck van
Vranckrijck« (Der König von Frankreich). In Amsterdam diente »De Mennoniste Bruyloft« (Zur Mennonitenhochzeit) auch als Zentrum des Tulpenhandels.
Posthumus (1927), S. 24, 42f, 83 und (1934), S. 233.
Die Quaeckels Cornelis Quaeckel sen. wurde etwa
um 1565 geboren und heiratete 1587 Trijn oder Ka-
tharina Cornelisdr. Duyck. Von 1609 an unterhielt er
eine Schenke mit dem Namen »Bellaert« in der Kruisstraat von Haarlem, aber er baute auch Getreide und
Tulpen auf einem Gelände nahe des Janspoort an sowie
auf einem Stück Land, das er in der Nähe des Schlosses Huis ter Kleef gepachtet hatte. Die Straßen, die zu
den beiden Ländereien führten, hießen nach dem Fami-
liennamen Quaeckelslaan. Es scheint keine Unterlagen
darüber zu geben, daß Quaeckels ältester Sohn Cornelis Cornelisz. in den Tulpenhandel verwickelt war,
aber er wurde aktenkundig, als er 1627 eine Zeugen-
aussage zugunsten des angeblich häretischen Malers
Torrentius machte. Cornelis Cornelisz. trieb bis 1626
für Haarlem die Seifensteuer ein und lebte mindestens
bis 1650. Sein Bruder Jan Quaeckel, der Tulpenhändler, wurde um 1601/02 geboren und am 10. November 1661 in Haarlem beerdigt. Dazu: G. H. Kurtz,
»Twee oude patriciërhuizen in de Kruisstraat« in: *Jaarboek Haerlem*, 1961, S. 20; Haarlemer Stadtarchiv,
notarielle Eintragungen Vol. 129 fol. 72, Vol. 123 vo;
Vol. 139 fol. 27 vo–28; Vol. 149, fol. 210; Vol. 150
fols. 273–273 vo, 394 vo; Haarlemer Beerdigungsre-
gister Vol. 73, fol. 100 vo. Einzelheiten zu den von
Cornelis Quaeckel sen. hervorgebrachten Tulpen siehe Krelage, *Bloemenspeculatie*, S. 134ff.

Haarlem Groenveld u.a., S. 144, 172ff, 177.

Torffeuer Mundy, S. 64f; de Blainville, *Travels Through Holland* ... (1743), I, S. 44.

Rauchen Schama, S. 216–219; van Deursen, S. 103f.

Waffen Van Deursen, S. 110f. 1589 wurde bei den Ständevertretungen ein Waffenverbot eingeführt, das sich auf mehrere Fälle örtlicher Rechtsprechung stützt.

Gemälde John Stoye, *English Travellers Abroad*, 1604–1667, S. 294, gibt Berichte über die Pracht der Gemälde wieder, die die englischen Reisenden Sir Dudley Carleton (1616) und Robert Bargrave (1656) in holländischen Schenken vorgefunden haben.

Trunkenheit und Trinken ibid., S. 162; Cotterell, S. 73; Brereton, S. 11f.

In Haarlem konsumierte Biermengen Zumthor zitiert hier J. van Loenen, *De Haarlemse Brouwindustrie voor 1600*, S.53.

Kosten eines Zechgelages Fynes Moryson, der um 1592 die Niederlande bereiste, zahlte zwischen zwölf und zwanzig Stüver für eine Mahlzeit und klagte über den hohen Preis, der daraus resultierte, daß er auch für die Zeche seiner Reisegefährten aufkommen mußte, die am Feuer saßen und große Töne spuckten. Moryson, S. 89f.

Alkoholkonsum Zumthor, S. 196ff; Schama, S. 219f, 228.

Théophile de Viau Zitiert in Zumthor, S. 197.

Anzahl der Brauereien Croenveld u.a., S. 176; H. L. Janssen van Raaij, *Kroniek der Stad haarlem van de Vermoedelijke Stichting der Stad tot het Einde van het Jaar 1890*.

Der Schankhandel Posthumus (1926), S. 20–99; Zumthor S. 195.

Wein Zumthor S. 196.

Das wenige, was wir über Wouter Winkel und seine Familie wissen, ist in den Dokumenten des Stad Archief von Alkmaar enthalten. Van Damme hat diese entdeckt und mit einer Sammlung von Anwaltsakten und auf die Tulpenmanie Bezug nehmenden Flugschriften veröffentlicht, und zwar in einer Reihe von Artikeln, die zur Jahrhundertwende in einer Zeitschrift für Blumenzwiebelzüchter erschienen. Man hat van Dammes Artikel dann gesammelt und in Buchform neu herausgebracht: *Aanteekeningen Betreffende des Geschiedenis der Bloembollen*, Haarlem 1899–1903. Die von van Damme geleistete Archivarbeit bildet gemeinsam mit der von Posthumus den Kern aller ernsthaften Studien zur Tulpenmanie, darunter auch die von Krelage, und konnte auch durch die moderne Forschung nicht erheblich erweitert werden.

Wouter Winkel Van Damme, S. 91ff.

Alkmaar De Vries, S. 157ff.

Schulalter Schama, S. 589f.

Winkels Sammlung Die noch vorhandenen Akten belegen, daß Winkel mit einem oder mehreren Partnern Geschäfte machte, doch allem Anschein nach ist der Bestand im August 1636 geteilt worden, so daß es sich bei den auf der Alkmaarer Auktion versteigerten Tulpen um Winkels Anteil an einer größeren Sammlung gehandelt haben muß. Van Damme, S. 92

Winkel als Züchter Es ist sehr wahrscheinlich, aber nicht ganz sicher, daß Winkel Tulpen züchtete. Gewiß ist jedoch, daß die Treuhänder des Alkmaarer Waisenhauses die Tulpen wirklich in ihrem Besitz hatten, als diese aus der Erde kamen, und sie nach deren Anweisungen auch später wieder eingepflanzt wurden. Weil die Tulpen bei Lieferung gezahlt werden mußten

und es höchst unwahrscheinlich ist, daß ein Schankwirt über Vermögenswerte in Höhe von mehreren tausend Gulden verfügte, die nötig gewesen wären, um
eine derart kostbare Sammlung zu erwerben, fällt es
mir schwer zu glauben, daß die Treuhänder die Zwiebeln zusammentrugen, die andere Züchter bereits zur
Lieferung zum »Oude-Schutters Doelen« bereitgestellt
hatten, und Winkel somit einfach nur mit Tulpen
gehandelt hätte, die er, sobald sie aus der Erde geholt
wurden, bei Lieferung erwarb, um sie dann im Herbst
weiterzuverkaufen.

Holländische Waisenhäuser und Altenheime Zumthor,
S. 280.

Der Züchter aus Blokker Krelage, *De Pamfletten*, S. 30.

Wer bot mit in Alkmaar? Die einzigen Bietenden, die wir
tatsächlich kennen, waren Gerrit Adriaensz. Amsterdam aus Alkmaar, Jan Cornelisz. Quaeckel aus Haarlem und Pieter Gerritsz. van Welsen, alles wohlhabende und einflußreiche Züchter und Händler. Posthumus
(1927), S. 81. Einzelheiten siehe folgendes Kapitel.

Die Auktion Van Damme, S. 91ff.

»Admirael Liefkens« Krelage, *Bloemenspeculatie*, S. 49.

Hendrick Pietersz. Posthumus (1927), S. 40f.

Van Genneps Hauptbuch ibid., S. 39f.

Utrecht und Groningen Abgesandte aus Utrecht
nahmen an einer Konferenz in Amsterdam teil, weil
sie den Zusammenbruch des Tulpenhandels unter
Kontrolle zu bekommen versuchten (Einzelheiten siehe folgendes Kapitel). Der Apotheker Henricus Munting (1583–1658), der später den botanischen Garten
an der Universität Groningen anlegte, handelte
während des Tulpenfiebers in der Stadt Groningen mit
Tulpenzwiebeln, so jedenfalls sein Sohn Abraham
Munting, S. 1044f.

Tulpenspekulation in Frankreich Munting, S. 911.

Anzahl der in Utrecht Anwesenden Eine Liste der neun-
unddreißig Floristen, die sich am 7. Februar 1637 in
Utrecht trafen, um Vertreter für die in Amsterdam
abzuhaltende Konferenz der Züchter zu ernennen, gibt
Posthumus (1927), S. 44.
Zentren des Tulpenhandels Krelage, S. 83f.
Zwiebeln wechseln bis zu zehnmal am Tag den Besitzer
Krelage, S. 77.
Spitzenpreise Van Aitzema, S. 504; Posthumus (1927),
S. 79; Krelage, S. 52.
Zehn Millionen Gulden Van Aitzema, S. 503.
Bank von Amsterdam Auf der Grundlage von 1375
Bankkonten mit durchschnittlicher Einlage von jeweils
2500 Gulden. t'Hart u.a., S. 46f.
Niederländische Ostindiengesellschaft ibid., S. 54.
Die schwarze Tulpe Dumas, *Die schwarze Tulpe*; Blunt,
S. 17.
Handel mit Pfundware Krelage, S. 51f.

12 DER CRASH

Hauptinformationsquellen über den Crash sind die
Anwaltsakten von Haarlem und Amsterdam, die Nicolaas Posthumus in *De speculatie* zusammengetragen und
veröffentlicht hat. Diese beruhen jedoch fast ausschließlich auf Auseinandersetzungen zwischen Züchtern und
Connaisseurs und müssen deshalb mit Vorsicht betrachtet werden.

Der Crash Krelage, *Bloemenspeculatie*, S. 80; Posthumus
in »The tulip mania«, S. 144f.
Gaergoedts Elend Posthumus (1926), S. 33–39.
Henricus Munting Munting, S. 911; Nieuwe Nederland-
sche Biographisch Woordenboek, vol. VI, S.1044f;
Murray, S. 29.

Geertruydt Schoudt Posthumus (1927), S. 48f.

Ein Zeitgenosse weiß zu berichten Gemeint ist Abraham
Munting, der Sohn von Henricus Munting aus Groningen, dessen *Naauwkeurige Beschryving der Aardgewassen* (1696) diese Preisangaben entstammen,
S. 910.

Preise im Mai 1637 Diese Beispiele sind den *Samenspraecken* entnommen und müssen deshalb mit gewisser Vorsicht behandelt werden. Posthumus (1927),
S. 80f.

Manche Floristen zogen von Stadt zu Stadt Die Kunstfi-
gur war ein Beispiel dieser Brut. Posthumus (1926),
S. 24.

Zur Mennonitenhochzeit Posthumus (1934), S. 233f.

Van Cuyck ibid., S. 235.

Van Goyen, Krelage, S. 65f; van Damme, S. 21f; C. Vogelaar, *Jan van Goyen*, S. 13–20.

Gerrit Amsterdam Posthumus (1927), S. 81.

William Lourisz. Van Damme, S. 94–97.

Boortens and van Welsen Posthumus (1927), S. 53ff.

Jan Quaeckel in Alkmaar Gemeindearchive Haarlem,
Notariatsregister Vol. 149 fol. 210, 1. Septemer 1639.

Jan Admirael Posthumus (1927), S. 69f; (1934), S. 236f.

Treffen in Utrecht Krelage, S. 81.

Treffen in Amsterdam Posthumus (1927), S. 49; Krelage S. 83f., Bulgatz, S. 103.

»um unheilverkündend einzuwenden...« Blunt, S. 16.

13 DIE HURENGÖTTIN

Zu den holländischen Tulpenflugschriften siehe E. H.
Krelage, *De Pamfletten*, das bis auf die drei *Samenspraecken* sämtliche Reprints beinhaltet. (Die *Samenspraecken* waren bereits bei Posthumus in seinen Arti-

keln im *Economisch-Historisch Jaarboek*, 1926 erschienen.) Zu den verschiedenen Verschwörungstheorien zur Tulpenmanie siehe Krelage, »Het manuscript over den tulpenwindhandel ...«, *Economisch-Historisch Jaarboek* XXII, 1943. Auch was die Liquidation angeht, ist Posthumus' dreiteilige Sammlung zeitgenössischer Quellen mit dem Titel »De speculatie in tulpen in de jaren 1636 en 1637« von unschätzbarem Wert.

Dr. Tulp T. Beijer u.a., S. 15–19, 49ff; E. Griffey, S. 3–43; Cotterell, S. 125f.; Schama, S. 205f, 363.

Adolphus Vorstius Die Anekdote von Vorstius, dem Tulpenhasser, wird von verschiedenen Autoren erzählt, wenngleich es keine zeitgenössische Autorität zu geben scheint, die für ihre Richtigkeit bürgt. Siehe Blunt, S. 15. Zu Vorstius siehe Brereton, S. 40f. Vorstius' Vater, der selbst auch Professor in Leiden gewesen war, hatte für Clusius die Trauerrede gehalten: Nieuwe Niederlandsche Biographisch Woordenboek, Vol. IV, S. 1411.

Kappisten Bulgatz, S. 99.

Eine Schmähflut zum Thema Tulpenwahn Man weiß, daß über fünfundvierzig der zwischen Dezember 1636 und März 1637 gedruckten Exemplare überlebt haben, aber angesichts der Kurzlebigkeit solcher Produkte kann man davon ausgehen, daß tatsächlich sehr viel mehr davon in Umlauf waren.

Die Rolle der Flugschriften Obwohl die meisten der Attacken, die wir heute kennen, nicht sehr originell sind und kaum etwas Neues bringen, sind sie häufig auf unfreiwillige Weise enthüllend. Besonders aufschlußreich ist ein Vergleich des relativ milden Tons, den die ersten Flugschriften anschlagen, mit den immer galliger und sarkastischer werdenden Drucken, die auf dem Höhepunkt der Manie, im Januar 1637, erschienen. Dies stützt die Behauptung, daß noch bis Ende

1636 der Tulpenhandel relativ besonnen und verant-
wortungsvoll betrieben wurde und erst am Jahresende
wenige Wochen lang zur Manie ausartete. Zu den Flugschriften im allgemeinen, siehe E. Craig Harline; Tessa Watt, S. 264ff.

*Von Züchtern oder Connaisseurs in Auftrag gegebene
Flugschriften* Krelages *Pamfletten* Nr. 9, 14, 33, 36.

Flora in den Flugschriften Krelage, *Pamfletten*, S. 88–91,
109ff, 149, 160, 164–67, 187f.

Die Flora der Legende Diese Nacherzählung des Mythos
erschien im ersten der *Samenspraecken tusschen
Waermondt ende Gaergoedt*. Siehe Posthumus (1926),
S. 24. Siehe auch Segal/Roding, S. 23, und Segal
(1992), S. 15.

Künstlerische Umsetzung der Manie Segal (1992),
S. 12–15; Schama, S. 390–95; Bulgatz, S. 106f.

*Resolutionen des Haarlemer Stadtrats Aanteekeningen
van C. J. Gonnet Betreffende de Dovestalmanege
in de Grote Houtstraat, de Schouwburg op het Hout-
plein, het Stadhuis in de Frase Tijd, Haarlemse Plateelbakkers en Plateelbakkerijen en de Tulpomanie
van 1637–1912*, Gemeindearchive Haarlem; Posthumus (1927), S. 51, 57; Krelage, *Bloemenspeculatie*,
S. 93.

Hoorns Appell an die Stände von Holland Posthumus
(1927), S. 52.

»nur zwei der vierundfünfzig« Dies waren der Bürgermeister Jan de Waal und der Stadtrat Cornelis Guldewagen, Posthumus (1927), S. 61–64, 73f; Heerenboek
I, Gemeindearchive Haarlem.

Ein anonymer Flugschriftenverfasser Krelage, *Tulpenwindhandel*, S. 29f.

*Bankrotteure, Juden und Mennoniten als Sünden-
böcke* ibid., van Deursen, S. 32f; Krelage, *Pamfletten*,
S. 287–302.

Jacques de Clercq Informationen verdanke ich Daan de Clercq, Amsterdam.

Züchter aus Amsterdam Krelage, S. 29f.

Jan Breughel Wilfrid Blunt und William Stern, *The Art of Botanical Illustration*, S. 128.

Die Resolution der Ständevertretung Posthumus (1927), S.56–60; Posthumus, »The tulip mania«, S. 146; Krelage, *Bloemenspeculatie*, S. 93; Bulgatz, S.104f.

Zu diesem Anlaß hörte sich der Gerichtshof von Holland mindestens einen Tulpenfall an. Es handelte sich dabei um das Anliegen der Witwe von Paulus van Beresteyn, der einer von Haarlems wichtigsten Rechtsanwälten gewesen war. Van Beresteyn entstammte einer Patrizierfamilie und war reich und einflußreich genug, um bei den Regenten von Haarlem Gewicht zu haben, obwohl er überzeugter Katholik war. Er war Leutnant der Zivilgarde und Schulbeirat der Lateinschule, der die Kinder der Patrizier auf die Universität vorbereitete. Er war ein überaus reicher Mann, dessen Gesamtkapital sich auf gut zwöftausend Gulden belief, und er hatte einen Teil seines Geldes in Haarlemer Grundbesitz investiert. Sein Interesse an Tulpen war wohl eher das eines Connaisseurs als eines Floristen. Er lebte in einem großen Haus in der Wijngaerderstraat und baute in seinem Garten an der Dijcklaan Tulpen an.

Van Bresteyn verstarb, achtundvierzig Jahre alt, im Dezember 1636, als das Tulpenfieber am heftigsten wütete, zwei Monate vor dem Einbruch der Tulpenpreise und acht Wochen nachdem er sechs Tulpenbeete in seinem Garten einem Käuferkonsortium verkauft hatte, das aus dem einheimischen Buchhändler, Theunis Cas, und einem zweiten Mann namens Jan Sael bestand. Der Verkauf war am 29. September beschlossen worden, ehe die Tulpenpreise zu ihrem letzten fatalen Höhenflug ansetzten, und das Konsortium bezahlte den Sonderpreis von 312 Gulden – dazu einen Atlas aus dem Geschäft von Cas – für die Beete. Kurz darauf verkaufte van Beresteyn mit Ausnahme der Tulpen seinen ganzen Garten an einen ortsansässigen Bleicher namens Nicolaes van der Berge. Van der Berge ging daraufhin auf Cas und Sael zu und war bereit, diesen die Tulpen für 362 Gulden abzukaufen. Die Abmachung sah vor, daß van der Berge die Schuld beglich, die das Konsortium bei van Beresteyn noch offenstehen hatte, und den beiden außerdem eine Prämie von fünfzig Gulden zahlte. Am 6. Februar, dem Tag nachdem die Preise in Haarlem in den Keller gegangen waren, wandten sich Cas und Sael an einen Notar vor Ort, um ihre Bereitschaft zu bekunden, weiterhin an der Transaktion festzuhalten, indem sie behaupteten, das Niveau der Tulpenpreise bliebe anderswo in Holland hoch, und so nahm dann van der Berge im Sommer, als die Zwiebeln aus der Erde kamen, seine Tulpen in Besitz. Er versäumte es jedoch, seiner Zahlungsverpflichtung nachzukommen, und schließlich trat van Beresteyns Familie in Aktion und leitete Verfahren nicht nur gegen den Bleicher, sondern auch gegen Cas und Sael ein.

Warum ausgerechnet dieser Fall seinen Weg vor den Gerichtshof von Holland fand, bleibt unklar. Aber er enthält einige bemerkenswerte Charakteristika. An ihm wird deutlich, wie schwierig die Entscheidung war, wem die zur Zeit der Manie gehandelten Zwiebeln gehörten, selbst wenn die Kette der Eigentümer relativ kurz war; offenbar konnten selbst diejenigen, in deren Besitz sich die Tulpen nur vorübergehend befunden hatten, leicht in einen Streit um Ansprüche und Gegenansprüche gezogen werden. Er zeigt auch, daß es in den Reihen der reicheren Händler und Connaisseurs noch lange nach dem Zusammenbruch des Schankhandels einige gab, die Tulpen noch immer für eine potentiell gute Investition hielten. – *Civiele processtukken II B 44, Algemeen RijksArchief, Den Haag*; Register zum *Heerenboek*, S. 12; Posthumus (1927), S. 82; van Beresteyn u.a., S. 133–136, 219–222.

Resolutionen der Städte von Holland Posthumus (1927), S.60.

Munting Munting, S. 911.

Van Bosvelt Resolution vom 5. November 1637, *Aanteekeningen van C. J. Gonnet*, Gemeindearchive Haarlem; Bulgatz, S. 105.

Vertragsauflösungen Posthumus (1927), S. 69.

Fälle in Alkmaar Posthumus, (1934), S. 240.

De Block Posthumus (1927), S. 48f.

Abraham de Goyer ibid. S. 65ff.

Hans Baert ibid. S. 76.

Admirael und de Hooge ibid. S. 68.

Willem Schonaeus Koster konnte Tulpen zwar nur schlecht einschätzen, aber er muß doch so etwas wie ein Optimist gewesen sein, denn selbst nach dem Preissturz zeigte er sich noch bereit, die Transaktion durchzuführen, und leistete seine Vorauszahlung – 820 Gulden, über zwölf Prozent des Verkaufspreises – noch am 25. Mai. Im Herbst jedoch war ihm offenbar aufgegangen, daß seine Entscheidung doch nicht so klug gewesen war, und er kam seiner Zahlungsverpflichtung nicht nach, womit er Schonaeus unter Zugzwang brachte. Posthumus (1927), S. 71, 79. Willem Schonaeus (1600–1667) lebte in einem der bekanntesten Häuser Haarlems, De Hoofdwacht am Groote Markt. G. H. Kurtz, S. 37f.

Fälle in Haarlem Posthumus (1927) S. 71, 79.

De Clerq ibid. S. 77, 79.

Haarlems Schiedsgericht ibid. S. 80; Krelage, S. 96f; Bulgatz, S. 105.

Freundschaftsstifter Brereton, S. 8f, 22; Posthumus (1927), S. 80; *Aanteekeningen van C. J. Gonnet,* Gemeindearchive Haarlem; Posthumus (1934), S. 239f.

Dubbelden Posthumus (1927), S. 84f.

Van Goyens Insolvenz Es ist nicht einsichtig, warum van Goyen nicht die Chance nutzte, seine Schulden mit einer Zahlung von nur drei Prozent zu begleichen, was ihn dreißig Gulden gekostet hätte. Wahrscheinlich haben die Regenten von Den Haag anders als ihre Kollegen in Haarlem kein Schiedsgericht eingesetzt, um die einheimischen Fälle zu lösen.

14 AM HOF DES TULPENSULTANS

Viele der auch schon für Kapitel 3 hinzugezogenen Bücher haben sich auch hier als hilfreich erwiesen, besonders jene von Mansel und Miller. Erstaunlicherweise scheint es jedoch keine gute Biographie über Ahmet III. zu geben, aber Berichte über seine Tulpenfeste tauchen in zahlreichen Sekundärquellen auf, auf die ich mich hier zum Teil stütze. Als sehr nah am Geschehen haben sich dabei die Arbeiten von Arthur Baker, »The cult of the tulip in Turkey« und Michiel Roding und Hans Theunissen (Hrsg.), *The Tulip: a Symbol of Two Nations* erwiesen. Die Beschreibung des historischen Hintergrunds stützt sich auf allgemeine Abhandlungen wie die von Alan Palmer, *Verfall und Untergang des Osmanischen Reiches,* und speziellere Studien, darunter Lavender Cassels, *The Struggle for the Ottoman Empire, 1717–1740.*

Mehmet IV. und die Tulpe Palmer, S. 41f; Baytop,

S. 5of; Miller, S. 124.

Ibrahim der Wahnsinnige Während seiner achtjährigen Regentschaft war er auch dafür bekannt, daß er jeden Freitag eine Jungfrau defloriert. Palmer, S. 41; Penzer, S.188–91.

Die Tulpenzeit Fatma Müge Göçek, S. 10.

Nedim der Dichter Palmer S. 63; Wheatcroft, S. 77, 79; Mansel, S. 181.

»...ständige Furcht, zu guter Letzt doch noch hingerichtet zu werden...« Als die Hofbeamten den Käfig betraten, um Süleyman II. (1687–91) als Nachfolger von Mehmet IV. auf den Thron zu holen, soll der neue Sultan verzweifelt aufgeschrien haben: »Wenn man meinen Tod befohlen hat, dann sagt es. Seit meiner Kindheit habe ich vierzig Jahre Gefangenschaft erlitten. Es ist besser, sofort zu sterben, als jeden Tag ein bißchen. Welchen Schrecken ertragen wir, nur um atmen zu können.« Inalcik, S. 60.

Sultan Ahmets Blumenfeste Barber, S. 109f; Mansel, S. 76ff, 180f; Palmer S. 62f; Miller, S. 124ff; Penzer, S. 258ff.

Allgemeine Tulpenleidenschaft unter Ahmets Regentschaft Demiriz, S. 57f; Baytop, S. 55; Baker, S. 235.

Kriterien für die ideale Tulpe des 18. Jahrhunderts Baytop, S. 53; Demiriz, S. 57f; Murray, S. 20.

Die Blumen der osmanischen Beamten und Tulpen als Bestechungsgeschenke Mansel, S. 182; Shaw, S. 234.

Fazil Pasha Mansel, S. 147.

Damat Ibrahim Palmer, S.60–66.

Das Sa'adabad ibid. S. 61; Shaw, S. 234; Mansel, S. 180f, Goçek, S. 51, 79; Pallis, S. 199.

Der Sturz von Damat Ibrahim und Ahmet III. Palmer, S. 67f.

Mahmut I. und der Niedergang der Tulpe in der Türkei Barber, S. 110; Wheatcroft, S. 80f.

Die spätere Geschichte des Blumenzwiebelhandels wird in modernen Geschichtswerken zuverlässig abgehandelt. Der Hyazinthenhandel wird ausführlich bei Krelage, *Bloemenspeculatie,* beschrieben, und zur späteren Geschichte der Tulpe siehe sowohl Krelage, *Drie Eeuwen Bloembollenexport,* als auch Daniel Hall.

Fortsetzung des Tulpenhandels Krelage, *Bloemenspeculatie,* S. 97–110; Krelage, *Drie Eeuwen;* S. 15–18; Segal, S. 17; Mundy, Vol. 4, S. 75; Garber, S. 550–53. *Aert Huybertsz.* Posthumus (1927), S. 82f.

Haarlem als Zentrum des späteren Tulpenhandels Krelage, *Bloemenspeculatie,* S. 102ff; ders., *Drie Eeuwen;* S. 9–11.

Die ideale Tulpe nach van Oosting und van Kampen Segal, S. 11; Hall, S.48f.

Landboom in Florida Bulgatz, S. 46–75.

Der Hyazinthenhandel Krelage, *Bloemenspeculatie,* S. 142–196, und *Drie Eeuwen* S. 13, 645–55; Garber, S. 553f; Bulgatz, S. 109–114.

Die Geschichte der Tulpe bis heute Krelage, *Drie Eeuwen,* S.15–18.

Leidenschaft für Dahlien Bulgatz, S. 108f. Während dieser Episode wurden sogar blaue Dahlen propagiert – botanisch ebenso ein Unding wie die schwarze Tulpe.

Gladiolen Posthumus, in Scoville u.a., S. 148.

Die chinesische Spinnenlilie Burton Malkiel, *A Random Walk Down Wall Street,* S. 82f.

Coca-Cola-Auktion, Mark Pendergrast, *Für Gott, Vaterland und Coca-Cola,* S. 318.

Bibliographie

Unveröffentlichtes Material

Gemeindearchive Haarlem
    Notariatsregister, Vol. 120–150
    Sterberegister, Vol. 70–76
    Register zum *Heerenboek*

Manuskript mit dem Titel: *Aanteekeningen van C. J. Gonnet Betreffende de Dovestalmanege in de Grote Houstraat, de Schouwburg op het Houtplain, het Stadhuis in de Frase Tijd, Haarlemse Plateelbakkers en Plateelbakkerijen en de Tulpomanie van 1637–1912*

Stadsbibliotheek Haarlem
    Chrispijn van de Passe; *Een Cort Verhael van den Tulipanen ende haere Oefeninghe…* (Zeitgenössische Flugschrift, o.O., o.J.)

Gemeindearchive Amsterdam
    Sterberegister

Algeemen Rijks Archief Den Haag
    Akten des Gerichtshofs von Holland

Sammlung Posthumus, Niederländisches Archiv für Wirtschaftsgeschichte
Unveröffentlichte Akten im Zusammenhang mit der Tulpenmanie aus den Notariatsarchiven von Alkmaar und Leiden

Martels, Z. R. M. W. von, *Augerius Gislenius Busbequius: Leven en Werk van de Keizerlijke Gezant aan het hof van Süleyman de Grote* (unveröffentlichte Doktorarbeit, Universität Groningen, 1989)

VERÖFFENTLICHUNGEN

AITZEMA, LIEUWE VAN, *Saken van Staet en Oorlogh* (vol. II, 1633–1644), Den Haag 1669
BAKER, ARTHUR, »The Cult of the Tulip in Turkey«, in: *Journal of the Royal Horticultural Society*, September 1931
BARBER, NOEL, *The Lords of the Golden Horn: From Suleiman the Magnificent to Kamal Ataturk*, London 1973
BAYTOP, TURHAN, »The Tulip in Istanbul during the Ottoman period« in: Roding, Michiel/Theunissen, Hans, *The Tulip*
BEIJER, T., u.a., *Nicolaes Tulp. Leven en Werk van een Amsterdamse Geneesheer en Magistraat*, Amsterdam 1991
BERESTEYN, E. A. VAN/ CAMPO HARTMAN, W. F. DEL, *Genealogie van het Geslacht van Beresteyn*, Den Haag 1941, 1954
BLAINVILLE, MONSIEUR DE, *Travels Through Holland...* (1743), I, London 1743
BLUNT, WILFRIED, *Tulipomania*, London 1950
BLUNT, WILFRID/STERN, WILLIAM, *The Art of Botanical*

Illustration, The Antique Collectors Club, Wood-bridge, 1994

BOER, H. W. J. DE, BRUCH, H. u.a., *Adriaan Pauw (1585–1653): Staatsman en Ambachtsheer*, Heemstede, 1985

BONDESON, JAN, »Prodigious vomiting«, in: *A Cabinet of Medical Curiosities*, o.O., o.J.

BRERETON, SIR WILLIAM, *Travels in Holland, the United Provinces etc... 1634–1635*, London 1844

BULGATZ, JOSEPH, *Ponzi Schemes, Invaders From Mars and More Extraordinary Popular Delusions and the Madness of Crowds*, New York 1992

CARSWELL, JOHN, *The South Sea Bubble*, Stroud 1993

Cassels, Lavender, *The Struggle for the Ottoman Empire, 1717–1740*, London 1966

COS, P. *Verzameling van een meenigte tulipaanen, naar het leven geteekend met hunne naamen, en swaarte der bollen, zoo als die publicq verkogt zijn, te Haarlem in den jaare A. 1637, door P. Cos, bloemist te Haarlem*, Haarlem 1637

COTTERELL, GEOFFREY, *Amsterdam: the Life of a City*, Farnborough 1973

DAMME, A. VAN, *Aanteekeningen Betreffende de Geschiedenis der Bloembollen: Haarlem 1899–1903*, Leiden 1976

DEURSEN, A. T. VAN, *Plain Lives in a Golden Age: Popular Culture, Religion and Society in Seventeenth Century Holland*, Cambridge 1991

DIJK, W. VAN, *A Treatise on Tulips by Carolus Clusius of Arras*, Haarlem 1951

DUMAS, ALEXANDRE, *La Tulipe noire* (1850), dt.: *Die schwarze Tulpe*, Bergisch Gladbach, 1998

EEGHEN, VAN, I. H., »Een oude band met gedichten: Gerret Jansz. Kooch«, in: *Maandblad Amstelodamum 53*, 1966

EHRENBERG, R., *Große Vermögen*, Jena 1925

EVELYN, JOHN, *The Diary of John Evelyn*, II, Kalendarium 1620–1649, Oxford 1955

GARBER, PETER, »Tulipmania«, in: *Journal of Political Economy* 97 (I), Juni 1989, S. 535–560

GÖÇEK, FATMA MÜGE, *East Encounters West: France and the Ottoman Empire in the Eighteenth Century*, New York 1987

GELDER DE NEUFVILLE, D. M. VAN, »De oudste generatics van het geslacht de Neufville« in: *De Nederlandsche Leeuw*, 1925

GEYL, PIETER, *The Revolt of the Netherlands 1555–1609*, London 1988

GOODWIN, JASON, *Lords of the Horizon: a History of the Ottoman Empire*, London 1998

GRIFFEY, E., »What's in a name? Forging an identity: portraits of Nicholaes Tulpe (1593–1674)«, in: *Dutch Crossing* 21, 1997

GROENVELD, S./GROOTES, E. K./TEMMINCK J. J., *Deugd Boven Geweld. Een Geschiedenis van Haarlem 1245–1995*, Hilversum 1995

HALL, A. DANIEL, *The Book of the Tulip*, London 1929

HARLINE, CRAIG E., *Pamphlets, Printing and Political Culture in the Early Dutch Republic*, Dordrecht 1987

T'HART, MARJOLEIN/JONKER, JOOST/ZANDEN, JAN LUITEN VAN (HRSG.), *A Financial History of the Netherlands*, Cambridge 1997

HENSEN, A., »De vereering van St Nicolaas te Amsterdam in den Roomschen tijd« in: *Bijdragen voor de Geschiedenis van hat Bisdom Haarlem*, 43, Haarlem 1925, S. 187–191

HERBERT, ZBIGNIEW, *Still Life With a Bridle*, London 1993, dt.: *Stilleben mit Kandare*, Frankfurt a. M. 1994

HONDIUS, PETRUS, *Dapes Inemptae, of de Moufe-schans,*

dat is, De soeticheydt des buytenlevens, verghesel-
schapt met de boecken, Leiden 1621

HUNGER, F., *Charles d'Escluse, Nederlandsche Kruid-*
kundige 1526–1609, 2 Bde., Den Haag 1927 und 1943

INALCIK, HALIL, *The Ottoman Empire: the Classical Age*
1300–1600, London 1994

ISRAEL, JONATHAN, *The Dutch Republic: Its Rise,*
Greatness and Fall, 1477–1806, Oxford 1998

JACOB, JOSEPH, *Tulips*, London 1912

KINDLEBERGER, CHARLES, *Manias, Panics and Chrashes:*
A History of Financial Crises, New York 1996

KRELAGE, E. H., *Bloemenspeculatie in Nederland: De*
Tulpomanie van 1636–37 en de Hyacintenhandel
1720–36, Amsterdam 1942

DERS., *De Pamfletten van den Tulpenwindhandel*
1636–1637, Den Haag 1942

DERS., »Het manuscript over den tulpenwindhandel uit
de verzameling Meulman«, in: *Economisch-Historisch*
Jaarboek XXII, 1943

DERS., *Drie Eeuwen Bloembollenexport*, Den Haag 1946

KURTZ, G. H., »De geschiedenis van ons vereenigingsge-
bouw de Hoofdwacht«, in: *Jaarboek Haarlem* 1942,
S. 32–52

DERS., »Twee oude patriciërhuizen in de Kruisstraat«, in:
Jaarboek Haarlem, 1961, S. 112–42

LEONHARDT, G., *Het Huis Bartolotti en zijn Bewoners*,
Amsterdam 1979

LESGER, C/NOORDEGRAAF, L. (HRSG.), *Entrepreneurs and*
Entrepreneurship in Modern Times: Merchants and
Industrialists Within the Orbit of the Dutch Staple
Market, Den Haag 1995

LOENEN, J. VAN, *De Haarlemse Brouwindustrie voor*
1600, Amsterdam 1950

MACKAY, CHARLES, *Memoirs of Extraordinary Popular*
Delusions and the Madness of Crowds, Ware 1995, dt.:

Außergewöhnliche, populäre Illusionen und Wahnsinnsspekulationen großer Menschenmassen, München 1992

MALCOLM, NOEL, *Kosovo: a Short History,* London 1998

MALKIEL, BURTON, *A Random Walk Down Wall Street,* New York 1996

MANSEL, PHILIP, *Constantinople: City of the World's Desire, 1453–1924,* London 1995

MILLER, BARNETTE, *Beyond the Sublime Porte: The Grand Seraglio of Stambul,* New Haven 1931

MORYSON, FYNES, *An Itinaray Containing His Ten Yeeres Travell Through the Twelve Dominions of Germany, Bohmerland, Sweitzerland, Netherland, Denmarke, Poland, Italy, Turkey, France, England, Scotland and Ireland* (4 Bde.), Glasgow 1907

MUNDY, PETER, *The Travels of Peter Mundy* (4 Bde.), London 1907–1924

MUNTING, ABRAHAM, *Waare Oeffening der Planten,* Amsterdam 1671

DERS., *Naauwkeurige Beschryving der Aardgewassen,* Leiden 1696

MURRAY, W. S., »The introduction of the tulip, and the tulipomania«, in: *Journal of the Royal Horticultural Society,* März 1909, S. 18–30

NIEUW NEDERLANDSCH BIOGRAPHISCH WOORDENBOEK Vol. IV, V, VI, VIII, Leiden 1918, 1921, 1924, 1930

NORWICH, JOHN JULIUS, *Byzantium: the Decline and Fall,* London 1995, dt.: *Byzanz: Verfall und Untergang, 1072–1453,* Düsseldorf 1996

PALLIS, ALEXANDER, *In the Days of the Janissaries: Old Turkish Life as Depicted in the* »Travel Book« *of Evlivá Chelebí,* London 1951

PALMER, ALAN, *The Decline and Fall of the Ottoman Empire,* London 1992, dt.:*Verfall und Untergang des Osmanischen Reiches,* München 1994

PAVORD, ANNA, *The Tulip*, London 1998

PENDERGRAST, MARK, *For God, Country and Coca-Cola*, New York, 1997, dt.: *Für Gott, Vaterland und Coca-Cola*, München 1997

PENZER, NORMAN, M., *The Harem: An Account of the Institution as it Existed in the Palace of the Turkish Sultans, with a History of the Grand Seraglio from its Foundation to Modern Times*, London 1966

POLNITZ, G. FREIHERR VON, *Die Fugger*, Tübingen 1981

POSTHUMUS, NICOLAAS, »De speculatie in tulpen in de jaren 1636 en 1637«, parts 1–3, in: *Economisch-Historisch Jaarboek* 12 (1926), S. 3–99; 13 (1927), S. 1–85; 18 (1934), S. 229–240

DERS., *Inquiry into the History of Prices in Holland*, (2 Bde.), Leiden 1946

DERS., »The tulip mania in Holland in the years 1636 and 1637«, in: SCOVILLE, W. C./LAFORCE, J. C. (Hrsg.), *The Economic Development of Western Europa*, Vol. 2, Lexington, Mass. 1969

PRICE, J. L., *Culture and Society in the Dutch Republic During the 17th Century*, London 1974

RAAIJ, H. L. JANSSEN VAN, *Kroniek der Stad Haarlem van de Vermoedelijke Stichting der Stad tot het Einde van het Jaar 1890*, Haarlem ca. 1894

REGTEREN ALTENA, L.Q. VAN, *Jacques de Gheyn: Three Generations*, Vol. I, Den Haag 1983

RODING, MICHIEL/THEUNISSEN, HANS (HRSG.), *The Tulip: a Symbol of Two Nations*, Utrecht und Istanbul 1993

ROHDE, ELEANOUR, *Crispian Passeus's »Hortus Floridus«*, London 1928–1929

SAVAGE, SPENCER, »The ›Hortus Floridus‹ of Crispijn van de Pas«, in: *Transactions of the Bibliographic Society*, Series II, 4, 1923, S. 181–206

DERS., Hortus Floridus: *The Four Books of Spring, Summer, Autumn and Winter Flowers*, London 1974

SCHAMA, SIMON, *The Embarrassment of Riches: an Interpretation of Dutch Culture in the Golden Age*, London 1991, dt.: *Überfluß und schöner Schein*, München 1988

SCHLOREDT, VALERIE, *A Treasury of Tulips*, London 1994

SEGAL, SAM, *Tulips by Anthony Claesz: 56 Seventeenth-Century Watercolour Drawings by Anthony Claesz (ca. 1607/8–1648)*, Maastricht 1987

DERS., *Tulips Portrayed: the Tulip Trade in Holland in the Seventeenth Century*, Lisse, Museum voor de Bloembollenstreek, 1992

SEGAL, SAM/RODING, MICHIEL, *De Tulp en de Kunst. Verhaal van een Symbool*, Zwolle 1994

SHAW, STANFORD, *History of the Ottoman Empire and Modern Turkey*, 2 Bde., Cambridge 1976

SLIKKE, C. M. van der, *Tulpenteelt op Kleigrond*, Berlikum 1929

SLOGTEREN, E. VAN, »Broken Tulips«, in: *The Daffodil and Tulip Yearbook*, London, Royal Horticultural Society, 1960.

SOLMS-LAUBACH, HERMANN, GRAF ZU, *Weizen und Tulpe und deren Geschichte*, Leipzig 1899

STOYE, JOHN, *English Travellers Abroad*, 1604–1667, New York 1968

TAYLOR, PAUL, *Dutch Flower Painting 1600–1720*, London 1995

TEMMINCK, J. J., »Naar haer spraecke gebooren van Amsterdam. Enkele gegevens over de relatie tussed Haarlem en Amsterdam in vroeger eeuwen«, in: *Jaarboek Haarlem* (1981), S. 43–67

TEMMINCK, J.J. u. a., *Haarlemmerhout 400 Jaar. Mooier is de Wereld Nergens*, Haarlem 1984

TEMPLE, SIR WILLIAM, *Observations Upon the United Provinces of the Netherlands*, Cambridge 1932

THEUNISZ, JOHAN, *Carolus Clusius: Het Merkwaardige*

Leven van een Pionier der Wetenschap, Amsterdam 1939

VOGELAAR, C., *Jan van Goyen*, Zwolle 1996

VRIES, JAN DE, *The Dutch Rural Economy in the Golden Age, 1500–1700*, New Haven 1974

VRIES, JAN DE/WOUDE, Ad van der, *The First Modern Economy: Success, Failure and Perseverance of the Dutch Economy 1500–1815*, Cambridge 1997

WASSENAER, NICOLAES JANSZ. VAN, *Historisch Verhael aller Gedencwaerdiger Gheschiedenissen*, V–IX (1624–25)

WATT, TESSA, *Cheap Print and Popular Piety, 1550–1640*, Cambridge 1991

WEIDER, E. C., »De pamflettenverzameling van den Amsterdammer Abraham de Goyer van 1616«, in: *Het Boek 6*, Den Haag 1917

WERNER, J. W. K., *Haarlemmermeer. 17e en 18e Eeuwse Voorstellen tot Droogmaking*, Amsterdam 1985

WHEATCROFT, ANDREW, *The Ottomans: Dissolving Images*, London 1993

WHITEWAY, R. S., *The Rise of Portuguese Power in India 1497–1550*, London 1899

WIJNANDS, O., »Tulpen naar Amsterdam: plantenverkeer tussen Nederland en Turkije«, in: Theunissen, H./Abelman, A./Meulenkamp, W., *Topkapi and Turkomanie: Turks-Nederlandse Ontmoetingen Sinds 1600*, Amsterdam 1989

ZUMTHOR, PAUL, *Daily Life in Rembrandt's Holland*, London 1962, dt.: *Das Alltagsleben in Holland zur Zeit Rembrandts*, Leipzig 1992